愛国の構造

将基面 貴巳
Takashi Shogimen

愛国の構造

The Structure of Patriotism

岩波書店

目次

＊外国語文献から引用する際、日本語訳がすでに刊行されている場合でも、原書から訳し直したり、既刊の日本語訳に適宜変更を加えたりした場合がある。
＊日本語文献からの引用にあたっては、読みやすさを優先し、文意に影響を与えない限り、旧字体を通用のものに改め、句読点を加え、仮名遣いを現行のものに改め、カタカナをひらがなにするなど、表記上の変更を加えた場合がある。

序章

愛国という問題

「愛国」の復活

現代世界で静かに進行する変化の一つは、「愛国」が政治を語る言葉として復活していることである。近年、欧州連合やアメリカ合衆国など世界各国で極右の台頭が注目を浴びているが、そうした極端な政治的動向にかぎらず、我々は「愛国」についてメディアを通じて見聞するのが日常になっている。おそらくは我々自身、必ずしも自覚しないまま「愛国」という言葉を頻繁に口にするようになっているのではなかろうか。

アメリカ合衆国の場合、もともと愛国心発揚に熱心な国柄であるとはいえ、二〇〇一年九月一一日の同時多発テロ事件以降、愛国的であることの重要性が公的な場で頻繁に説かれるようになった。そうした動向は現在のドナルド・トランプ政権下で再び強まっている印象が強い。欧州連合脱退をめぐって揺れるイギリスでも「愛国」という語はメディアで頻繁に目にするようになっているし、プーチン率いるロシアでも愛国主義の発揚が試みられていることは最近の研究を見ても明らかである（西山二〇一八）。ポピュラー・カルチャーにおいてもそうした時代状況を反映してであろう、映画『ジェイソン・ボーン』シリーズの二〇一六年公開の最新作では「ボーンは愛国者なのだから」という一言が、国家にとって反逆者であるはずの主人公を擁護するセリフとして、アリシア・ヴィキャンデル演じるＣＩＡ職員の口から繰り返し聞かれた。

このような印象論に加えて、試みに英国ガーディアン紙のデータベースで「愛国者(patriot)」という語がどれほどの頻度で用いられているか検索してみよう。[1] データが検索可能な一七九一年以降二〇〇三年までの間、一八六〇年代に第一のピークを迎え（一五四七件のヒット）、一九三〇年代に第二のピークを迎えている（二七四二件）。戦後は一九五〇年代に七〇三件まで急激に落ち込むが、一九九〇年代に二二六一件のヒット数をマークし、第三のピークに達して

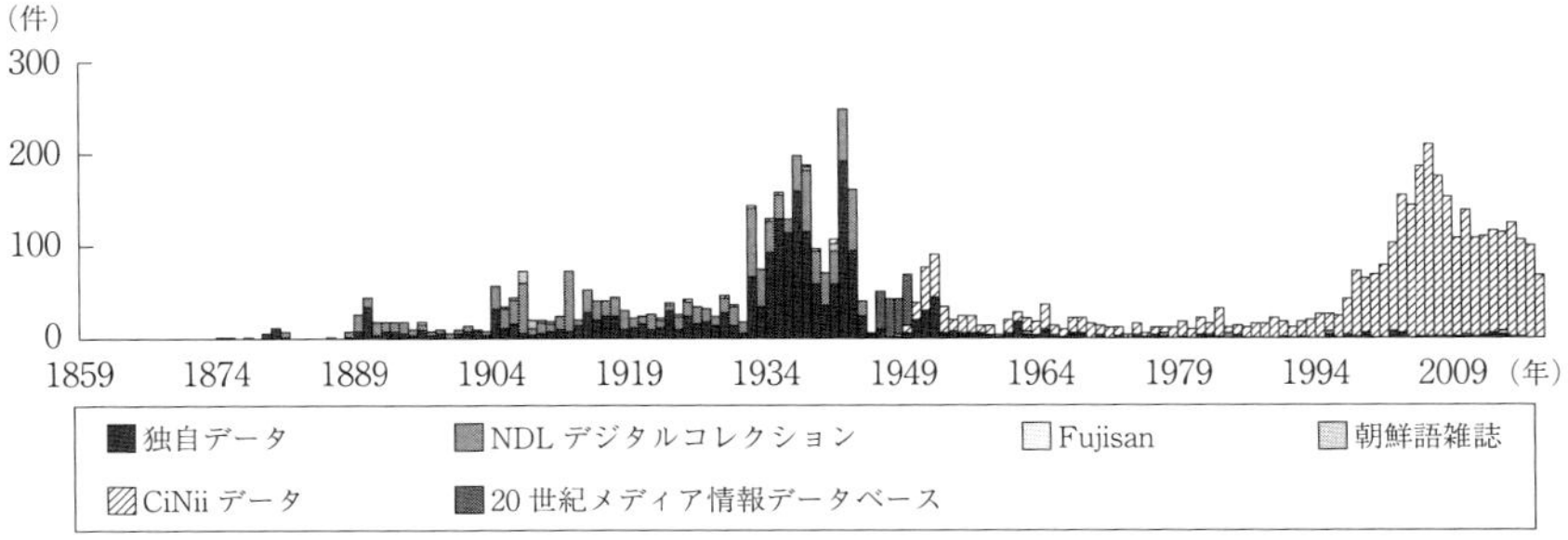

注：「雑誌記事索引集成データベースざっさくぷらす」における「愛国」の検索結果.

図　「愛国」の登場件数

いる。

「愛国的な(patriotic)」という形容詞をキーワード検索した結果は、一九一〇年代が突出しており(五五九八件)、第一次世界大戦の影響を色濃く反映しているように思われる。興味深いのは一九七〇年代以降、三〇〇〇件のヒット数で推移しており、それは一九〇〇年代とほぼ同レベルで、一九四〇年代の一三八八件に比べて倍以上である。第二次世界大戦の頃よりも一九九〇年代の方が「愛国的な」という形容詞は頻繁に使用されているのである。

米国ウォール・ストリート・ジャーナルの場合も同様に、「愛国的な」という言葉の使用例は、一九一〇年代が最も多いが、興味深いのは、一九五〇―六〇年代の停滞期を挟んで、一九四〇年代と一九九〇年代とがほぼ同水準だということである[2]。

これらの検索結果を見ただけでも明らかなように、「愛国」という政治的用語は、二〇世紀末に復活を遂げているのである。今世紀における状況については使用できるデータが入手できないため実証的なことはいえないが、「愛国」という言葉が使われる頻度が現在、一九九〇年代より減少しているということはおそらくないであろう。

では、日本の事情はどうであろうか。日本における雑誌記事に「愛国」が登場する件数を検索した結果は、上のようなグラフで表される[3](図)。明らかに、一九九〇年代後半から「愛国」という語を含む雑誌記事は増加に転じ、二〇〇六年にピークに達した後、かなり減少したとはいえ、戦後まもなくのレベルを凌ぐ高水準のまま現在に至っていることを見て取ることができる。

「愛国」が政治を語る言葉としてカムバックを果たしているということは何を意味するのだろうか。誰かを「愛国者だ」と表現したり、ある行為を「愛国的」と形容したりするのはどういうことを意味するのか。我々が「愛国」について語るようになればなるほど、その語が何を意味し、それを用いることが何を意図するのかに関する正確な理解がますます必要となるはずである。

しかし、「愛国」という概念ほど、その理解と評価が極端に分裂するものも多くない。一方では「愛国」を最上級の美徳であると捉える向きがある。トランプ米国大統領やプーチン・ロシア大統領が「愛国者」について語るとき、その対象は明らかに最大級の称賛の的となっている。国家のために死んだ兵士たちが「愛国者」として公の場で顕彰されるのは世界各地で見られることである。

他方で「愛国」に胡散臭さを嗅ぎつける向きも少なくない。少し古い例だが、アンブローズ・ビアスはかの有名な『悪魔の辞典』の中で愛国者と愛国心を次のように定義している。

愛国者(patriot *n.*)　部分の利害のほうが全体のそれよりも大事だと考えているらしい人。政治家に手もなくだまされるお人好し。征服者のお先棒をかつぐ人。

愛国心(patriotism *n.*)　自分の名声を明るく輝かしいものにしたい野心を持った者が、たいまつを近づけると、じきに燃え出す可燃性の屑物。ジョンソン博士は、あの有名な辞典の中で、愛国心を定義して、「無頼漢の最後の拠り所」と言っているが、この博識ではあるが、辞典編纂者としては二流どこにしかすぎない博士に対して、当然払うべき敬意は十分に払いながらも、私は、失礼ながら、「最後の」ではなく、「最初の」と言いたい

（ビアス一九八三）。

これほど理解と評価が分かれる概念なのであれば、「愛国」という言葉が頻繁に使用されるようになっているという事実だけでは、それがいったい何を意味するのか、はっきりとしたことは何もいえないと結論づけざるをえない。

本書は、「愛国」とは何かという問題に一つの回答を試みるものである。ここにいう「愛国」とは、英語のパトリオティズム（patriotism）に相当する。パトリオティズムを歴史的・哲学的に検討することを通じて、「愛国」の歴史的・哲学的構造とでも呼ぶべきものに光をあてることが本書の課題である。そうすることで、「愛国」について語ることは一体何を意味するのか、歴史的哲学的知見に基づいて、より明確な理解を獲得することを試みたいと考える。

愛国＝パトリオティズム研究の現在

洋の東西を問わず、「愛国」＝パトリオティズムは、ナショナリズムとほぼ同義に扱われる傾向がある。ナショナリズム研究は、一九八〇年代にアーネスト・ゲルナーやベネディクト・アンダーソン、アンソニー・スミス、そしてエリック・ホブズボームといった著名な研究者たちによって開拓され、以来、活況を呈している。現代日本でも、ナショナリズム研究は数多くの研究者によって試みられており、専門的な研究書や論文だけでなく入門書や概説書もおびただしい数が出版されている。

ところが、奇妙なことに、パトリオティズムに関しては体系的・包括的研究や概説書はいまだに存在しないのである。しかしそれは、パトリオティズムに対する関心が低調だということを意味するわけではない。むしろ事情は逆である。パトリオティズムに関する学術論文であれば、歴史や哲学、政治学の領域に限らず、社会学、経済学、文学研究、心理学、教育学など極めて幅広い分野で無数に発表されている。

そもそも愛国という心情は、近代世界において、政治や軍事の領域だけでなく、文学や美術、音楽などにおいても広くかつ深く人々のインスピレーションをかきたててきた。ただ愛国=パトリオティズムが、哲学的考察の対象になることは、第二次世界大戦直後の欧米では比較的稀であった。しかし、そうした状況は一九八〇年代に入って一変し、政治哲学者や倫理学者などがパトリオティズムを主題とした論考を発表するようになった。その背景のひとつには、ジョン・ロールズによるリベラルな政治哲学の復興に対して、コミュニタリアニズムが台頭したこともあるかもしれない(Primoratz 2009, Canovan 2002)。しかし、一九八〇年代以降、ナショナリズムが再び勃興の兆しを見せはじめ、ベルリンの壁が崩れ去った後の一九九〇年代には、ナショナリズムに動機づけられた国際紛争が激増したという世界的傾向も一つの大きな背景をなしているであろう。今日ではリベラル派の間でもナショナリズムに傾斜する傾向が見られるのに加え、世界のデモクラシー諸国においても極右勢力が着実に影響力を増しているように、パトリオティズムをめぐる状況は、新たな段階を迎えているといえよう。

こうした時代背景のもとに、アラスデア・マッキンタイアやアンドリュー・オルデンキストが展開したパトリオティズム擁護論が、現代パトリオティズム論の先駆として位置づけられよう(MacIntyre 2002, Oldenquist 2002)。これに応答して、政治的忠誠としてのパトリオティズムをやや警戒する立場から、スティーヴン・ネイサンスンらが「穏健なパトリオティズム」(あるいは「リベラル・パトリオティズム」)を提唱した(Nathanson 1993, 2002a, Baron 2002)。これらの哲学的研究に見られる中心問題とは、普遍的な道徳的規範と個別的な忠誠の狭間において、パトリオティズムは倫理的に正当化できるかどうか、というものである。すなわち、カント的な普遍主義的伝統においては、道徳を普遍的な公正として理解するから、個別的な忠誠義務や個人的な愛着などは道徳的意義を主張できないことになる。他方、普遍的な道徳などというものはそもそもありえず、誰しもある特定の共同体に生まれ生活する中で、その共同体固有の道徳規範を体得する。したがって、道徳規範は個別的なものであり、そのようなものとしてパトリオティズムも倫理的に正当化されうるという主張も現れた。ここに明らかなように、パトリオティズムに関する哲学的研究の一大争点は、道徳をめぐる普遍主義と個別主義の対立である。

二〇世紀最後の二〇年間は、先に指摘したように、ナショナリズムの台頭した時代であったが、その一方で、ヨーロッパ統合が新局面に突入した時代でもあった。そうした状況において、国民国家という枠組みを超える、新たな公共的連帯と市民による政治参加のあり方が模索されるようになった。こうした状況に理論的な応答を試みたのがユルゲン・ハーバーマスを主唱者とする憲法パトリオティズムであることは広く知られている(Habermas 1996)。また、政治思想史の分野でも、ヨーロッパ共通の政治的伝統としての共和主義(リパブリカニズム)の発掘が進展を遂げ、その中から、たとえばマウリツィオ・ヴィローリは、共和主義的パトリオティズムの復権を唱えた(Viroli 1995 = 二〇〇七)。ハーバーマスとヴィローリの業績は、理論的にパトリオティズムの異なったあり方を構想した点で、論議の的となり続けているが、とりわけヴィローリの研究は、政治思想史的見地に立脚している点で、パトリオティズムの歴史的研究を促進するきっかけを作った(4)。

こうして過去三〇年間ほどの間、パトリオティズムは、哲学的にも歴史的にも、一つの研究テーマとして論議を呼び続けている。それにもかかわらず、パトリオティズムをめぐる多様な見解を統一的なパースペクティヴの下に一望し、批判的分析を加えるような概説書は欧米ではまだ見当たらない。現状では、イゴール・プリモラッツが中心となって編集したパトリオティズムに関する論文集が最も網羅的なものであろう(5)(Primoratz ed. 2002)。

翻って、現代日本の場合、敗戦まもないころから「新しい」愛国心を構想するためにおびただしい数の雑誌論文が発表された(6)。市川昭午が指摘するように、一九五〇年代に提唱された愛国心は、戦前戦中の愛国心とは内容的に異なることが強調されたが、それらはいずれも戦前戦中の愛国心のあり方に対する反省に基づくものだったといってよい(7)。しかも、愛国心それ自体に反対する立場の人は極めて少数派で、愛国心の重要性を認識する点では、政治的立場を問わず、ほぼ共通であったといっても過言ではない(市川二〇一一:二六―二八)。

戦後まもなくの論壇にあって、愛国心を総合的に論じた作品として特記すべきは、一九五〇年に発表された清水幾太郎の『愛国心』である(清水二〇一三)。この作品は、敗戦直後の精神状況にあって、愛国心という言葉が「一種の興奮と困惑」を惹起するという事実観察から出発して「その困惑を解きほご」すという、いささか「危険な」課題に取り組むものであった(清水二〇一三:一二)。こうして愛国心の歴史から説き起こし、民主主義による愛国心の合理化を訴えつつも、一方で、愛国心が対外的にも対内的にも「イントレランス(不寛容)」に帰着しがちな傾向を批判しており、清水の愛国心への態度には両義的なものを見て取ることができる。

管見の限りでは、愛国の問題を歴史的ないし理論的に検討した本格的な書籍は、清水の作品以後、日本語では刊行されていない。市川の『愛国心――国家・国民・教育をめぐって』(市川二〇一一)がおそらく唯一の例外であろうが、その著作は、ネイションやナショナリズム、国民国家論や国際関係論にまで議論の対象を広げており、「愛国」=パトリオティズムに対象を絞りこんでいない点で、清水の著作とは性格を異にする。

二一世紀に入って、愛国は論壇でにわかに注目を浴びたが、そのきっかけとなったのは、二〇〇六年の教育基本法改正であった。教育基本法改正論が高まりつつあった二〇〇三年あたりから、公教育において「国を愛する心」の強制が懸念されたこともあって、愛国心に関する書籍が多数刊行されたのである(西原二〇〇三、高橋二〇〇四、広田二〇〇五、大内・高橋二〇〇六)。ただし、その多くは、教育基本法改正問題との関連で愛国心を論じるものであり、愛国=パトリオティズムそれ自体の理論的考察を主眼とするものではなかった。

その点で、姜尚中が二〇〇六年に発表した『愛国の作法』(姜二〇〇六)は、教育基本法改正問題というコンテクストから独立して愛国=パトリオティズムの問題それ自体に取り組んだ啓蒙書として注目に値する。姜は清水幾太郎がかつて指摘した「愛国心」という言葉が生み出す「興奮と困惑」が現代日本から消失しているという認識から出発し、

「愛国心」という概念に含まれる「他者との繋がりを求める契機」を探ることで、愛国心のあるべき姿とその可能性を論じている。

これに対し、佐伯啓思は『日本の愛国心――序説的考察』(佐伯二〇〇八)を二〇〇八年に発表し、保守的立場からの愛国心論を展開したが、そのアプローチは、彼のいう「日本的精神」の探求の中に、敗戦後「負い目」を持った愛国心を救い出すことを試みるという独特のものであった。

姜と佐伯の論考は、平成時代を代表する日本の愛国心論であるといってよいであろう。しかし、いずれも基本的に啓蒙書として執筆されており、論争的性格も濃厚であり、愛国＝パトリオティズムの包括的・体系的議論を必ずしも指向するものではない。しかも、その論争のスタイルは、戦中戦後の日本という歴史的コンテクストを重視するものであり、愛国＝パトリオティズムの哲学的分析の比重が相対的に軽いように思われる。

その点、一九九〇年代にアメリカで見られたパトリオティズム論争と性格を大きく異にする。すなわち、マーサ・ヌスバウムが『ボストン・レヴュー』誌上で、コスモポリタニズムの立場からパトリオティズムを論難したことをきっかけとして、チャールズ・テイラーやアマルティア・セン、マイケル・ウォルツァーなど数多くの有力な思想家たちが、ヌスバウムによるパトリオティズム批判に対し、様々な立場から応答を試みた(Cohen ed. 1996)。

この一連の議論を見ていてすぐに気づくことは、パトリオティズムを論じる上で、アメリカでの特殊事情や現代固有の政治的背景が必ずしも重要視されていないということである。したがって、議論の焦点はアメリカのパトリオティズムというよりは、むしろパトリオティズム一般の道徳的正当性である。その点、たとえば佐伯が、「愛国心とは、それぞれの国に即して論じられるべきもので、愛国心一般について論じてもあまり意味はなかろう」と述べ、日本の愛国心に考察を限定するのと興味深い対照をなしている(佐伯二〇〇八：八)。

本書の目的とアプローチ

以上のように、愛国＝パトリオティズムをめぐる現在の研究動向は、欧米と日本とではかなりの隔たりがある。その差異とは、欧米におけるパトリオティズム研究が、主として哲学的にパトリオティズムの道徳的正当性を検討することにより、コスモポリタニズムやリベラル・ナショナリズム、コミュニタリアニズム、そして共和主義(リパブリカニズム)との関係を理論的に問う傾向が強いのに対し、戦後日本とりわけ平成時代のものは政治状況に応答する論争的性格が強いため、現代日本で愛国を論じるコンテクストに大きく制約を受けており、愛国とは何かという一般的な理論的考察に及ぶことが少ない点である。

このような研究動向に鑑みて、本書では、まず現代欧米におけるパトリオティズム研究を紹介しつつ、その批判的考察を試みる。すなわち、現代欧米のパトリオティズム研究における主要争点と多様な見解を体系的かつ批判的に論じることが本書の第一の目的である。前述したように、パトリオティズムに関する研究は極めて多彩で、しかもおびただしい数の論考が発表されている。その中で特に研究史上重要と思われるものを中心に、以下の論述を進める。パトリオティズムをめぐる体系的な概説書はまだ存在しない以上、現代パトリオティズム研究の研究史的検討はそれだけでも今後の研究の道標として有意義であろう。

より具体的にいえば、本書が論じる主な対象は、政治哲学や道徳哲学の領域で発表されているパトリオティズム論である。それは、マッキンタイアに代表されるコミュニタリアン・パトリオティズムをはじめ、ユルゲン・ハーバーマスやヤン＝ヴェルナー・ミュラーが主張する憲法パトリオティズム、そしてマウリツィオ・ヴィローリが主唱する共和主義的パトリオティズム、さらにスティーヴン・ネイサンスンが提唱した穏健なパトリオティズムなどである。

しかし、欧米のパトリオティズム研究は、ここ二〇年ほどの間に哲学的な考察だけでなく歴史的なものも発表されてきている。歴史学の分野においては、パトリオティズムはいまだに研究上の一つの焦点として関心を集めているわけではない。実際、一九八〇年代におけるナショナリズム研究を代表する著作には、パトリオティズムという概念の意義を過小評価する傾向すら見受けられた(Gellner 1983：138–139)。にもかかわらず、パトリオティズムの思想史的系譜を辿る作業はすでに始められているのであり、そうした業績が示す歴史的知見をまとめて紹介することは、今後の研究を促進するためにも無駄ではないと思われる。したがって、本書が取り上げる現在のパトリオティズム研究には、政治・道徳哲学的研究のみならず、歴史学的なものも含まれる。

このような研究史的検討に照らしてみれば、現代日本における愛国論がパトリオティズム研究との関係においてどのような位置づけになるのか、特に、現代日本の愛国論固有の特徴や、これから論ずべき課題も明らかにすることができるものと思われる。

しかしながら、本書は、現在の研究水準の批判的紹介にとどまるものではない。現代欧米におけるパトリオティズムの哲学的・歴史的研究の批判的検討を通じて本書が達成したいもう一つの目的は、現代パトリオティズム論に伏在する理論的問題点をあぶり出すことである。現代パトリオティズム論にとっての暗黙の前提を白日のもとにさらすことによって、現代という歴史的地点においてパトリオティズムを論じる上でさらに批判的検討を必要とすると思われる問題の所在を明らかにすることである。

それはより具体的にいえば、ある特定の政治共同体(ネイションや国家、あるいは「国」)に対して、それに帰属する個人がアイデンティティを見出すことが、現代パトリオティズム論の理論的前提となっており、しかも、それが愛国的であることの道徳的正当化において決定的に重要な役割を果たしているということである。現代パトリオティズム論のこうした歴史的に固有の性格は、パトリオティズムの歴史的系譜に照らして初めて明らかにしうるものである。本書においてパトリオティズムの歴史的研究の成果を研究史的に論じるゆえんである。

こうして、現代パトリオティズム論が、政治共同体にアイデンティティの基礎を置くことがはらむ問題性の一端を明らかにするのが、本書の最終的なねらいである。結論的にいってしまえば、現代パトリオティズム論が、国家による聖性の独占を暗黙の前提とするために、偶像崇拝の論理を内包しているということである。そうした国家の聖性を現代において支える上で一役買っているのがアイデンティティという概念である。国家はそれに帰属する諸個人のアイデンティティを管理する機構でもあるため、個人のアイデンティティは国家に由来する聖性を帯びるのである。かつてジョン・ボッシーは、近代初期における教会から国家への「聖性の移転」について論じたが(Bossy 1985)、そうした歴史的展開のコンテクストにおいて現代パトリオティズムを検討するならば、一八世紀以降、パトリオティズムの基礎をなすアイデンティティ、とりわけナショナル・アイデンティティは聖性を帯びるようになったのである。現代パトリオティズム論が、アイデンティティを理論の中核に据えていることは、すなわち、国家に対する偶像崇拝の手段としてパトリオティズムが機能することを許すものなのである。

以上の問題は、しばしば、ナショナリズムを宗教のアナロジーにおいて論じたり、ナショナリズムは宗教の一種であるという主張として展開されたりしてきている。しかし、それでは問題の本質を見誤る恐れがあることも以下の論述で明らかにしたいと考える。それは「宗教」という概念(およびその対概念である「世俗」概念)自体がすぐれて近代的なものであり、こうした概念によって国家が聖性を独占する事態が隠蔽されているのである。

つまるところ本書の目的は、現代欧米におけるパトリオティズム研究の主要論点を明らかにするだけでなく、特に歴史的な観点からの批判的検討を通じて、現代パトリオティズム論に固有の性格をあぶり出し、その問題性の一端を明らかにすることである。約言すれば、パトリオティズムの歴史的・哲学的な構造の解明が本書の意図するところである。このように愛国＝パトリオティズムについて哲学的・歴史的観点から一般的に論じることを主眼とする以上、本論は、現代日本における新しい愛国心の構想という課題と無関係ではないが、そのことを直接的に追求するものではない。

さらに一つ付言すれば、不幸なことに、現状ではパトリオティズムに関する哲学的研究と歴史的研究の間にはほとんど相互交流が見受けられないようである。したがって、政治理論的な観点からの新しい知見は思想史的研究に必ずしも生かされておらず、その逆もまた真である。本書において二つのアプローチを併用することが、そうした望ましくない形の専門化・分業化を打開する捨石になればと期待している。

右のような目的意識に基づき、本書が採用するアプローチについて若干敷衍しておきたい。まず、パトリオティズム研究に際して常に問われる問題は、パトリオティズムとナショナリズムの関係に関するものである。本書において論じるように、パトリオティズムの研究者の多くがこの問題に何らかの回答を試みてきており、中でも有名なのがヴィローリによるものである。彼によれば、パトリオティズムは共同の自由という共通善の政治的理念に関するものである一方、ナショナリズムは文化的民族的統一性に関するものである。このようなテーゼは極めて明快である反面、極度の一般化であるとする批判も少なくない。

本書では、パトリオティズムに言語使用の側面からアプローチする。したがって、パトリオティズムを「祖国(patria)」や「愛国者(patriot)」についての政治言語(political language)として、また、「愛国的な(patriotic)」という言葉を用いて何かを表現したり評価したりする言説一般として定義したい。これと同様に、ナショナリズムもまた、ネイション(nation)についての言説であるとして広く定義したい(8)。

このように言語使用の観点から定義づけることのメリットは、パトリオティズム(そしてナショナリズム)に関する本質主義的な議論を回避できるということである。すなわち、パトリオティズムには、歴史的に不変の「本質」をなす中核的な思想的要素があると想定し、それを発見することをここでの課題とするのではない、ということである。そうする代わりに、「祖国」や「愛国者」あるいは「愛国的」ひいては「パトリオティズム」という言葉が歴史的にこれまでどのように使用されてきたかを検討することにより、パトリオティズムの政治言語がどのように歴史的変遷を

遂げてきたかを明らかにするのである。(9)

本書は、パトリオティズムとナショナリズムとの概念的区別という論点に論述の照準を合わせるものではない。しかし、右記のようなアプローチを取ることにより、少なくとも、パトリオティズムの政治言語が、ナショナリズムのそれとは歴史的に異なる淵源を持っていたにもかかわらず、それら二つが近代において合流してゆくことになる過程の一端を、現代の歴史学的知見に基づいて論じたいと考える。

さらに、これもまた本書で詳説することだが、現代日本人が「愛国」という用語で了解する思想は基本的に「パトリオティズム」の翻訳である。ただし、翻訳は創造的なプロセスであり、原語と翻訳語の間に一対一の関係が成立するわけではないことはいうまでもない。そうした事情を踏まえつつも、便宜上、以下の論述では「愛国」という用語を、西洋におけるパトリオティズムと日本における愛国ないしそれに類似する用語(たとえば「報国」)の上位概念として使用する。つまり、特に但し書きを添えない限り、「愛国」という用語を西洋的概念と日本的概念を包摂する一般名称として用いる。愛国という用語をそうした一般的概念ではなく「愛国」という語あるいは翻訳語として論じるときは、それが明らかになるよう論述上の配慮するつもりである。さらに、「パトリオティズム」に対する翻訳語としては、「愛国心」が最も一般的であろうが、以下の本論では、「愛国」に統一する。愛国心という用語には、本書で検討する論考がその用語を使用する限りにおいて言及する。また、以下の論述で「パトリオティズム」という用語は、欧米における愛国的言説一般を意味することとする。

本書の構成

本書は、全体として、愛国の歴史的叙述から哲学的検討へと展開するように構成されている。まず愛国の思想史的系譜を通覧することにより、愛国的言説は歴史的に多種多様であったことを把握することが、以下の論述の前提となるからである。より具体的には、第1章において古代ギリシャ・ローマにおける愛国から中世ヨーロッパ、さらに英仏を中心とする近代初期を経てフランス革命期の愛国的言説までの歴史的変遷を、可能な限り最新の歴史学的知見に基づいて俯瞰する。さらに、明治時代の日本における愛国論を通覧することで、近代日本においても愛国をめぐる観点は多彩であっただけでなく、そもそも当時の日本人の多くが愛国的であることに無関心であったことを明らかにする。

第2章では、愛国的態度の対象である「祖国」概念に照準を合わせることで歴史的叙述を総括する一方、現代政治・道徳哲学におけるパトリオティズム論において何が愛国的態度の対象として措定されているかを検討する。こうすることで、「祖国」概念の歴史的多様性を確認・整理するとともに、そうした思想史的コンテクストを背景としつつ、現代パトリオティズム論の主要なものを本論に導入・紹介する。

第3章では、愛国的であることとは、何をすることなのか、あるいはどのような態度をとることなのか、という観点から分析を進める。より具体的には、愛国的であることを大別して①忠誠、②自己犠牲、③自尊心や尊崇感情といった愛国的感情、という三つの側面に分類し、それぞれについて、近代以前の議論と現代パトリオティズム論の見解を探る。

続く第4章で、現代パトリオティズム論の最重要関心事であるパトリオティズムの道徳的正当性の問題を検討する。愛国的であることが道徳的に正当性を主張できるとすれば、その根拠は何かを明らかにするのが本章の狙いである。第3章と第4章を通じて解明したいのは、現代パトリオティズム論の深層にアイデンティティ概念の決定的重要性が伏在しているということである。

そして第5章では、パトリオティズムがしばしば「非国民」や「売国奴」などというレッテルを一部の自国民に貼ることで排除の論理に転化するメカニズムを解明する。ここで、現代パトリオティズムが、国家による聖性の独占という近代固有の歴史的事態を自明視した上に成立していることを明らかにする。

以上の分析を踏まえ、終章では、ナショナル・アイデンティティという「世俗的聖性」およびパトリオティズムに潜む排除の論理という二つの問題をどのように克服すべきかについて一応の見通しを与えることで、本書の結びに代えたいと考える。

第1章

愛国の系譜

「パトリオティズム(patriotism)」は、一八世紀に生まれた比較的新しい用語である。「パトリオティズム」が初めて英語文献に登場するのは一七二〇年代であり(Armitage 1997: 397)、フランス語がその用語を英語から受容したのもほぼ同時期のことである(Skornicki 2009: 685)。したがって、厳密にいえば、一七世紀以前を対象とするとき、一八世紀以降にパトリオティズムとして知られている思想に相当するものについて語ることは可能であるとしても、パトリオティズムという語とその概念について語ることはできない。

しばしばパトリオティズムと比較対照される「ナショナリズム(nationalism)」について付言すれば、ナショナリズムという語が用いられるようになったのは、歴史的にさらに最近のことである。フランスでナショナリズムという語が初めて辞書に収載されたのは一七九八年であるが、一九世紀末に至るまで、研究者の間では用いられることはあっても一般に流布した用語ではなかったという(ヴィノック一九九五:二〇)。英語でナショナリズムという語が政治的な意味合いを伴って初めて用いられたのは、一八四四年であるとされる(Clark 2000: 251)[1]。ただし、ナショナリズムという語が歴史上初めて用いられたのは、一八世紀中葉あたりと推定されており、ニコラウス・フォン・ツィンツェンドルフ(モラヴィア兄弟団の監督)がその用語を初めて使用した一人であるとされる(Van Kley 2008: 252)。

英語文献における「パトリオティズム」と「ナショナリズム」の使用頻度の歴史的パターンは、グーグルのNグラムが示すグラフを見れば一目瞭然であろう(図)。パトリオティズムという用語は、一九世紀を通じて広く使用されたが、二〇世紀中葉から、ナショナリズムという用語の方がより一層広く流布するようになった様子を見て取ることができる。

本章は、ヨーロッパにおけるパトリオティズムの歴史的展開を古代ギリシャ・ローマからフランス革命の時代まで

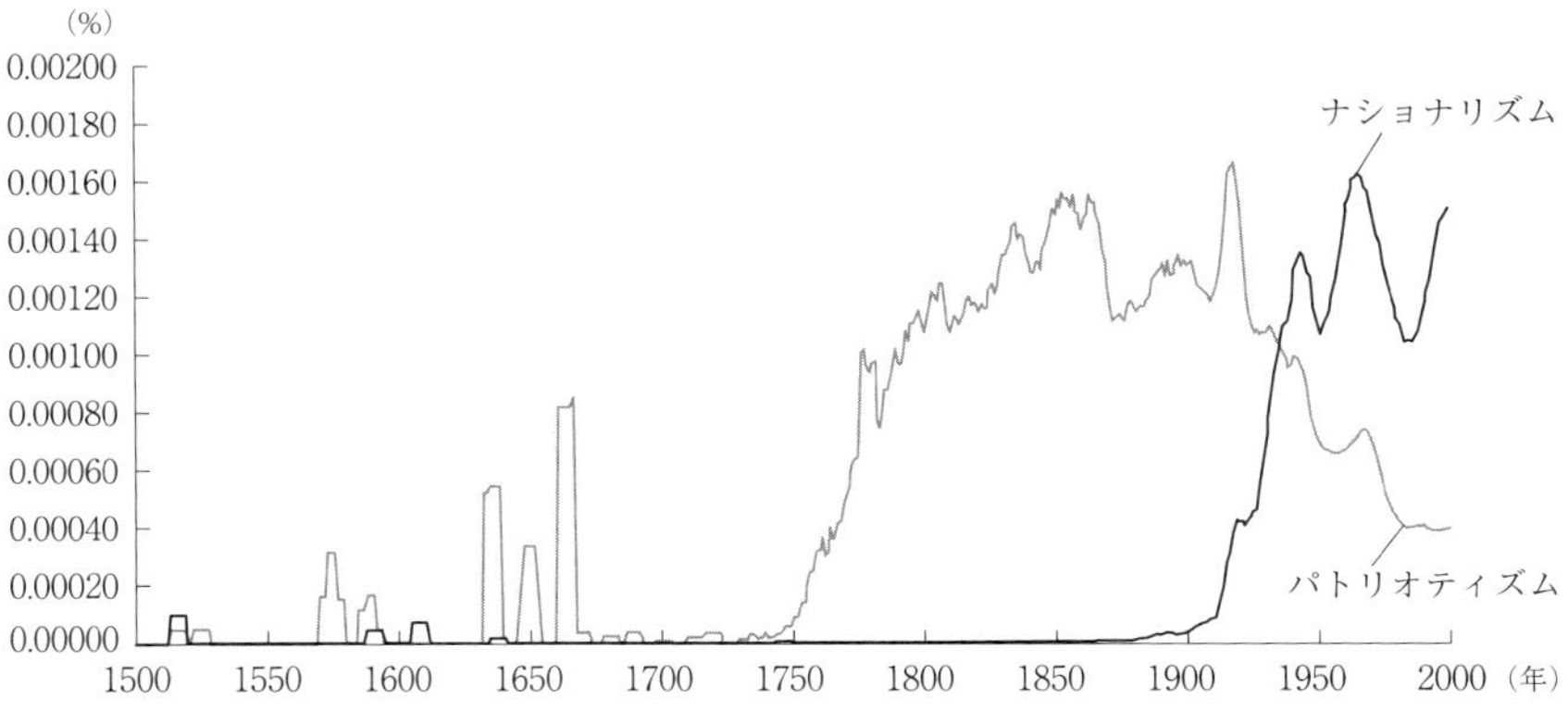

注：グーグル N グラムにおける検索結果.

図　パトリオティズムとナショナリズムの使用割合

通覧し、さらに、近代日本、特に明治時代におけるパトリオティズムの受容過程を瞥見することを目的とする。パトリオティズムという用語が成立する以前のパトリオティズムを論述するために、ここで検討の対象となるのはパトリオティズムの「政治言語」である。すなわち、「祖国(羅 patria)」や「愛国者(英 patriot)」といった関連語彙がどのように使用されてきたかという問題に照準を合わせることとする。

また、前述の歴史的事情を踏まえ、一八世紀を歴史叙述の分水嶺としたい。まず一七世紀以前のパトリオティズム、すなわち「祖国」や「愛国者」についての言説を俯瞰する。そのあと、「パトリオティズム」という用語が使用されるようになった一八世紀を別に取り上げて、フランス革命前後の歴史的変化に注目したい。一六世紀以降の歴史的展開については、特にイギリスとフランスに焦点を合わせるが、それは、一つには一八世紀の歴史的展開においてフランス革命が決定的に重要な役割を果たすからであり、もう一つは英仏間では愛国的言説の交流が見られたため比較対象としても有効だからである。このような論述の結果として、パトリオティズムの概念は歴史的に極めて多種多様であることが明らかになるであろう。

さらに、古代からフランス革命前後までのパトリオティズムの系譜をたどったのち、明治期日本における愛国的言説を瞥見したい。パトリオティズムを翻訳・受容するプロセスは決して単純なものではなく、徳川時代に流布していた伝統的思想との相克が見られたことの一端を明らかにしたいと考える。

1　一七世紀以前のパトリオティズム

古典古代のパトリオティズム

古代ギリシャにおけるパトリオティズムの表現としては、アリストテレス『ニコマコス倫理学』の次の一節を挙げることができよう。

数々の行為を友と祖国のためになし、必要とあれば、生命さえ捧げることも器量の優れたひとについては真実あることである。かれは金銭も名誉も、総じて、ひとびとの争いの的となるようなさまざまな善いものをすすんで投げ出して、自分のためには行為の美しさを手に入れるであろう。おもうに、それは、かれが僅かな間であっても強烈な楽しみを味わうことの方を、長い間かけて穏やかな楽しみを味わうことよりも選びたいと願うからであり、また、一年の美しい生を長年に及ぶ散漫な生よりも、また、一つの美しく偉大な行為を多くの些少な行為よりも選びたいと願うからであろう。友と祖国のために生命を捧げるひとびとには、もちろん、そのような結果が与えられる。こうして、かれらが自分のために選びとったものは、偉大な美しい褒賞なのである（アリストテレス一九七三：三一〇）。

ここで興味深いのは、祖国のために自己犠牲を払う人は、「自分のために」すなわち自愛心に動機づけられているとアリストテレスが観察している点である。なぜ自己犠牲が自愛心に基づくかといえば、自己犠牲という「偉大な行為」が行為者にとって「偉大な美しい褒賞」だからである。このように道徳的高貴さとして祖国のための自己犠牲をアリストテレスは説いている(2)(Hirschi 2012: 52)。

パトリオティズムの歴史的展開において、おそらくアリストテレスより重要な役割を果たした思想家は、古代ローマのキケロである。キケロにとって、カルタゴの脅威からローマを防衛した英雄たちを特徴づけたのは、ほかならぬパトリオティズムだった。ガイウス・ラエリウスとスキピオ・アフリカヌスこそは、愛国的模範であった。

キケロのパトリオティズムの根底には、政治的共同体こそが、良き生を営むための必要条件であるという信念が存在した。人間の幸福な生活を考察するにあたって、キケロは人間の自然的本性を考察する。自己保全や生殖、真理や独立性への欲求などに加えて、キケロは、共同体の形成・維持を欲することを人間の自然的本性の一つとして指摘する。人間が共同体を欲するのは、複数の人間の協働によってはじめて、人間の多様な必要と欲求は満たされるのであり、そのような協働の場が共同体にほかならないからである(Roberts 2016: 114–115)。

そうした共同体のうち最も偉大なものが共和政ローマである。したがって、キケロにとって、感謝の念と敬虔さをもってローマを防衛することがローマ人の第一の義務であった。幸福な生活を人々にもたらす共同体に対して、それに見合った奉仕をする義務を果たすことが、高貴で幸福な生であるとキケロは説いた。なぜなら、共通善と自分の利益を調和させることこそが、道徳的な生き方だからである(Cicero 1913: 278–281, 294–295, キケロー一九九九ａ：二八五、二九二―二九三、Roberts 2016: 115)。「同じ一つのことを全ての人々が目指さなければならない。それはすなわち、各個人に有益なものと全ての人々にあまねく有益なものとが同じであるようにする、ということである。この有益性をもし個人が勝手に持ち去れば、人々の連帯は断ち切られるであろう」(Cicero 1913: 292–293, キケロー一九九九ａ：二九二)。「連帯」すなわち人々の協働関係こそが高貴で幸福な生のために必要な条件なのである。

キケロによれば、「祖国」には二種類あり、一つは自然的祖国(patria naturae あるいは patria propria)、もう一つは市民的祖国(patria civitatis あるいは communis patria)であった。「自然的祖国」は、人が生まれ育った場所であり、自分の両親への愛情や出生地に対する郷愁と密接な関係のあるものである。一方「市民的祖国」とは、法によって共通とされる祖国であり、全ての市民に帰属するものであるだけでなく、そのために市民たちは死ぬ義務を負うような最高度の献身を要求するものでもあった(Cicero 1928a: 372-377, キケロ一九九九b:二二三―二二六)。キケロ曰く「何にもまして愛情を注がなければならないのは、それによって市民全体が国家という名をもつことになる祖国、そのためにわたしたちが生命を捨て、それに自己のいっさいを捧げ、そこにわたしたちの所有物のすべてを供え、いわば奉納しなければならない祖国である」(Cicero 1928a: 374-377, キケロ一九九九b:二二五)。前述のように、キケロの場合「市民的祖国」とは共和政ローマにほかならなかった。したがって、『義務について』の中で、共和国である「祖国こそもっとも大事にせねばならない」ときっぱり言い切っている(3)(Cicero 1913: 372-373, キケロ一九九九a:三三四)。したがって、自然的祖国としての家族と市民的祖国との間に緊張関係が生じた場合でも、キケロの選択は明らかであった。ヘカトーン『義務について』を引用しつつ、次のように述べている。

「父親が神社のものを奪ったり、国庫に抜け穴を掘ったりしているとした場合、息子はそれを当局に報告すべきか」。「それは実に道にはずれた行為だ。むしろ、告発されても弁護すべきだ」。「では、祖国がすべての義務に優先するのではないのか」。「たしかに優先する。しかし、親を大事に敬う市民をもつことは他ならぬ祖国に資するのだ」。「それでは、父親が専制政治を敷こうとするか、祖国を裏切ろうと企てるとき、息子は黙っているのか」。「そんなことはない。父親にそんなことをしないよう懇願する。それがうまくいかなければ、糾弾し、脅すことまでするだろう。結局、事が祖国の危難に及ぶ場合には、祖国の安泰を父親の安泰よりも優先するのだ」(Cicero 1913: 364-367. キケロ一九九九ａ：三三〇―三三一。傍点、引用者)。

カスパール・ヒルシはキケロのパトリオティズムを「禁欲的」であると評価している。すなわち、キケロの説く「祖国愛(amor patriae)」は、「祖国」を威厳ある貴婦人ないし母親に見立て、そうした「祖国」への愛は、敬虔と慈愛という二つの美徳に基づいており、自己放棄すらも辞さない自己規律によって彩られるものとなっている。こうした禁欲的祖国愛は、祖国のために自己犠牲をも要求するものとなった(Hirschi 2012: 59)。かの有名な『スキピオの夢』の中の一節にはこうある。

> アフリカヌス、おまえが、このことを知って、国家守護の任務にますます励み立つことを、私は期待しながら申すのであるが、おまえには、つぎのことを確信してもらいたい。それは、祖国を維持し、賛助し、そのいっそうの発展に尽くしたことごとくの者の行き先として、天界の決まった場所が予定されており、その場所で、この人々は、至福者として永生を享ける、ということなのである。たしかに、およそ地上においてできあがるもののうちでは、全世界を統べたもうているあの長なる神により、なにが嘉納されると申しても、人間どもの集合ないし集団の、正義に基づいて結成され、世に国家と称されているもの、これに優るものはないのである。そして、こういうものである国家を統治する者、守護する者は、ここから旅立って、またここへ帰ってくる(キケロ一九八〇：七〇)。

こうしてキケロは、祖国のために自己犠牲を払う愛国者には、死後の世界における見返りを保証している。ここではキケロのパトリオティズムは宗教的色彩を濃厚に帯びているといえる(Viroli 1995: 18–19＝二〇〇七：三九―四一)。

キケロのパトリオティズムが、後代において影響力を保った一つの大きな理由は、それがローマ法の伝統に取り込まれることで新たな生命を得たことに求められよう。ローマ法学説彙《い》纂《さん》(ディゲスタ)はキケロの用語法をそっくり継承し、ローマ帝国の市民であれば、必ず二つの「祖国」を持っていたのであり、その一つは生まれ故郷(patria propria)であり、もう一つは、「共通の祖国」(communis patria)すなわちローマであると規定している(Hirschi 2012: 63)。「ローマ」は拡大するにつれ、「祖国」としては、特定の都市というよりは抽象的概念となっていった。ストア派、たとえば、エピクテトスはパトリアを全ての人類が所属する普遍的社会を意味するとし、愛国の個別性の強調に対峙した(Wolin 1960: 77–82)。

しかし、古代末期において、キケロ的祖国概念は根源的な批判にさらされることとなった。古代キリスト教教父の一人であるアウグスティヌスは、このキケロ的な愛国的献身に基本的に共感するが、そうした献身の対象がローマという地上の国である点に異議を唱えた。すなわち、ローマより偉大なものに献身する可能性をキケロが論じない点に、アウグスティヌスは、キケロ的パトリオティズムの限界を見たのである。

アウグスティヌスは、キケロ的パトリオティズム批判の矢を、キケロの道徳思想に向けて放った。キケロの愛国的態度は、ローマ共和政の共通善を防衛することを主要関心事とするが、その場合、必ずしも他国の脅威からの自衛のために軍務に就くことを意味しなかった。むしろ、平和時に個々人が美徳を不断に追求することで、共和政ローマを道徳的に強化することを意味していた。そして、軍務に就くよりも、平和時の市民的な奉仕を道徳的に行うことは、結果としてその個人に名誉と威信とをもたらすと論じた(Roberts 2016: 116)。ここで重要なのは、キケロにとって、共通善への奉仕という、市民による美徳の追求はそれ自体として価値あるものであるが、そうした美徳の実践が名誉や威信という褒賞をもたらすことが動機づけとして重視されている点である。後々の世まで人々の称賛の的となることが、美徳の追求へと人々を駆り立てるというのである（アウグスティヌス一九八〇：三五一―三五二）。

アウグスティヌスによるキケロ批判の要諦は、こうした名誉や威信への欲望が、ローマへの献身を過剰なものにし、偶像崇拝と化している点にあった。名誉の追求は、結局のところ、市民たちを連帯させるというよりは競争関係に置き、潜在的に対立させることになる。なぜならば、全ての市民に名誉や威信を与えることなどありえないからである（そうなれば、実質的に、誰も名誉を得たことにならない）（Roberts 2016: 121）。したがって真に追求されるべきは名誉ではなく、創造主への献身であるとアウグスティヌスは主張する。キケロは、共和政ローマという「祖国」への犠牲的献身という宗教的帰依を説いたが、そうした地上の「祖国」にアウグスティヌスは聖性を認めない。それに代えて、アウグスティヌスは、より偉大な「祖国」、すなわち天上の「神の王国」の存在を説く（アウグスティヌス一九八三：七〇―七二）。それゆえ、「殉教者たちが自らの血を流すのも、天上における〈共通の祖国〉（communis patria）のためである」ということになった（カントーロヴィチ一九九二：二三九）。こうして、キケロ的な市民的祖国概念はキリスト教的なそれへと換骨奪胎されたわけである。

こうしてみれば、アウグスティヌスのキケロ批判は、つまるところ、キケロのパトリオティズムがローマを偶像化した点にあるといえる。アウグスティヌスにとって真の祖国とは、この世のいかなる国でもなく天上の「神の王国」にほかならないというキリスト教的な理解であった。ただし、アウグスティヌスをはじめとする古代教父は、キリスト教徒たちには「天上の祖国」のために死なねばならない義務があるとは考えてはいなかった点に注意を要する。この点で、キケロが祖国防衛のために死ぬことの義務を説き、さらにそうして死んだ者たちが死後において天界に定められた場所を得ると主張することで、そうした自己犠牲を称揚するに至ったのとは興味深い対照をなしている。

中世ヨーロッパのパトリオティズム

封建制の時代の到来とともに、人は、村や都市以上の共同体に属する意識を持たなくなった。「祖国」という概念は、中世初期には、古代的な意味が忘れ去られ、代わって身近な土地や地域を意味するだけになった(Dupont-Ferrier 1940)。このことは、キケロの「二つの祖国」論になぞらえていえば、封建的忠誠関係を表現する上で役立ったのが、「市民的祖国」ではなく「自然的祖国」という概念の方だったということである。のちにロベルト・ミヘルスが「鐘楼のパトリオティズム」と称したことで知られる郷土感情がそれにあたる。こうして市民的祖国という概念は中世の到来とともにいったんは忘れ去られたわけである(カントーロヴィチ一九九二:二三八)。しかも、キリスト教の影響下に、「祖国」は天上の王国という新たな意味を獲得した結果、一二世紀まではこれら二つの意味、すなわち、郷土と天国を意味するものと理解されていた。

しかし、一三世紀以降、「祖国」は再び地上に舞い降りて現世の国を意味するようになった。そうした「国」の意識を示す事例としては、一二世紀においてすでに、イングランドの聖職者・歴史家だったモンマスのジェフリーが「祖国(patria)」という表現で「島全体の君主政(totius insulae monarchia)」を意味したのを指摘することができる。しかし、こうした意識は、一四世紀初頭までにはさらに明瞭になった。たとえば、一三〇三年、フランス国王フィリップ四世が対立関係にあった教皇ボニファティウス八世をイタリアのアナーニで捕縛した事件において、教皇に攻撃を仕掛けたギヨーム・ド・ノガレが、「国王の祖国、すなわちフランス王国」を防衛する、と述べており(Guenée 1985: 55)、実際、フィリップ四世は、万民が武器や金銭的支援の形で自分たちの生まれ育った土地を防衛する義務を説いている(Beaune 1991: 299-300)。こうしたプロパガンダは必ずしも実を結ばなかったようであるが、フランス国王は、自らの王国の人的物的資源を動員することを試みていたのである。

ノーマン・ハウズリーは、中世末期から近代初期にかけて見られたパトリオティズムを「聖化されたパトリオティズム（sanctified patriotism）」と名づけている。その思想的中核は、祖国防衛のために戦争を行う行為は神聖であるという信念である（Housley 2000）。これは、少なくとも第一回十字軍運動にまでさかのぼって観察される考え方であるが、十字軍に際して「祖国」概念に変化が見られた点に注意を要する。すなわち、十字軍が防衛すべき「祖国」とは聖地としてのエルサレムだったが、そのエルサレムは聖性を帯びた、この世における土地であったという点が重要である。こうして、いったんはアウグスティヌスによって彼岸に押し上げられた「祖国」は再び地上に戻ってきたのである（Hirschi 2012: 66）。

さらに、「聖化されたパトリオティズム」の背景には、神は軍事行動に積極的に介入するという信念とも相まって、人民と国の大義名分を神の摂理との関連で理解する思想的傾向があった。すなわち、その「人民」とは神によって「選ばれた民」であり、神の意志を遂行する道具としての役割を担うとともに、神に嘉《よみ》せられた存在として理解されていた。ただ、いかに「選ばれた民」という観念が生じていたといっても、中世末期から近代初期にかけて見られた「聖化されたパトリオティズム」の担い手として想定されたのは、職業的兵士たちに限られていた。彼ら兵士たちは、聖なる祖国の防衛に携わるにせよ、敵対する隣国を征服せよという神の意志を遂行するにせよ、「聖化されたパトリオティズム」を心に抱いて祖国のために死ぬことが期待されたのである（Housley 2000: 246, Beaune 1991: 304）。

こうした政治・軍事的実践と歩調を合わせて、ゲインズ・ポウストの古典的研究によれば、中世ヨーロッパの法理論において、祖国への愛とは、ほかならぬ祖国の防衛のために戦うことを意味した（Post 1964: 452）。そこで頻繁に引用されたのはカトーの「祖国のための戦い（pugna pro patria）」という文言や、キケロやホラティウスに倣った「祖国のために死ぬこと（pro patria mori）」という表現であった。こうした表現が中世法学に浸透した背景の一つとして、第一回十字軍が開始された一一世紀末に、ローマ法が「再発見」されたという事情も見逃すことができないであろう。前述の通り、ローマ法学はキケロのパトリオティズムを摂取していたからである。ただし、いうまでもなく、キケロ＝ローマ法学的なパトリオティズムにとって最重要の祖国とは、市民的祖国としてのローマであった。この市民的祖国としての地位をローマから剝奪し、フランスやイングランドなどの諸王国と結びつけるには、理論的操作が必要となった。そこで持ち出された原則とは、「〈今日、帝国は分断されている〉という前提ないしは事実を根拠とする、あらゆる君主は〈自らの祖国において皇帝である〉(est in patria sua imperator)」という原則であった(カントーロヴィチ一九九二：二五二、Hirschi 2012: 70)。こうして中世ヨーロッパの君主たちは、ローマを市民的祖国とみなすことをやめ、自分の支配下にある領域を新たな市民的祖国であると宣言したわけである。このような歴史的展開を踏まえれば、エギディウス・ロマーヌスのような一三世紀後半から一四世紀にかけて現れた主要な政治思想家たちもまた、兵士がこの世の祖国としての諸王国や都市国家に対して忠誠心を持ち、そのために死ぬのを称揚するようになったことが容易に理解できよう(Housley 2000: 222, Viroli 1995: 21-25＝二〇〇七：四二一四八)。

このように現世における祖国のために死ぬという思想の淵源をたずねれば、少なくとも一三世紀のスコラ学的政治思想にまでたどることができる。すなわち、人が自分の命を犠牲にしても防衛しようとする聖なる「祖国」はもはや神の王国ではなく、王国や都市国家などの政治共同体となった。ここに、人々の究極的忠誠の対象として地上の「祖国」が立ち現れたわけである。これをもって、国家権力の成長の出発点とみなすのも理由のないことではない(Housley 2000: 248)。また「祖国のため」の自己犠牲は、「死ぬこと」だけとは限らなかった。実際、一三世紀以来「祖国のために」という大義名分のもと、イングランドやフランスなどの王国は課税を行っている。これも淵源をたずねれば、十字軍にまで行き着く。すなわち、十字軍の遠征には巨大な軍事資源を要したのであり、そのために課税の必要が生じたのである(Hirschi 2012: 66)。こうして、納税という行為もまた、「祖国のため」の自己犠牲として正当化され、定着していったことは銘記するに値しよう(ヴェイユ二〇一〇：一五〇—一五一)。

こうした歴史的諸事情を踏まえれば、一三世紀後半の神学者トマス・アクィナスが、その『神学大全』において

「敬虔さ」を論じた際、「祖国に対する敬虔さ」についても肯定的に言及していることも納得できよう。トマスはいう。

人は、様々な仕方で、他者から借りを受けるが、それはその人々の多様な卓越さによる場合もあれば、彼らから受ける様々な便益によることもある。この両方の点で神が第一の地位を占めるのは、神が至高な形で卓越しており、かつ、我々にとって存在と統治の第一原理であるからである。第二に、我々の存在と統治の原理であるのは、祖先と祖国である。祖先と祖国から我々は生と糧を受けるのである。したがって、人は、神に次いで、主にその祖先と祖国から借りを受けるわけである。それゆえ、神への恭順は崇拝に属するのと同様、祖先や祖国への恭順は敬虔に属する。

祖先への恭順は、全ての血縁者への恭順を含むが、それは、アリストテレス『倫理学』八巻によれば、血縁者は同一の祖先に発しているからである。祖国への恭順には、同胞たる市民、そして祖国の友人たちへの恭順が含まれる(4)(Thomas Aquinas 1972: 4-7)。

このようなスコラ学的政治思想家たちによる愛国的言説が後代に及ぼした影響を考える際、看過してはならないことは、中世の愛国的言説の要諦が、「祖国のために死ぬこと」といういわば軍事的自己犠牲にあっただけではない点である。むしろ、彼らの主張の主軸は、「祖国」が「共通善」であるという認識にあり、祖国愛(amor patriae)とは、共通善という道徳的善への熱望にほかならなかった。たとえば、スコラ哲学者ガンのヘンリクスは、アリストテレスとキケロを参照しつつ、個人の利益よりも共通善が優先されるべきであり、また、自己愛が悪徳であるのと異なり、他者への愛は美徳であると主張して、「祖国、法、友人たち、そして自由の防衛のために」自己犠牲になることを説いた(de Lagarde 1958 : 180-185, Beaune 1991 : 300)。自己犠牲が尊ばれたのは、それが犠牲となる個人に栄誉をもたらすからではなく、自己犠牲にならなければ個人の利益を優先したことになり、それは罪だからである(Kempshall 1999: Ch. 6)。

イタリアのドミニコ会修道士で神学者のレミジオ・デ・ジロラミは、共通善としての祖国を「市民にとっての全ての名誉と栄光の源泉」であるとみなし、これを防衛することこそが市民の義務であると説いた。逆に、祖国が腐敗するならば、共通善は破壊され、市民は、市民的美徳を実践することも涵養することもできないという意味で、実質的にもはや市民たりえない。したがって、市民たるものは、祖国の腐敗と断固として戦わなければならないと主張した(de Girolami 1977: 3-51. Viroli 1995: 24-25＝二〇〇七：四七)。このように、共通善としての祖国は、市民生活の基礎として「最も価値ある善」である。そして、祖国にとっての敵とは、国内の腐敗(すなわち暴政を敷く君主や、私益を優先することにより腐敗した市民たち)であった。そうした祖国の防衛義務は、兵士ではなく市民たちの義務であり、かつ、戦時という例外的状況においてのみ発生するものではなく、常時、義務の履行が求められた点が重要である。

このような祖国観念は、ルネサンス期のイタリアにおいて、マウリツィオ・ヴィローリのいう共和主義的パトリオティズムとして開花した。その祖国概念の中核をなす共通善とは市民たちの自由であった。イタリア人文主義者たちにとっても、中世のパトリオティズムと同様、自由という共通善にとっての敵とは、私利私欲を優先する腐敗した市民たちであった(Viroli 1995: 26＝二〇〇七：四九)。マキアヴェリにとっても同様に、法と公共の自由としての共通善を愛しこれを防衛することが、祖国愛を意味した。腐敗の危険から都市国家の法と自由を守ることが、祖国防衛という日常的であり、かつ至上の義務であるという思想は、マキアヴェリが特に強調したものであるとヴィローリは特筆大書している。なぜなら、祖国愛が衰えると、私利私欲に走る市民たちが私益に有利になるように法改正することを許してしまい、その結果、共同の自由が掘り崩されてしまうからである(Viroli 1995: 29-40＝二〇〇七：五三―六七)。

以上から明らかなのは、中世末期からルネサンス期にかけて「祖国愛」として知られたものをパトリオティズムの一種とするなら、それは、法によって保証される自由としての共通善を「祖国」とみなし、これを愛することであり、危機的状況においては自己犠牲を払ってでも市民は防衛しなければならないものであった。こうした思想は、血の通わぬ抽象論ではなく、恐らくは実感としても了解されるものであったのであろう。コレット・ボーヌは、中世末期フランスにおけるパトリオティズムを論じて、祖国に対する「抽象的・制度的義務」としての側面よりも、祖国への愛としての情緒的側面が強調されていることを指摘している(Beaune 1991: 302)。パトリオティズムは祖国への「愛」という感情として理解されることが一般的であったことを注記しておきたい。

近代初期イングランドとフランスのパトリオティズム

中世に醸成された「聖化されたパトリオティズム」は、中世が幕を下ろしつつあったルネサンス・宗教改革期においても、「神聖な暴力」を行使する精神的機動力であり続けた。キリスト教的な視点から平和を唱えた思想家たちは、こうした「聖化されたパトリオティズム」に当然のことながら批判的であった。たとえば、エラスムスは、好戦的な主張を説いて回る聖職者たちについて、皮肉っぽく述べている。「フランス人に向かっては、神はフランスに味方している、神の守護を戴くものが負けるはずはない、などと弁じたて、イギリス人やイスパニア人に向かっては、この戦いはたんに皇帝のものではない、神のいくさなのだ、勇戦敢闘すれば勝利は確実である、万一戦死したとしても、その勇士はほんとうに死ぬわけではない、生前そのままの武装で天国へ一直線に昇ってゆくのだ、などと演説をぶっているんだ」(エラスムス一九八〇：二七五、Erasmus 1961: 823, 2004: 58)。しかし、そうした批判とは裏腹に「聖化されたパトリオティズム」は、他国との戦争が神聖であるという信念を広めることとなった。

ところで、一六−一七世紀ヨーロッパにおける一連のいわゆる「宗教戦争」は、宗教的対立が引き金となってヨーロッパ中を戦争に巻き込んだと一般に理解されている。宗教改革以降、ヨーロッパ世界は宗教的に分断され、ローマ・カトリック教会およびプロテスタント諸教会が真のキリスト教信仰をめぐって鋭く対立した。ちょうどこの時期に近代国家、とりわけ絶対主義国家が理論的にも政治的現実としても成立したのは、そうした宗教を原因とする戦争への解決策であったというのが、一般通念として当然視されている。実際、ホッブズやロック以来、現代のリベラリズムの理論家に至るまでこうした認識が広く共有されている。フランスでも、たとえば、ヴォルテールが「宗教という非人間的な熱情がフランス人の手に武器を握らせた」と記したのは、やはり一六世紀以来の宗教戦争に対する一つの解釈であり、いうなれば「歴史の教訓」でもあったであろう(Bell 2001: 31)。

こうした歴史認識からすれば、宗教的に動機づけられた「聖化されたパトリオティズム」が一六―一七世紀の宗派化(confessionalization)というキリスト教の信仰上の分裂・対立に拍車をかける結果となったと見ることは自然であろう。実際、比較的最近まで、一六―一七世紀のパトリオティズムは宗教色が濃厚であり、宗教的見地から構想された政治共同体の理想像に照らして現実の政策に批判的に対峙し、既存秩序を不安定にする傾向の強い思想であったと論じられてきた。パトリオティズムは宗教的で党派的かつ好戦的であり、これに対峙したのが世俗的でコスモポリタンな人文主義的伝統であったというわけである(Monod 1999: Ch. 4)。

その一方で、いわゆる「宗教戦争」が宗派的対立に端を発するものだったと見るのは単純すぎるという見解も存在する。すなわち、「宗教戦争」という一般的な名称とは裏腹に、実際には、近代国家の形成が本格化したことが主な原因となって戦争が発生したのであって、宗教的対立が流血の主な原因ではなかったというのである(5)(Ertman 1997, Tilly ed. 1975, Tracy ed. 1986)。しかも、従来はコスモポリタンと見なされていた人文主義的伝統こそが、むしろ外国人排撃運動の急先鋒となり、ネイション間の対立に拍車をかけたという指摘もある(Hirschi 2012: 142)。こうした歴史的解釈に照らしてみれば、宗教的に動機づけられたパトリオティズムが近代初期ヨーロッパに戦禍をもたらした主な原因であったかどうか、必ずしも明らかではない。

しかし、一つ確実なのは、パトリオティズムを語る上で重要な用語である「パトリオット（愛国者）」が初めて使われ始めたのは、まさにその時代であった。

パトリオットという用語は、古典期以後のラテン語にいうpatriotaに由来するが、そのラテン語の単語は、古典ラテン語のpater（父）やpatria（祖国）に関連する。patriotaなる語は、ギリシャ語のpatriotesに由来し、いずれも同国人、同胞を意味した（Knowles 2001: 625）。フランスでパトリオットという語が初めて登場したのは宗教戦争期にあたる一五六八年のことである（Beaune 1991: 4）。この時期に書かれたユグノーの論争的著作、たとえば、フランソワ・オトマン『フランコ・ガリア』（一五七三年）やステファヌス・ユニウス・ブルートゥスという著者の作品として発表された『僭主に対するウィンディキアエ』（一五七九年）が、人民主権と暴政への抵抗権を主張する中で、パトリオットという用語を用いている。イングランドでパトリオットという用語が流布するようになったのは、一五九〇年代以降のことであるが、そのきっかけとなったのは、フランス・ユグノーの著作群が英訳されたことだったようである（Salmon 1959: 123-146, Knowles 2001: 637）。その後、パトリオット（patriote）やパトリオティズム（patriotisme）という単語が辞書に収録されることで、公式にフランスで認知されたのは一七六二年以降のことである（Dupont-Ferrier 1940）。パトリオットやパトリオティズムという政治的語彙は、イングランドとフランスの間では相互影響を伴いながら広く使用されるようになったが、それと同時に、その意味合いも多様化した。

イングランドの場合、一六世紀末において、「パトリオット」は「同国人、同胞」としての意味の他に、公共的な事柄に寄付をする後援者という意味で用いられた（Knowles 2001: 627）。一七世紀に入ると、「コート（宮廷 Court）」と「カントリー（Country）」という二大勢力の間の対立が深まったが、イギリス革命の古典的研究でしばしば言及されてきたこの対立図式は、パトリオティズムとの関連で有用である。「コート」は一口に言えば、「宮廷人（courtiers）」や「王党派（royalists）」を意味し、具体的には、国王およびその周辺の要人ならびに国王の支持者たちであった。これに対する「カントリー」とは、イギリス革命が勃発する以前の時期に、とりわけ一六二〇年代に入って、国王への反対勢力の総称として一般的に用いられた呼び名である。(6)

従来の歴史叙述によれば「カントリー」の構成員たちは「議会派(parliamentarians)」であると同時に「パトリオット(愛国者)」という名称で呼ばれた(Zagorin 1969: 33)。ペレス・ザゴーリンによれば、「カントリー」とは「公共的精神を持ち、私的利益に惑わされず、コートからの影響や腐敗とは無縁の人々」であり、自分の地元にとって、議会における重要な利益の代弁者であった(Zagorin 1969: 37)。「カントリー」は高い社会的地位にあり相当の私有財産も有するが、理由はなんであれ、「コート」から拒絶されていた男性たちの緩やかな連合体であった(Zagorin 1969: 75)。したがって、一七世紀イングランドにおいて、「パトリオット」という用語が意味したのは、「国王と議会、そして人民が一つの政体を構成し、その中ではどの部分も全体の名において抵抗や制約を受けることが可能であると考える人々」のことであった(Pocock 1975: 371-372)。「パトリオット」の代表例としては、ジョン・ピムが挙げられよう。国王チャールズ一世が逮捕することを試みて失敗したこの人物は、「公共善の保護者であり、法と自由と宗教を擁護する議会派」として同時代のパンフレットにおいて称揚された(Knowles 2001: 629)。

しかし、「パトリオット」の意味内容については、それほど整然とした共通理解はなかったことが近年の研究によって明らかにされている。「パトリオット」と「王党派」との対立区分に関しては、イギリス絶対主義のイデオローグとして知られるロバート・フィルマーが次のように書いている。「多くの無知な臣民たちは、人は自分の君主に対して反逆者となることにより、殉国者になれるという信念に騙されている。その一方、新たにでっち上げられた王党派と愛国者という区分は不自然である、なぜなら、国王と人民の関係はあまりにも偉大である結果、彼らの福利は相互的なものだからである」(Filmer 1991: 5, Knowles 2001: 629, Viroli 1995: 56-57 = 二〇〇七:九九)。フィルマーにとって、真のパトリオットとは、国父としての国王に対して忠誠を誓う者たちを意味した(Viroli 1995: 56 = 二〇〇七:九九)。

「コート」は、一般的に、君主と国家に忠実で国教会の規律に服する人々をパトリオットとみなしたようである(Knowles 2001: 640)。このように、議会派のみならず、王党派の中にも「パトリオット」と称される者がいたわけである。実際、議会派を代表するジョン・ミルトンが「真の」パトリオットについて論じたり、水平派のジョン・リルバーンが「見た目のパトリオット」を論難したりした事実に、「パトリオット」の概念理解が混乱していた様子を窺うことができる(Knowles 2001: 630-633)。

このように「パトリオット」という用語は政治的立場を超えて、様々に用いられた。そのことが含意する重要な点とは、政治的立場に関するレッテルは、政治的に対立する立場から嘲笑の対象となるのが常だったが、「パトリオット」というレッテルだけは例外的に、政治的主張の違いを超えて全ての勢力が欲しがったものだったということである。この点に関して、ロナルド・ノウルズは、「パトリオット」という用語は、人文主義的教育や家父長制といった当時の共通の土壌が、父や国王、出身地や国といった概念を結びつけ、そうした理解が強力な情緒性をも伴って各個人の内面に深く根を下ろしていたと指摘している。そして、一八世紀までには、「パトリオット」は「君臨する語(reigning word)」としての地位を得たという(7)(Knowles 2001: 641)。すなわち、「パトリオット」であるということは、端的にいえば、その人の道徳的正当性の主張となったのである。

2　一八世紀のパトリオティズム

一八世紀フランス

このように一六世紀以降、パトリオットという用語が広く用いられるようになったが、マウリツィオ・ヴィローリは、一六世紀中盤から一七世紀にかけては、共和主義的パトリオティズムが衰退と再生を重ねた時代であったとも指摘している（Viroli 1995: 41＝二〇〇七：七七）。すなわち、パトリオットが追求する政治的義務の源としての「祖国」とは、もはや共和政体や共通善としての自由であるとは必ずしも理解されなくなった。国家や君主への忠誠こそが祖国への愛であるという理解も広まりつつあったのである。そうであればこそ、一七世紀イングランドにおいて、パトリオットであることは、必ずしも議会派によって主唱された共和主義的立場を意味せず、政治的立場を超えて共通にパトリオットであることが望ましいとされた。こうした事態の背景として、ヴィローリは、国家理性のイデオロギーが広まりつつあったことを指摘している（Viroli 1995: 43-44＝二〇〇七：七九）。この点に加えて、一七世紀イングランドにおけるパトリオティズムのもう一つの特徴は、愛国的であることを望み、またそのように認知されることを欲したことにおいては、ピューリタンであろうと国教会派であろうと、宗教的立場を超えて一致していたということである。

その点で、一八世紀フランスにおいて、祖国愛を持つことと宗教的信条に服することとが対立的に捉えられるようになったことは注目に値する（Bell 2001: 36）。実際、ジャン＝ジャック・ルソーはパトリオティズムとキリスト教信仰を相反するものとして捉えていた（ルソー一九七八：三五二）。愛国的態度と宗教的信仰の関係をめぐるこのような新しい理解は、脱キリスト教化という意味における世俗化というよりは、宗教信仰の内面化を反映するものだったと指摘されている（Bell 2001: 37）。しかし、そのことを裏返せば、愛国的であるということが、市民宗教と化し聖性を帯び始めたことを示唆する。キリスト教という宗教的信仰が、個人の内面の問題に押し込められた一方、国家に対する公共的な崇拝が一般化し、それをルソーは市民宗教と呼んだのである。

前述したように、パトリオティズムという概念がフランスで普及し始めたのは一八世紀中盤以降のことである。いうまでもなく、それまでも「祖国」について様々に言及されてきたが、しかし、「祖国」とは何かという問題を真正面から論じるケースは意外と少なかった。その意味で特に注目すべきは、アンリ＝フランソワ・ダグソーによる一七一五年の祖国愛についての演説である。そこで語られた「祖国(patrie)」とは、一七世紀イングランドにおいて見られた共和主義的解釈に似て、「国王」とは切り離された別の存在であり、それは「完全な平等」と「市民的兄弟愛」を享受する「市民」の集合体を意味した。したがって、ダグソーによれば、祖国愛は、共通善への愛を意味するのであって、君主への愛を意味するのではなかった(Bell 2001: 51)。ダグソー曰く「フランスは偉大な王国ではあるが祖国ではない。大勢の人々はいるがほとんど市民はいない」(d'Aguesseau 1759, Bell 2001: 52)。つまり、「祖国」が存在するかどうかは、人々が共通善への愛を抱くことにより市民となるかどうかにかかっているのである。つまり、「祖国」はすでにそこにあるのではない。人々が市民的徳性を持つかどうかにかかっているような存在として理解されていた。

このように、一七四〇年代の末頃までは、「祖国の市民」であるということは「政治的美徳を持つ市民」であることを意味した。政治的美徳を持つ「祖国の市民」は、公私の領域を問わず、私益を優先する「腐敗」に反対し、「祖国」と同胞である市民たちに献身する人々である(Campbell 2007: 21)。このように、祖国愛を政治的美徳として理解する当時の代表例としてあげられるのは、モンテスキューであろう(Viroli 1995: 69-71＝二〇〇七：一二三―一二七)。ここで注意すべきは、「愛国」の立場が、保守的な運動ではなく、むしろ政治改革の運動と結びつけられて用いられたのが一般的だったことである。

しかし、この当時のフランスにおける「祖国」に関する言説が、国王への愛ではなく共通善への愛によって特徴づけられるものだったとはいえ、そのことは必然的に反国王的な色彩を帯びることを意味したわけではなかった。実際、一七五〇年代以降フランス革命の勃発に至るまで、フランス王党派も、一七世紀のイングランド王党派と同様に、パトリオットであると自称する新たな傾向が生まれていた。すなわち、フランス王政は暴政ではなく公共善に奉仕するものであると王党派が主張する上でも、パトリオットという名称が利用されたのである。従来、共和主義的で反体制的な政治的正当性の根拠として用いられてきた愛国的言説をフランス王党派がハイジャックしたわけである(Campbell 2007: 27-28, Bell 2001: 63-66)。フランス王党派の愛国的言説は、七年戦争にフランスが大敗を喫したことや植民地獲得競争においてイギリスに遅れを取るばかりであったという当時の事情を背景として誕生した。特に対外戦争において民衆を動員する必要を痛感した王党派は、「祖国」再生を大義名分として、反体制派の愛国的言説の乗っ取りを企てたわけである(Shovlin 2006: 49)。

このように「祖国」を共通善とみなし、それに政治的正当性を根拠づける議論は、王党派、反体制派を問わず広く用いられることとなった。結果、「パトリオット(patriote)」や「愛国的(patriotique)」といった用語の使用頻度が、一七六五年以降激増し、愛国的言説が世に溢れることとなった(Bell 2001: 69)。

こうした状況を踏まえて、デイル・ヴァン・クレイは、一八世紀のパトリオティズムを大別して二種類があったと主張している。一つは、今日我々がしばしば見聞する、ナショナリズムとほとんど区別のつかないパトリオティズムであり、「祖国」をそのほかの国々と対置し区別するパトリオティズムである。もう一つのパトリオティズムとは、国境を越える(トランスナショナルな)パトリオティズムである(Van Kley 2008: 252)。次章で詳説することだが、中世末期から近代初期にかけての共和主義的な愛国的言説における「祖国」とは、地理的・空間的にも、社会的・集団的にも、明確な外縁を持つものとしては必ずしも理解されていなかった。したがって、自分の生まれ故郷の狭い地域やローカルな共同体を意味することがあれば、国境を越えた統一性というコスモポリタンな意味合いを伴うこともあった(Campbell 2007: 5, 28-29)。すなわち、「祖国」概念は地理的・空間的に伸縮自在であり、いまだ国境によって囲い込まれた存在ではなかったのである。こうした伝統的な祖国概念に加えて見られた、一八世紀フランス(とりわけ革命期)におけるパトリオティズムの新たな展開は、自国を他国と対立的に捉えるナショナリズム的パトリオティズムの生成であるといってよい。伝統的な「祖国」概念とは対照的に、国境によって仕切られたものとしての自国を前提とするパトリオティズムである。いうまでもなく、王党派のパトリオティズムは、このナショナリズム的パトリオティズムであった(8)。

しかし、そのように王党派によって乗っ取られた愛国の政治言語に共和主義的な反体制派がこだわり続けたのはなぜなのか。アンシャン・レジーム下ではいかなる公共的空間においても国王の政策について批判的に論じることは正当性を主張し得るものではなかった。検閲によって世論をコントロールすることが常態化していた状況下では、公的問題を論じる著作家たちは当局による介入をかいくぐって作品を発表するためのレトリック上の戦術が必要であった。その戦術とは、その著作者が「あまりにも強力で抗しがたい美徳の衝動（つまり、善良な市民の祖国愛）に駆られた」という立場を明確に表明する以外ではありえなかった（Campbell 2007: 29）。一七世紀イングランドの場合と同様、一八世紀フランスでも、愛国的であるということは、道徳的正当性を主張することにほかならなかったのである。こうして、一八世紀中盤以降、パトリオティズムについて語る公共空間は、王党派と反体制派の間で、どちらが真に愛国的かをめぐる、政治的せめぎ合いの場として立ち現れたわけである。

さらに、王党派による愛国的言説は、パトリオティズムの思想史において、別の意味でも一つの画期をなしている。愛国的言説は、一六―一七世紀のフランスやイングランドにおいて、政治的危機という状況下で盛んに用いられたものだった。そうであればこそ、フランス宗教戦争やイギリス革命（ないし市民戦争）を背景とする論争的著作において「祖国」や「パトリオット」について頻繁に論じられたのである。しかし、一八世紀中盤以後の王党派は、愛国的言説を「政治生活における通常の永続的な特徴」（Bell 2001: 66）に仕立て上げたのである。愛国について語ることはもはや戦争のような危機的状況を前提とするものではなく、日常的な政治的原則へと変貌した。

しかも、その日常化した愛国は、王党派によって、国王と臣下との間の親子関係に似た愛情関係として正当化された。一八世紀を通じて世俗化が進行した結果、フランス絶対王政は、王権神授説にその正当性の根拠を求めることが次第に難しくなっていた。そうした事態を受けて、現世的でありながらも容易に批判を許さない正当性の根拠として、国王を「人民の父」に見立てる家族国家観を提示するに至った。父と家族との愛情関係として国王と臣下の関係を理解することは、基本的に、愛国的態度を「(家族)愛」という感情として捉えることを意味した。言い換えれば、国王と臣下の関係を、政治的・公共的なものにとどまらず、人間生活においてより根源的、より親密なものとみなす立場である(Bell 2001: 67)。

このように愛国的言説が新たな装いのもと、王党派的立場を正当化するものとして登場してからは、愛国的言説は大きく二つに分裂した。王党派にとって「祖国」は愛国的な国王によってすでに実現されているものであると主張された一方、反体制派にとって「祖国」はいまだ実現されていない理想・理念であった。

ちなみに付言すれば、一八世紀フランスにおいて、愛国的言説が世に溢れたもう一つの原因は、一七世紀以来イングランドで展開を見た愛国的言説がフランスで注目を集めたことであった(Skornicki 2009)。一八世紀は、七年戦争以降、フランスにおける対英感情が悪化した時代であるということがしばしば指摘され、フランス人の間に、イングランド人を「ヨーロッパの野蛮人」であると蔑視する傾向が見られたことは事実である(Bell 2001: 83-87)。しかし、その一方で、イギリスの政治経済における成功により、とりわけ一七五〇年頃から、フランス啓蒙主義知識人の間で「アングロマニア」とでも称すべきイギリスびいきの風潮も存在した(Skornicki 2009: 689-690)。モンテスキューがイギリス立憲主義を高く評価したのも、そうした傾向の一端であった。しかし、フランス知識人の間の「アングロマニア」は、かつてリュシアン・フェーヴルが論じたように、一八世紀には「ヨーロッパ」が一つの統一的な文化であり、一つの社会であり、しかもその社会が一つの地理的地域を占有するという共通理解が浸透していたことにも由来すると見てよいであろう(フェーヴル二〇〇八：第二講、Bell 2001: 93)。そうであればこそ、対英戦争に関するフランスの政論的著作は、イギリス国民を丸ごと敵視することには遠慮がちで、大勢のイギリス民衆の野蛮性を攻撃しつつも、イギリス国民の中にも、尊重に値する少数派が存在することを認めて攻撃的論調にブレーキをかけることが多かったようである（Bell 2001: 92）。

さて、ナショナリズム的パトリオティズムが一八世紀フランスに出現したことを先に指摘したが、その関連で「ネイション・国民（nation）」についての本格的論考が一七四三年に現れたことは注目に値しよう。フランソワ・イニャス・デピアール・デ・ラ・ボルドという無名の著者による『国民の非凡さと性格に関する試論』である。デイヴィッド・ベルは、この作品を「国民的性格」についての学問的考察でありながら、これまで「不当にも無視されてきた」と述べて注目している（Bell 2001: 10）。モンテスキューやルソーがネイション概念を用いるのは、これ以後のことである。ただし「祖国」も「ネイション」も、一八世紀フランスの政治的用語法としては元来、全ての「市民」を包含する概念ではなかった。「祖国」や「ネイション」の概念はパルルマン（高等法院）と同一視されたり、貴族の総称として用いられたりした（Bell 2001: 57-60）。すなわち、ナショナリズムの台頭とともに観察された重要な変化とは、「祖国」や「ネイション」の概念が第三身分を包含するようになったことである。

一七八九年、シエイエスが『第三身分とは何か』の中で論じたのは、第三身分が国民公会を組織し、聖職者や貴族階級と交渉を持つべきではないということだった。このころまでには第三身分の主張は「ナショナル（国民的）」と形容されることが多くなっていた。すなわち、それまで絶対王政の専制に対抗する反体制的な愛国的立場は、次第に、とりわけ第三身分の政治的主張に収斂してゆき、その政治的主張こそは「ナショナルな」ものであると広く認知されることとなったのである（Doyle 2002: 94）。こうして単数形の「ネイション」という語がルイ一六世の治下で爆発的に流行した。そうした新しい流行語を用いたのは、民衆や兵士たちであった。彼らは自分たちこそが「ネイション」であり「パトリオット」だと高唱したのである。

そうした「ネイション」を「パトリオット」という名称で呼んで敵視したのはほかならぬフランス特権階級であっ

た。彼らは、聖職者と貴族からなり、ヨーロッパ諸国の特権階級といわばヨコに連なる一つの社会を形成していた。すなわち、聖職者という第一身分は宗教的普遍主義に基づく汎ヨーロッパ的なつながりを持っていたし、第二身分である貴族階級が連帯感を感じたのは国境の向こうのヨーロッパの貴族たちであって、王朝的国際主義がその基調をなしていた。すなわち、聖職者にせよ貴族にせよ、彼らが連帯感を抱く対象は国境の外の同じ身分の人々であって、相対的に低い身分の同国人たちではなかった（エリアス一九九六：一六九、渡辺二〇〇七：一七）。「ヨーロッパ」とは、権力や富、教養を有するものたちが国境を越えて構成する一つの「（上流）社会」であったのである。そうであればこそ、ジャン＝ジャック・ルソーはこういった。「今日では、人がなんと言おうと、もはやフランス人、ドイツ人、スペイン人、あるいはイギリス人ですら存在してはいない。ヨーロッパ人がいるだけだ」（ルソー一九七三：一〇八）。そうしたヨコの連帯に打ち込まれた楔こそが「ネイション」という概念であった（フェーヴル二〇〇八：第二講）。貴族階級や知識階級にとって国境を越えてヨコに広げられた「ヨーロッパ」を、「ネイション」という概念は、いわばタテに分断することになったのである。そして、その新しい「ネイション」概念の主唱者たちは、第三身分、殊にブルジョア階級の人々であった。こうして、「ネイション」は、国境の内側では特権階級と対立し、国境の外側では潜在的に敵対関係を持つ新しいものとして歴史の表舞台に登場したのである。

とはいえ、「ネイション」が国内の特権階級に対立するというとき、従来の共和主義的パトリオティズムの伝統をも引きずっていた。ミシェル・ヴィノックはいう。「一七九二年九月、第一共和制が確立されようとしていた時期に、ヴァルミーの兵士たちからわき起こった「国民万歳」の歓声は、ただ単に外国の軍隊を押し戻した愛国心の高まりだけを意味するのではなく、主権者である国民の自由と平等をも主張していたのである。それは王朝のヨーロッパに対して国民のヨーロッパを、すなわち君主のヨーロッパに対して市民のヨーロッパを対立させていたのである」（ヴィノック一九九五：二一）。その意味では、革命派が、パトリオティズムという語をコスモポリタニズムと同義語であるかのように用いたことは不思議ではない。パトリオティズムとは、人類全体にとっての普遍的な善を追求する思想でもあった(Moland 2011: 49)。ここには、先に指摘したように、共和主義的パトリオティズムにおける「祖国」概念の外縁の曖昧さと伸縮自在な性格を見て取ることができる。さらに、革命イデオロギーには、ネイションが特定言語やエスニシティによって規定されることを拒絶し、共通善を支持し、共和国の自由と法を承認する意思を示すことだけを要求する側面も見られたのである(Hobsbawm 1992: 20–21)。

このように、フランス革命には、ヴァン・クレイが指摘したように、ナショナリズム的パトリオティズムの側面と従来の共和主義的でコスモポリタンなパトリオティズムの側面が同居していた。しかしその一方で、フランス革命は一つの決定的な変化をもたらした。それは、革命を通じて、フランス人民がもはや国王の支配下にある雑多な住民の集合体ではなく、フランス・ネイションとして把握されることとなったということである。「祖国」であるフランスは、フランス・ネイション、ならびに国境によって明確に外国と峻別された領土からなるものとして観念された。こうして「祖国」の概念も変貌した。「祖国」はフランスに実現したのである。一八世紀初頭において、「祖国」は共通善を熱望する市民がいて初めて存在しうる理想的存在にすぎなかった。フランス革命を経て、「祖国」はすでに実現したものとして観念されるに至ったわけである。

そもそも、「祖国」や「ネイション」概念が一八世紀中盤以降、流行語になったのは、フランス人がフランスを一つの「祖国」にしよう、そして、ただ単にフランス人であると呼称されるだけの存在ではなく、フランス人が自らフランス「ネイション」になろうとする政治的意思を盛んに表明するようになったことを示唆している(Habermas 1996: 495)。それは、国王があって初めて政治共同体が成立する「王国」ではなく、平等な市民たちだけで自立した「社会」を形成しようという意欲の現れであった(Bell 2001: 53, ヴェイユ二〇一〇：一五八、Grainger 1986: 10)。それは、フリードリッヒ・マイネッケがかつて指摘したように、一八世紀以前に存在した「ネイション」が「国家国民となり、かれらを包括する一つの国民国家をつくりだそうとする衝動を、みずからもっていな」かったのと対照的である(マイネッケ一九六八:八—九)。

では、なぜフランス人たちは、自ら一つの「ネイション」であることを望んだのか。それは、フランス人たちが、神律的なヒエラルキー秩序に基づくキリスト教会の権威や王権神授説に基づく絶対王政の権威との関連において自己を捉えることが少なくなったことが背景にあった。すなわち、キリスト教会にせよ、王権神授説に基づく王権にせよ、神によってこの世の事柄の意志決定がなされることが当然視されていた時代が終わりつつあったのである。神の創造する秩序のうちに自分を位置づけることに代わって台頭した世界秩序観は、自分たちを一つの「ネイション」として把握すること、世界に多数存在する同等な諸国民の一つとして自らを理解することであった。ネイション意識はそれまでの時代においても存在したが、一七世紀末から一八世紀にかけて、そうした意識が自己理解の手段として、より有力になったということである(Bell 2001: 7, 28)。すなわち、キリスト教信仰が個々の信者の私的な内面意識に限局化される傾向が増大し、公共的な秩序の理解から切り離されることとなったことを意味するとともに、それに代わり、この世の「祖国」(および「ネイション」)に聖性が見出されるようになった。「祖国」は「神的なるもの」「聖なるもの」として表現されるようになったのである(Bell 2001: 38)。

しばしば、ネイション意識の台頭は世俗化の一環として論じられるが、しかしそれは、必ずしもキリスト教的な伝統からの決別を意味したわけではなかった。なぜなら、ネイションを単位とする新しい秩序観のモデルになったのは、宗教改革以後においてヨーロッパ世界に林立した諸キリスト教会だったからである。ローマ・カトリック教会やプロテスタント教会の諸派は、信者の獲得をめぐって競争し、農奴身分を含む全ての社会階層の人々を教化するようになった。ヨーロッパ世界はこうして、教会を一つの単位として、社会階層の上から下まで同じ信仰を共有するように再編されたのである。そうした信仰を中軸とする社会的規律化が、近代初期のヨーロッパにおける宗派的対立構図の中で教派ごとに実践されたことは、近代国家の形成過程において重要な役割を果たした。フィリップ・ゴースキが「規律革命」と称して注目した歴史的変化である(Gorski 2003)。宗派化は近代国家の組織形成のモデルとなり、局地的でも汎ヨーロッパ的でもない均質的な諸文化圏を形成することを促進した(Gorski 2003: 163)。そうした各文化圏を基盤として、ネイション意識を社会階層的に上から下まで共有する体制を生み出すこと、すなわちネイション形成プロジェクトとしてのナショナリズムが、キリスト教会の教化活動を範にとって構想されたのである(Bell 2001: 7)。ことフランスに関しては、革命派にとって、ローマ・カトリック教会が、一六世紀中葉から一八世紀にかけて庶民を対象に展開した教化活動が格好のモデルとなったとされる(Bell 2001: 161)。こうして見れば、カールトン・ヘイズが二〇世紀初頭に発表した、ナショナリズムをめぐる古典的論考において、ナショナリズムが伝統的キリスト教の特徴を受け継いでいると主張したのは、決して妥当性を失っていない(Hayes 1926: 107)。[9]

ネイション形成というプロジェクトが包括的かつ体系的な人民教化運動のプログラムとして成立するにあたって、ネイションの歴史が新たに構想された。歴史は、模範的な共和主義的市民の属性を体現した「偉大なフランス人たち」の物語として語られた(Bell 2001: 126)。一九世紀には、ジュール・ミシュレがフランス国民の歴史を、選ばれた民の神話として語った(ヴィノック一九九五：一二三)。エルネスト・ルナンによれば、歴史に関する「忘却」や「誤謬」がネイションを創造する上での「本質的因子」である(ルナン一九九七：四七)。このように、歴史はネイションを新たに形成する手段として再構想され、そうした教育目的を持って執筆された。このような新たな歴史のナラティヴが普及し「ネイションの歴史」が広く一般に共有されるようになると、まさに形成途上にあるはずのネイションが、あたかも遠い昔からもともと存在していたかのように観念されることになった(エリアス一九九六：一五九―一六〇)。

ネイション形成のための教化運動としてもう一つ重要なのは「国語」の創造である。言語の標準化によってネイションにとって単一の言語を形成することが説かれたのは、フランス国内で様々な言語が用いられたためコミュニケーションが困難だったからというわけではなく、むしろ、言語が多種多様だという現実を過剰に問題視することによって、いっそうの中央集権化が必要であることを説くための方便にすぎなかったようである(Bell 2001：179)。言語の統一化は、各地方の言語(カタルーニャ語やオック語など)を使用することによって、地方のカトリック教会の聖職者が無学な農奴をコントロールするのを妨げることを目的とした。こうすることで、中央政府が地方の農奴たちを「良き市民」へと教育するための足がかりとしたのである(Bell 2001：196)。

以上を約言すれば、一八世紀フランスにおいて、パトリオティズムの政治言語は多様化し、かつ、変質を遂げたといえる。従来の共和主義的で、潜在的にコスモポリタンなパトリオティズムに加えて、王党派による絶対主義の世俗化に呼応したパトリオティズムが生み出された。しかも、そのパトリオティズムの担い手は、従来、社会的特権階級に限局されて理解されていたのが、革命イデオロギーにおいて根底から覆され、特権階級に対抗する第三身分こそがネイションでありパトリオティズムの担い手であると考えられるに至った。この際、ブルジョアジーによる第三身分の組織的教化が認識され、実行に移された点が決定的に重要である。第三身分をネイションに作り上げる教化活動、すなわちネイション形成プロジェクトこそが、フランス革命以後のナショナリズムをそれ以前のナショナリズムから区別する重要な特徴である。その結果、パトリオットとして想定される人々、つまりパトリオティズムの担い手が社会階層的に下へ向かって大きく拡大した。こうしてナショナリズムと絡み合ったパトリオティズムが出現したのである。

一八世紀イングランド

一八世紀フランスにおけるパトリオティズムは、普遍主義的な革命イデオロギーを反映したこともあって、「祖国」という概念が閉鎖的で排他的な指向性を必ずしも持たなかった。これとは対照的に、同時代のイングランドで「祖国愛(love of country)」を語るとき、排外的で宿命的な色彩を帯びていた点が特徴的であった。特にフランスに対する感情は一般的に否定的で、それはフランスが宗教的にカトリックであることに対する嫌悪感も伴っていた。しかし、一八世紀イギリスに見られた外国人嫌いの傾向性は、プロテスタント、特にカルヴァン主義の影響があるという。すなわち、カルヴァン主義の予定調和説は、神に選ばれたものとそうでないものを明確に峻別するが、それと同じことを、世俗に適用し、「選ばれた民」としてイングランド人自身を表象し、他国民を選ばれざる民とみなしたというわけである(Bell 2001: 46–49)。その結果、イングランド人は自分たちを選ばれた民の「新たなイスラエル」であると観念した(Colley 1992: 11–54, Cunningham 1989: 58)。[10]

このように一八世紀イングランドには、排外主義的な側面がいささか目立つが、その一方で、パトリオティズムをめぐる言論状況には同時代のフランスと類似した側面もあった。前述したように、パトリオティズムという用語は一七二〇年代以降、イングランドやフランスで用いられた用語であるが、愛国的言説を支える基本的語彙、すなわち、「祖国」や「パトリオット」といった語が何を意味するかは政治的立場によって解釈を異にした。その意味で、フランスにおいてもそうだったように、一八世紀イングランドの政治的著作において、愛国的言説は多種多様な政治的主張と結びつけて展開された。愛国的であるということは、自分の政治的立場を正当化するものと考えられたのである(Colley 1992: 5)。その結果、相互に対立する主張がともに愛国的であることを強調し合う事態が生じた。[11]

当時のイングランドにおける共和主義的パトリオティズムは、マキアヴェリやハリントンの系譜に属するような、政治腐敗に反対する市民的美徳(civic virtue)を意味したが、これに対し、政府側も愛国的主張を展開したために、体制側も反体制側も共に自身が「愛国的」であると主張して譲らなかった。したがって、どちらの主張が真に愛国的かが問われるようになったが、そうした状況は、一八世紀において、反体制派の愛国的主張をいっそう急進化させることとなった。一七九〇年代には、愛国クラブや愛国ソサエティといった名前の結社がイングランド各地で叢生したが、いずれも、急進的反体制結社であった。こうした結社などを通じて、愛国的運動は国際的な広がりをも見せた。すなわち、反動的な政府の暴政に対抗することを共通の闘争目的として、ヨーロッパ諸国の愛国的結社の共闘が一七九〇年代から一九世紀初頭に展開されたのである(Cunningham 1989: 71)。

しかし他面においては、愛国的言説が競合し、一部に急進化する傾向が見られたことは、愛国的言説そのものの信用を掘り崩すことにもなった。この点は、サミュエル・ジョンソンの有名な『英語辞典』を見ても了解されるところである。ジョンソン博士によるパトリオティズムの有名な定義は、『悪魔の辞典』でも紹介されたように「無頼漢の最後の拠り所」というものであったが、この定義にたどり着くまでにいささかの紆余曲折があった。一七五五年の版では、パトリオットは「自分の支配的な熱情が自国への愛であるような人物」であると記されていたが、一七七三年の版では、その定義に付け加えて「皮肉なことに、反抗的な政府の攪乱者に用いる」言葉であるとしている。「無頼漢の最後の拠り所」という有名な定義は、一七七五年版のものである(Cunningham 1989: 61)。一七世紀において、愛国的であることはその人の道徳的正当性の主張であったことに鑑みれば、一八世紀も後半に入って、パトリオティズムに対してシニカルな懐疑の眼を向ける傾向が生まれつつあったことは注目に値する(Armitage 1997: 398)。

さらに一七八九年以降のフランス革命は、イングランドにおけるパトリオティズムに決定的な影響をもたらした。一つには、革命によるフランス国内の混乱は、ジャコバン主義が共和主義を暴徒による政治へと貶めたとの観察から、伝統的な共和主義的主張への警戒心がイングランド国内で広まったことがある。その結果、暴政の担い手が政府であることは当然視されなくなり、むしろ人民が暴政を引き起こす危険性が指摘されるようになった。こうして、従来、共和主義と手を携えて展開してきた愛国的言説は、共和主義の信用失墜に伴い、退潮することとなった(Philp 1998)。

もう一つフランス革命に伴う対仏戦争の影響として指摘すべきは、イングランドにおける愛国的な言説が、国内の体制に批判の眼差しを向けるのではなく、国外の脅威から自国を防衛することを目的として展開されるという新しい傾向を生み出したことである。ナポレオンは、イギリスに隷従のくびきをつける可能性のある「暴君」「専制君主」とみなされ、このような自由への脅威からイギリスを守ることが愛国的であると主張されるようになった(Cunningham 1989: 64)。このような主張にも、かつての反体制的な共和主義の愛国的言説と同様、パトリオティズムと自由の理念との結びつきが主張されているが、暴君としてのナポレオンに対抗して、イギリス王室への忠誠も強調されることで、愛国的言説を政府側が用いることに成功を収めたといえる。

このように、パトリオティズムをめぐっては、従来の反体制的なものと対外戦争を背景とする新しい政府・体制側のものとが激しい競合関係になる、新しい事態が発生した。反体制側のパトリオティズムは、体制側のそれに押されて守勢に回りつつも、産業革命に応答する形で新しい言説を創出することに活路を求めた。すなわち、とめどなく進行しつつあった産業化と都市化の波が新たな自由の脅威であると主張することで、労働者階級にとってのパトリオティズムとして再定式化されたのである。その結果、選挙法の改正と社会変革を主張する急進派知識人によって指導された労働者階級のチャーチスト運動が新たな反体制的な愛国的言説と結びつくこととなった。一八三〇年から三〇年間にわたって展開したチャーチスト運動の中から、結社が多数誕生したが、それらの多くは「愛国」「パトリオット」であることを看板に掲げた(Cunningham 1989: 67-70)。

しかし、チャーチスト運動が反体制的急進派パトリオティズムの担い手だったのは、主にその運動の初期であり、一八四〇年代に入ると運動の関心事は経済・社会問題に限局され、愛国的な言説は徐々に後退していった。一九世紀の後半に入ると、愛国的言説の担い手は、ディズレーリの帝国主義的対外政策の支持者たちへと移ったのである。

こうして、メアリー・ディーツが指摘したように、フランス革命以降、イギリスでは、愛国は国家やネイションという政治的語彙と関連づけられた一方、立憲的改革や経済的平等などの理念から切り離された結果、「政治改革のための跳躍台」であることをやめてしまった(Dietz 1989: 189)。パトリオティズムは、ネイションと国民国家への忠誠を意味するようになり、ナショナリズムの同義語となったというわけである(Alter 1994: 3)。実際、ジョン・スチュアート・ミルやT・H・グリーンなど、ヴィクトリア朝時代のイングランドの思想家たちの間でパトリオティズムが論じられた際も、それはナショナリズムとほぼ同義で用いられた。ただし、彼らが論じたパトリオティズムの望ましい型とは、人類全ての福祉に貢献する義務を負うものとみなしていた点で、閉鎖的で排外的なナショナリズムに批判的な性格を持っていた(Varouxakis 2006)。その意味では、近代初期の共和主義的パトリオティズムに見られたコスモポリタンな性格の残滓を、一九世紀のパトリオティズムをめぐる哲学的議論にもなお見出すことができる。

ノルベルト・エリアスは、一八世紀から二〇世紀にかけて、ヨーロッパ諸国の中産階級の間では、人間に普遍的に妥当するヒューマニズムの道徳的理想が徐々に失われ、自国あるいは自国民の理想像を、普遍的な人間的理想以上に尊重するナショナリズムへの価値観の変化が見られると指摘している(エリアス一九九六：一五八―一六〇)。そうした歴史的変化は、パトリオティズムに即していえば、マウリツィオ・ヴィローリが主張するように、一八世紀以来、愛国をめぐる政治言語がナショナルなものに変化した事態であるといえよう。すなわち、「祖国」の概念が自由を中核とする共通善との共和主義的な結びつきを徐々に薄め、代わって、ネイションや国家との結びつきを深めたプロセスでもあった。そうした政治思想的な展開は、ゲルナーによれば極めて特殊歴史的環境によるものであり、国家の台頭、国家制度の成長、世界市場の拡大、中央集権化する経済、帝国主義的膨張、教育に依存するハイカルチャーに基礎づけられた社会制度、大衆教育と歴史の神話化、そして戦争はとりわけナショナリスティックな膨張のエンジンだった。こうした一連の状況的変化もさることながら、パトリオティズムがナショナリズムと同一視される傾向は、一八四八年の革命で愛国的な立場が国民国家の独立という政治的目標と結びついたことで決定的となったというミヘルスの古典的な指摘も銘記されるべきであろう(Kelly 2003: 355-356)。

3　近代日本における「愛国」の成立

以上、ヨーロッパにおけるパトリオティズムの思想史を、既存の研究に基づきつつ駆け足で概観した。本章を締めくくる前に、近代日本における愛国の思想史を明治時代前期に絞って瞥見しておきたい。ヨーロッパのパトリオティズムの思想的系譜を辿るのに、「祖国」や「パトリオット」などといった語彙の使われ方に特に注目したのと同様に、以下の論述では、「愛国」という用語がどのような経緯を経て一般に使用されるようになったかに着目したい。

一八七一（明治四）年、廃藩置県とともに、これまで藩に属していた日本人は、日本の「ネイション」へと再編成される第一歩を踏み出した。ウィリアム・エリオット・グリフィスはその著書『ミカドの帝国』において「忠誠の時代は過去となった。パトリオティズムの時代が到来した」と書いている（Griffis 1876: 533）。それを、藩主への忠誠の時代から、国家への忠誠の時代への移行を意味したと見ることは可能であろう。しかし、明治維新は、市民革命と異なり、下級武士が天皇に対する忠誠心を拠り所として幕府を打倒し王政復古を図ったものである以上、藩主への忠誠の時代から天皇への忠誠の時代への移行であるともいえた。国家への忠誠を「愛国」とすれば、天皇への忠誠は「忠君」と表現されるものだった。以下の論述で明らかにするように、明治期日本における愛国の思想史は、一面において、「愛国」と「忠君」の間の関係をどう解釈するかをめぐる論争の歴史であった。

グリフィスは、「パトリオティズムの時代が到来した」と一八七六年の時点で記しているが、これはいささか時期尚早なコメントだったというべきであろう。なぜなら、後年、竹越与三郎が指摘したように、明治初期において「愛国心」は「殆んど芥子粒とも云ふべく、形容すべからざる微小なるもの」でしかなかったからである（竹越一八九一：一八）。事実、一八九〇年頃までの新聞雑誌における「愛国」をめぐる論考は、当時の日本人にはなぜ愛国心が欠如しているのか、愛国心を涵養するにはどうすべきか、という問題と取り組むものが多数を占めていたといってよい(陸奥一八八一、生駒一八八九)。明治時代前半の知識人は、日本人一人ひとりが愛国心を抱くことを、近代国家建設という焦眉の課題の一環として広く共有していたのである。

現代では「愛国」「愛国心」が日本語として定着しているが、明治初期においては、いまだ聞きなれない用語であった。そもそも「愛国(心)」は、英語にいうパトリオティズムの翻訳として充てられた漢語表現であるが、もともと漢語としての「愛国」は君主が国を愛することであって、パトリオティズムが人民の国に対する愛を意味するのとは明らかに異なる(山内一九八六)。しかも「愛国」が翻訳語として定着するまでには紆余曲折があった。初出は一八五〇年代まで遡れるようであるが、「愛国」が翻訳語として定着するにはさらに時間を要した。ヘボンの英和辞典はパトリオティズムに「忠心、忠義」という訳語を与えているが、「愛国」には言及がない(Hepburn 1867: 76)。「愛国」がパトリオティズムの訳語として英和辞典に定着し始めるのは、一八八〇年代中盤以降のことであるように思われる[12]。

「報　国」

パトリオティズムの翻訳語として有力だったものとして「報国」を挙げることができる。パトリオティズムの翻訳・受容史の最初期において注目すべき著作の中に、ルイ゠シャルル・ボンヌの倫理書があるが、一八七一(明治四)年刊行の邦訳書は、国のために自分の財産や命までもなげうつ心を「報国志」と翻訳した(Bonne 1867: 80-82＝一八七一:第一九七–一九八章)。

「祖国のために死ぬこと」に充てられた「報国」という訳語は歴史が古く、九世紀あたりまで遡ってその用例を見出すことが可能である(Matsuda 2014: 68)。徳川時代に広く用いられた語であり、将軍や大名に対して武士が御恩にこたえて奉公することを意味した。つまり、将軍や大名ら特定の個人への忠誠なのであって、「祖国のために死ぬこと」という意味でのパトリオティズムに見られたような、ある共同体としての祖国への忠誠ではなかった。その意味では誤訳であると評価することもできようが、見方を変えれば、伝統的用語（「報国」）に新しい意味（パトリオティズム）を盛る試みであったともいえる。

興味深いことに、明治初期の日本政府もまた「報国」をこうした新しい意味で用いていた。一八七二（明治五）年の徴兵告諭には「人たるもの固より心を尽て、国に報ひすんはあらす」との文言が見られる。さらに続けて「苟も国家あれば則ち兵備有り、兵備あれば則ち人々其役に就かざるを得ず」と述べていることから明らかなように、「皇国の民」には、国防という意味においても「国に報ずる」義務があることを説いている（石田一九七六：二〇七、平田一九六四ａ：九四―一〇〇）。

伝統的な用語である「報国」をパトリオティズムの訳語として頻繁に用いた知識人の一人に福沢諭吉がいる[13]。早くも一八六六（慶応二）年にすでに「報国」の重要性について『或云《わくうん》随筆』で論じている。封建時代の家臣は「国君一身のみに忠を尽くす」だけで「報国の意薄し」と記した上で、真の報国とは、軍事的な技術や経済的繁栄の原則などを外国から学ぶことで「国威を張り」他国に遅れを取らぬようにすることであると主張している（福沢一九六三：一二一―一二三）。ここには、主君一人への忠誠を脱却し、日本国への忠誠を他国との競争の中で発揮することとして「報国」を構想していたことが読み取れる。『学問のすゝめ』ではさらに、一国の「自由独立」のために日本国中の人々が社会的地位や貧富の差などを超えて、各々「国人たるの分を尽」さなければならないと主張する。したがって、「本国のためを思うこと我家を思う如くし」、自国のためには財産も命も捨てる覚悟を抱くことを、福沢は「報国の大義」と呼んだ。日本国の一員であるからには、それなりに生活上の「権義」を持つのであり、したがってそれ相応の「職分」も生じるわけであり、一国の自由独立のためにはかなりの自己犠牲も要求することを強調している（福沢一九五九ａ：四四―四五）。

福沢は『文明論之概略』(一八七五年)において「報国」を簡明に定義している。すなわち「自国の権義を伸ばし、自国の民を富まし、自国の智徳を修め、自国の名誉を燿かさんとして勉強する者」を「報国の民」と呼んでいる。その目的とするところは、自国と他国を区別し、他国に危害を加えるわけではないが、「自国は自国にて自から独立せんとすること」である。したがって、報国心とは「一国に私するの心」であり「偏頗心」であるという。つまり、自国の独立と利益を追求する態度である。その結果、「一視同仁四海兄弟の大義」と「報国尽忠建国独立の大義」とは相容れないものであると断定している。すなわち、世界万国に通じる普遍的正義と「報国の大義」は両立しないと福沢は考えていたのである(14)(福沢一九五九c:一九一)。このように福沢のいう「報国」は自国を外国との競争関係の中において捉え、自国の自由独立および利益の伸長を図るものである。

こうした主張の基礎には、一国の自主独立のためには、個人の自主独立が必要条件であるという考えがあった。それは裏返せば、伝統的な忠君思想の否定であった。伝統的な忠君思想は、福沢にとって「他人の魂を我身に入れんとするの趣向」であって、断じて拒否されなければならなかった(石田一九七六:二〇三―二〇七)。

「愛　国」

一方、明治政府は一八七二(明治五)年、大教宣布の教則として「敬神愛国」のスローガンを掲げた。前述したように、明治初期の日本政府はパトリオティズムの翻訳語として「報国」という伝統的用語をすでに使用していたが、新たに使用された「愛国」は「報国」に比べて日本の伝統では用いられることが少ないものだった。大教宣布は明治新政府の一大啓蒙運動であり、「敬神愛国」を含む教則は全国各地で講義された。しかし、政府が公式の解釈を示さなかったこともあってであろう、おびただしい数の解説書が多くの人々によって発表された。その内容を詳細に検討した平田俊春は、「敬神愛国」の解釈には大別して三種類あると指摘している。その第一は、「敬神」と「愛国」を関連させて解釈し、皇国は万国に優れる神国であり、そうした国に生まれたことの恩に報いるべく忠誠心を抱かねばならないという考え方であるという理解である。平田は、こうした解釈には国学的色彩が濃厚であると特徴づけている。その第二は、「敬神」から「愛国」を切り離して解釈し、「愛国」をもっぱら西洋近代のパトリオティズムに範をとって理解するものである。この場合、自国を愛するのは自然の情であるという論点が強調されている。そして、第三は、「愛国」を「敬神」とは無関係に捉えつつ、日本書紀に見られた用法の復活として把握するものである。この場合、「愛国」は、第二のケースとは正反対に「忠君」と同義であると理解する(平田一九六四b)。

数多く発表された教則の解説本の中には、「愛国」それ自体を論じる論考もある。その一つが、岡本黄中《おうちゅう》『愛国説』(一八七四年)である。この作品は、伝統的な忠君思想こそが真の「愛国」であるという立場を示しており、平田俊春のいう第三の解釈を取っている。楠木正成に典型的に見られた、主君とりわけ天皇への献身的な忠誠をかつて「報国」と呼んだが、それが今日では「愛国」と称せられるものであると主張する(平田一九六四b：一〇四―一〇七)。この例に明らかなように、「愛国」という耳慣れない用語が、伝統的な「報国」思想の内容を盛られて出現する傾向も見られた。これは、西洋的概念に伝統的な「報国」という用語をあてて翻訳したのとは全く正反対の動向である。

しかも、岡本の場合、パトリオティズムの翻訳概念としての「愛国」の主張を、「愛国」の真の意味を知らないものだとして一蹴している。そして、愛国とは、「国」に関して規範的な判断を伴うものではないと岡本は主張する。すなわち、自分の両親を愛するのは、両親の道徳的性格いかんにかかわらずそうするのと同様に、自国を愛するのも、その国がどういう状態にあるかとは無関係であるとする。このように天皇に体現される国への無条件的な忠誠が岡本の理解した「愛国」であった(平田一九六四b：一〇四―一〇七)。

このように大教宣布の教則の中で使用されたために「愛国」という用語は急速に一般に普及することとなった。しかし、「愛国」の解釈が教則解釈の文脈で分裂したことに明らかなように、「愛国」という概念は論争の的となった。

従来の「報国」思想に「愛国」の名称を与えた動きに反発して、たとえば、加藤弘之はそうした「愛国」は未開の野蛮なものであり、真の愛国の道を失うものであると主張した。したがって、加藤は「愛国」の心あるものは自由の精神の育成に努めるべきであるとし、西洋近代の自由主義、立憲主義の導入が愛国心の基礎を形成するとの立場を取った（加藤一九八四b：四〇四）。当時現れたミルの『代議政体』の翻訳でも、「愛国」という用語が用いられている（ミル一八七五―七八）。このように「愛国」という用語が広範に用いられるようになった事情を受けてであろう、福沢も「報国」という伝統的用語に代えて「愛国」という語を使用するようになった。

こうして「愛国」という用語は、伝統的な忠君思想と、西洋近代のパトリオティズムの翻訳思想との間のせめぎ合いの場として立ち現れた。とはいっても、この対立図式は、説明のための一般化にすぎず、実際には、各陣営に様々な主張が並立した。西洋近代のパトリオティズムの陣営を例にとっていえば、これまで論じたことからも明らかなように、福沢の「愛国」論は、日本人の犠牲的献身を説く上で対外関係を念頭においており、列強からの脅威に抗して自国の自由独立を強調する点に特色があるという意味で、日本ネイションを愛国的忠誠の対象としており、ナショナリズム的色彩が濃厚である。しかし、これに対し、植木枝盛の「愛国」論は、日本の対外的独立ではなく、国内における新政府の暴政に対抗する思想として「愛国」を構想している点で、福沢の「愛国」論と袂を分かつものである。

西南戦争に見られたような武士階級による反乱を、新政府が多くの武士を政治的意思決定過程から排除した結果であると見た点で、福沢と植木は一致していた。しかし、植木の見るところでは一般庶民が愛国的でないのと対照的に、武士たちは愛国的であったにもかかわらず、封建遺制の廃止とともに、武士階級の多くは一般庶民と同様、政治参加の機会を失い、専制政府の下に置かれることになったという。したがって、代表制を導入して武士階級に政治参加の場を与えることが愛国的感情を高揚させるために必要であると植木は論じた（平田一九六四c）。すなわち、植木によれば、愛国者にとっての敵は暴政を敷くことで政治参加の機会を狭める政府であり、暴政こそが愛国的感情を抑圧するものであった。植木枝盛の愛国論は、自国内における暴政への抵抗を提唱する点でヨーロッパにおける共和主義的伝統に近接しているといえよう。

しかも、植木のような反体制的主張は同時に、政府批判をする者を「国賊」とみなす風潮への批判を伴っていた。植木によれば、国賊とは、本来、一国の幸福安寧を攪乱するもののことをいうはずだが、アジアでは政府に反対するものを国賊という。しかし、政府といえども過ちを犯しうる存在であり、政府が暴虐になれば、「賊」の名が相応しいはずである。にもかかわらず、ただ単に政府の意見に反対することだけでこれを国賊扱いするのは、政府は不可謬的である一方、人民は「軽少賤卑」であるとみなす、アジア人の卑屈さに由来する。こう述べて、枝盛は、政府に従順であるかどうかではなく、卑屈さを去った独立の立場からの政治判断の重要性を説いている（植木一九九〇：九三−九五）。

こうした主張には前例があり、中島勝義は『俗夢驚談』（一八七五年）において、「国賊叛民」とは一国人民の幸福安寧を妨害するものを意味するが、万機公論に決すべき現代においては、人民が政府と意見を異にするとき、その人民は「政敵」であっても「国賊叛民」ではない、と主張する。時の政府に対し異論を呈する人は、まさに時弊を矯正することで人民の幸福安寧を防衛することを意図している点で「愛国憂国の士」というべきである、と論じている（中島編一九六七：一三七−一四八。Cf.米原一九九二：五四−五五）。

「忠君愛国」

さて、福沢と植木の間では、「愛国」の解釈をめぐって、ナショナリズム的な立場と共和主義的な立場とでも形容すべき対立が見られたが、その一方で両者は、「愛国」を伝統的な「忠君」と解釈する岡本黄中のような立場とは一線を画した点で一致していた。明治初期は、福沢が文部省に絶大な影響力を持っていたこともあって、西洋近代的な

「愛国」が優勢であった。

しかし、こうした動向に批判的な立場からの反撃が一八八〇年ごろから見られるようになった。特に明治天皇の侍講だった元田永孚《ながざね》は、文明開化が伝統的な「仁義忠孝」の儒教的倫理観をないがしろにしていると憂慮した。一八七九(明治一二)年公布の教育令は、教育の権限を地方の自由に委ねた点に特色があったが、この基本的方針は、翌年の教育令改正で覆され、中央政府の介入を原則とすることとなった。特に注目すべきは、明治天皇の側近からの圧力により、小学校教育において最も軽視されていた修身科が最上位の科目として位置づけられ、その翌年の小学教員心得では、「皇室に忠にして国家を愛」するよう生徒を指導することが指示されたことである。伝統的な儒教倫理の再生の試みは、国家を愛するだけでなく皇室に忠である義務の要請として結実したのである。この新しい動向は、元田永孚の『幼学綱要』(一八八一年)にも確認できる。曰く、「凡そ人臣たる者、其君を敬し、其国を愛し、其職を勤め、其分を尽し、以て其恩義に奉ずるを以て常道とす」(元田一八八一:二一。傍点、引用者)。

この新しい思想動向は、公式的にいえば、「愛国」に「忠君」を接合することを意図するものであったといえよう。「忠君愛国」という新しい思想の誕生である。これは一面においては、「愛国」を「忠君」という伝統的意味に解釈する立場が、西洋近代的な解釈を主張する立場に譲歩したものと受け取ることができる。「愛国」の正しい解釈を巡って、西洋近代的解釈に席を譲ったからこそ、「忠君」をわざわざ「愛国」に付加する必要を説くことで、伝統的主張の巻き返しを図ったわけである。

この点は、一八九一(明治二四)年に西村茂樹が「尊王愛国論」で記したところによっても確認できる。西村はいう、「現今本邦にて用ふる愛国の義は支那より出たるに非ずして、西洋諸国に言ふ所の「パトリオチズム」を訳したる者なり」。パトリオティズムとは「己の本国を愛する」ことを意味し、「己の本国を愛し之を防護する者を「パトリオット」(愛国者)と云ふ」と解説している。「愛国者」とは、外国の脅威から自国を守る人のことを意味する以上、対外交渉がひらけていることが前提となる概念であると西村は繰り返し述べて、植木枝盛のような共和主義的意味ではなく、福沢諭吉のようなナショナリズム的な解釈を採用している。したがって、蒙古襲来のときを除いて他国からの脅威にさらされたことのない日本には楠木正成のような「忠臣」はいても「愛国者」はこれまでいなかったと指摘する(西村二〇一〇：五四四)。

西村は、このように西洋近代的な「愛国」を受容するにやぶさかではないが、しかし「尊王を説かずして専ら愛国のみを説く者」を批判の俎上に乗せる。西村によれば、西洋と日本では「建国の体」を異にしており、西洋発の「愛国」をそのまま日本で実践するならば「大に国家の動乱を生ずべきの恐れあり」としている。日本が他国より優れる点は、究極的には万世一系の皇統にあるとして、愛国のみを説き尊王をないがしろにする態度を論難している(西村二〇一〇：五四六―五四九)。

このように伝統的な「忠君」＝尊王の立場から、「忠君愛国」というハイブリッドの思想が提唱されたわけであるが、しかし、忠君の立場を愛国と結合する試みは、西洋からの思想的インスピレーションに依拠する側面も有していた。明治時代を代表する政治家の一人である金子堅太郎は、一八八一(明治一四)年に『政治論略』という著作を刊行した。エドマンド・バークの著作の翻訳という触れ込みであるが、実際は、バークの『フランス革命の省察』および『新ホイッグ党員から旧ホイッグ党員への訴え』だけでなく、プリンストン大学学長だったセオドア・ウルジーの著作に見られるルソー論をも合わせて抄訳し、金子自身の著作意図に基づいて編集したものである。

金子の意図は、一つには、バークの政治論を「もう一つの」愛国論として提示することにあった。先に福沢や植木による愛国論を西洋近代の愛国論的立場として論述し、伝統的忠君思想に依拠する保守的愛国論と対照したが、金子は、西洋近代にも日本の伝統的忠君思想の路線と調和的な愛国論があることを示そうとしたのである。その点、フランス革命に批判的に対峙したバークの思想は、慣習・古法を尊重し政治社会を漸次改良することを主張する点で、佐々木高行ら明治政府内の保守派勢力が共鳴するものであった。

したがって金子はいう。「真正なる愛国の政治家は従来其国に存在せし慣習古法を折衷して政体を改良せんと図るが故に、慣習に依るの精神を根本となし、政体をして漸次改良し能ふ可き勢力を有する制度を立るを以て政治の標準とするものなり」(金子二〇〇〇：四五)。すなわち、愛国的な政治家たる者は、政治改革にあたっては慣習古法を尊重して「漸次改良」すべきであるという保守主義の主張である。しかも、「緒言」において金子は、猛威を振るう革命勢力に対抗するバークが、「愛国の赤心」を有する者、つまり「もし英国を愛し英帝に忠なるの人士」ならば、革命勢力の邪説を排撃することで政体を防衛しなければならないと論じた、と記している(金子二〇〇〇：一四)。「英国を愛し英帝に忠なる」とは「忠君愛国」をイギリスにあてはめた表現にほかならない。

金子の『政治論略』が刊行された一八八一年は明治十四年の政変の年にあたり、福沢諭吉の明治政府への影響力が大いに削がれた時期である。これ以後、西洋近代型の愛国論は後退を余儀なくされ、「忠君愛国」が有力視されるようになった。ただし、「忠君」と「愛国」とを同じ比重で解釈するのか、「忠君」に重心を置いた解釈を取るのか、立場は分かれた。しかし、こうした意見の対立が見られたのは、政府関係者や知識人の間に限られたといってよい。一八八〇年代を通じて愛国は一般の日本人の間に広く受容されるにはいまだ程遠い状態であることに変わりはなく、諸々の論説は、日本人の愛国心の欠如を繰り返し問題視している。本節冒頭において記したように、竹越与三郎は、明治初期の「愛国心」が「殆んど芥子粒とも云ふべく、形容すべからざる微小なるもの」でしかなかったと観察した。一八九一(明治二四)年においてもなお、西村茂樹は、当時の日本人の七、八割が「愛国の何物たるを知らざる者」であると断定している(西村二〇一〇：五四六)。

こうした状況が大きく変化するきっかけは、一八九〇(明治二三)年の教育勅語の発布だったように思われる。「一旦緩急あれば義勇公に奉し以て天壌無窮の皇運を扶翼すべし」という有名な一句にあるように、日本臣民には非常時における自己犠牲が要請された。井上哲次郎は、『釈明教育勅語衍義』において勅語のエッセンスを孝悌忠信と共同愛国によって皇運を扶翼することと要約しており、「共同愛国」とは、国民が一致して国家のために自己犠牲を厭わないことを意味すると論じた。しかも「愛国の心なきもの」は、たとえ国法を犯さないとしても「徳義上」義務を果たしていないという点で批判を免れないと、井上は指摘している（井上一九四二）。そうした愛国思想の広範な普及に、教育勅語の奉読という儀礼が全国の学校に導入されたことが大きな役割を果たした。人々は思想や教義としてではなく身体的儀礼として「愛国」を学んだのである。それと並行して、一八九〇年代前半には、内村鑑三不敬事件（一八九一年）や田村直臣「日本の花嫁」事件（一八九三―九四年）のように、キリスト教徒が愛国的でないとする非難が目立つようになった。さらに、排外的風潮が高まりつつあることを警戒し、かつてあれほど熱烈に「報国」の重要性を説いた福沢諭吉が、一八九二（明治二五）年には「極端の愛国者」という論説を記し、愛国的であることは必ずしも外国人を敵視することではないと釘を刺し（福沢一九六〇：五二九―五三二）、さらに一八九七（明治三〇）年には、「所謂愛国心の迷」について論じて、愛国的立場に批判的な姿勢を示すに至っている（福沢一九五九ｄ：四一〇―四一一）。

　このように急速に高まりつつあった愛国的ムードは、日清戦争を経ていよいよ高揚した。それは、ただ単に日本の戦勝に酔ったというだけではない。当時の日本では日本ネイション形成のプロジェクトが様々な形で進行していた。国語は「国民の精神的血液」であるという、言語学者上田万年《かずとし》の主張に典型的に見られるように、日本語を「国語」として成立させるための運動が高まりを見せていたし（イ二〇一二、安田二〇〇六、山口二〇一六）、伊沢修二らの主導のもと、ナショナル・アイデンティティ形成を目的として数多く唱歌が作成され、歌うことが奨励された（奥中二〇〇八、渡辺二〇一〇）。

　ここで特に注目したいのは「武士道」ブームという形で武士の倫理観が広く浸透したことの、ナショナル・アイデンティティ形成上の重要性である。もともと武士道という概念は明治時代以前にはほとんど知られておらず、代わりに武道や士道といった用語が用いられていた。しかも、それは武士階級にとっての関心事ではあっても、そのほかの日本人には無縁なものだった。しかし、尾崎行雄は、イギリスにおけるジェントルマンシップの騎士道的起源について学び、武士の美徳とするところを蘇生させる必要を痛感した。その結果「武士道」の復権を説くに至ったのであるが、そこで重要なのは、武士道の実践は戦場の兵士だけでなく、平時の市民生活においても要求された点である。(15)

アーネスト・ゲルナーによれば、ナショナリズムの「秘密」とは、「ハイカルチャー」と「ポピュラーカルチャー」との前近代的区分が消滅し、「ハイカルチャーが社会全体に浸透し、それを決定づけ、政体によってそれは維持されてゆく」点にあった(Gellner 1983: 18)。これは、ノルベルト・エリアスの指摘したところでもあり、アンシャン・レジーム下に成立した貴族階級の社会的性格がブルジョアジーによっても共有されたことで「国民的性格(national character)」が形成されたことでナショナルな文化が創出された、ということである(Elias 2000: 32)。これと同様のことが一八九〇年代の日本において進行していたのであって、その一つが、武士の倫理を日本人の全ての社会層に浸透させることだったのである。

一八九八(明治三一)年にフランスのカトリック宣教師リギョールは、『日本主義と世界主義』と題する日本語の著作においてこう記している。「世界に国を成すもの沢山あり、然れども日本人程愛国々々と叫ぶ者は未だ嘗て見たることなし」(リギョール一八九八:八)。世界広しといえども日本人ほど愛国的な国民はいないというのである。一八九一年に西村茂樹が嘆息した、愛国をめぐる日本の状況は、わずか七年間で、寄留のフランス人を瞠目させるほどまでに大きな変化を遂げたのである。

4　パトリオティズムとナショナリズム

ノルベルト・エリアスは、第二次世界大戦後にナショナリズムとパトリオティズムの区別を論じてこう述べている。ナショナリストという用語は、「ナショナルな（国民的な）」とか「愛国的な」といった用語と日常的な言葉遣いで区別される傾向があるが、それは、後者（「ナショナルな」「愛国的な」）を肯定することで、前者（「ナショナリスト」）を否定的に取り扱うためである。しかし、その実、「ナショナリスト」というのは、他者にとって「パトリオティズム」にすぎない。つまり、人が「パトリオティズム」と呼ぶものは、自分というブランドのナショナリズムだ、というのである(16)（エリアス一九九六：一八〇）。

本章で検討してきたパトリオティズムの歴史的変遷を見れば、なぜ「自分というブランドのナショナリズム」を「愛国的」と呼ぶことで暗に正当化できると考えるか、その理由はもはや明らかであろう。一七世紀から一八世紀前半にかけて政治的言説として歴史の表舞台に登場したパトリオティズムは、共通善という普遍的な理念であり、それは暴政や政治腐敗の支配する現実に対抗して掲げられるべき理想であった。しかし、パトリオティズムの政治的言説は王党派によっても使用されたことに明らかなように、愛国的であるということは、公共的問題に関する自分の立場の道徳的正当性の主張にほかならなかった。一七世紀以来、愛国的であると主張することは、自分の政治的主張の正当化の手段であり続けているのである（ただし一九世紀以降は、そうした意味合いは相対的に弱まっている）。パトリオティズムの言説がこうした歴史的背景を持つことに鑑みれば、なぜ「愛国的であること」が規範的に肯定的な意味合いを伴いやすいのか、容易に納得できよう。

本章の歴史的検討から明らかになったもう一点は、ネイション形成のプロジェクトにパトリオティズムが巻き込まれた一八世紀後半以降、パトリオティズムは個人の道徳的主体性に関するものではなくなり、国家によって教え込まれるものとしての性格を帯びたということである。そもそも一七世紀以前の共和主義的伝統に属するパトリオティズムの言説においては、いかに民衆の間に愛国的態度を育てるかというような問題は論じられなかった。愛国的な美徳とは、社会の枢要な地位にある人々が自ら獲得し実践することが望ましいものとして認識されているようなものであった。したがって、共和主義的パトリオティズムにおける政治的美徳は、一般民衆にまで実践を要求するものではなく、いわんや教育を施して徹底的に教え込むことが必要とされるようなものではなかった。一八世紀以降のナショナリズムは、ネイション形成というプロジェクトとしての側面を有する点に一大特徴がある。つまり、ネイションという概念の枠組みにより、言語や社会慣習、政治的信念などを共有する人々を、一般民衆をも含めて囲い込み、そうすることで、自国民と他国民とを截然と区別する。近代ナショナリズムは、ある集団の組織化原理なのであって、集団から離れて個人の行動を律する規範ではない。

そうした歴史的経緯を踏まえれば、戦後日本の愛国心論において、清水幾太郎が愛国心形成における教育の決定的重要性を指摘したのは極めて重要である。彼の理解する愛国心とは、人々の感情と国家の要請という二つの方向性において理解されるものである。すなわち、人々の間では、自分が属する集団としての国家を愛し、誇りに思いたいという自然な欲求がある。他方、国家の観点からすれば、国家が正当な暴力行使を独占する機関である以上、特に戦争のような非常事態において自己犠牲を払ってでも国家を守るという態度を人々に要求する必要がある。人々が帰属したいと欲求する集団である国家が平和や豊かな生活を保証できるなら問題はない。しかし、場合によっては国家が自己犠牲を強いる必要がある以上、人々の国家への帰属欲求と国家の人々に対する要求との間には「大きな距離がある」と清水は指摘する。その距離を埋めるのが、教育であると清水は主張する。すなわち、愛国心とは国家による「計画的な教育の作用によるところが大きい」というわけである(清水二〇一三：四一—四五)。このように、清水の理解する愛国心とは、本章の歴史的観察に基づけば、フランス革命において初めて見られたネイション形成の一環としての愛国的教育の結果としてのそれであって、すぐれて近代的なものである。

このように見てくると、明治時代の「愛国」に関する言説の歴史的変遷から明らかなように、明治時代の日本人にとって愛国心を持つことが全く自然ではなかったのは興味深い。日本を一日も早く近代国家として確立させるための事業に従事した、当時の政治的知的リーダーたちは、ほとんどの日本人が愛国心をひとかけらも持たないことに焦燥感を覚えていたのである。日本人が愛国心を持つのは自然だということを、現代の政治家や一部の論者が主張しているが（佐波二〇一三：一一－一二、半藤・戸高二〇一四：四、千葉二〇一七：四）、その点に関して戦後まもなく清水幾太郎が異を唱え、現代でも姜尚中や佐伯啓思が疑義を呈しているのは、歴史的観点から見て正鵠を射ている（姜二〇〇六：一四五、佐伯二〇〇八：一一四、清水二〇一三：四三－四五）。さらにいえば、愛国的であることが自然だというのはイデオロギーそのものである。テリー・イーグルトンによれば、イデオロギーとは既存の社会的秩序や慣習を「自然」だとか「如何ともしがたい」ものに転じてしまう信念や実践のパターンのことである（Eagleton 1991：58-60）。「愛国心」を抱くのが自然だという主張が今日広く見受けられるのは、そのように考えることが、近代日本において積極的に奨励され、教育され、慣習化したことの帰結にすぎない。

今日、欧米におけるパトリオティズムに関する政治理論的議論は、いかにパトリオティズムからナショナリズムを切り離すかという問題を巡って展開する傾向にある（Kostakopoulou 2006）。ナショナリズムをパトリオティズムから区別することは、歴史的にいえば、本章でこれまで論じてきたように、不可能なことではない。その一つの指標は、パトリオティズムがネイション形成のプログラムを元来内包するものではないという点であろう。そもそも、パトリオティズムとナショナリズムが近代以前には全く異なる思想的系譜に属したことはすでに本章で論じた通りである。しかし、フランス革命以降の近現代世界においては、パトリオティズムはナショナリズムと複雑に絡み合ってしまっており、両者を理論的にも実践的にも截然と区別することは困難極まりないことも確かである。現代パトリオティズムに固有の問題性については、次章以下でより詳しく検討してゆくこととしたい。

第2章

愛国の対象

どこであれ良い生があるところが祖国である（キケロ）

祖国のあるところには良い生がある（ルソー）

祖国が盛んに語られるとき、正義はほとんど語られない（ヴェイユ）

二〇世紀フランスの思想家シモーヌ・ヴェイユは、その著作『根をもつこと』の中でこう書いている。「今日、たいてい義務という語と抱きあわせで言及される祖国という語は、これまで全く研究の対象にならなかったといってよい。容認しがたい事実である」（ヴェイユ二〇一〇：一四八）。ヴェイユがこう述べたのは一九四二年頃だったが、今日でもこうした評価はおおむね妥当するといってよいように思われる。「祖国」概念についての研究は幾らか存在しているとはいえ、いまだに活発な学問的探求の対象になっているとはいいがたい。したがって、「祖国」という概念が何を歴史的に意味したのか、そして、現在、それが何を意味するのかについて、共通理解が存在するわけではない。

そこで、本章では、愛国の対象としての「祖国」概念について、既存の研究に基づき一応の見通しを立てることを試みたい。第1章ですでに論じたことから明らかなように、「祖国」概念も歴史的変遷を遂げてきた。ここでは、共和主義的な「祖国」概念について再説したのち、それと関連する諸概念、特に「国（country）」についてその歴史的展開に注目したい。

そうした歴史的背景を踏まえ、本章後半では、現代パトリオティズム論の数々を、その「祖国」観（換言すれば「愛国の対象」として想定する事柄）に着目しつつ紹介する。こうすることでパトリオティズムの歴史的コンテクストに現代パトリオティズム論を位置づけ、その思想史的評価の足がかりを摑みたいと考える。

1　政治共同体としての祖国

政治的共同体としての祖国・再説

まず古典的な「祖国」概念として指を屈すべきは、キケロのそれである。キケロのいう「祖国」には二種類あり、一つは自然的祖国(patria naturae あるいは patria propria)、もう一つは市民的祖国(patria civitatis あるいは communis patria)であった(1)。前者は、人が生まれ育った場所、自分の両親への愛情や出生地に対する郷愁と密接な関係のあるものであり、端的にいえば「故郷」である。一方、後者の「市民的祖国」とは、法によって共通とされる祖国であり、全ての市民に帰属するものであるだけでなく、市民たちはその祖国のためには場合によっては死なねばならないほどの最高度の献身を要求するものでもあった(Cicero 1928a: 372-377, キケロー一九九九b：二二三―二二六)。キケロの場合、それは共和政ローマであった。「市民的祖国こそは、我々の愛情において何をおいても先立つものでなければならない。そこでは、共和国(res publica)とは普遍的市民権の名(nomen universae civitatis)である。我々は市民的祖国のために死なねばならないし、我々自身を与えなければならず、我々の持つ全てを、いうなれば祖国の祭壇に捧げなければならない」(Cicero 1928a: 374-377, キケロー一九九九b：二二五)。

こうした古典的「祖国」概念を批判して登場したのが、キリスト教的な「祖国」概念であった。キケロは、共和政ローマという「祖国」への犠牲的献身を主張したが、そうした地上の「祖国」概念にアウグスティヌスは偶像崇拝を嗅ぎつけた。キケロ的な地上の「祖国」に代えて、アウグスティヌスは、より偉大な「祖国」、すなわち天上の「神の王国」の存在を主張した(アウグスティヌス一九八三：七〇―七二)。「殉教者たちが自らの血を流すのも、天上における〈共通の祖国〉(communis patria)のためである」こととなった(カントーロヴィチ 一九九二：二三九)。このように、キケロ的な市民的祖国概念はキリスト教的なそれへと根本的に組み替えられた。アウグスティヌスにとって真の祖国とは、この世のいかなる国でもなく天上の「神の王国」にほかならなかった。

そうして、キケロのいう「市民的祖国」はいったん地上から姿を消し、彼岸の存在となった。地上に残った「祖国」は「故郷」としての「自然的祖国」だけとなった。しかし、十字軍の時代が到来すると、「(共通の・市民的な)祖国」は再び地上に舞い降りてきた。しかも、キケロにとって最高度の献身を要求する「祖国」とはローマにほかならなかったが、中世ヨーロッパにおける「祖国」とは、諸王国や都市を意味するようになった。

ただし、中世ヨーロッパにおける「祖国」は、それに帰属する人々の自己犠牲を要求する存在であることに力点があったのではなく、自由を中心とする共通善こそが「祖国」を意味した。したがって、地上の王国や都市が共通善を実現することが、それらの政治共同体を「祖国」として存立させることだったのである。その意味で、それらの王国や都市の市民には政治的美徳を発揮することで共通善に奉仕することが求められた。

一五世紀フィレンツェの共和主義に根ざしたパトリオティズムにおいては、祖国は自国人のものだけではない。レオナルド・ブルーニはフィレンツェにおいて正義と自由に基づく共和国が最も十全な形で存在しているとして称揚する。無論、それはフィレンツェ市民たちの業績であるが、しかし、ブルーニは、フィレンツェ共和国が市民たちだけでなく外国人をも公平に処遇することを強調する。すなわち、理由は何であれ、他国から追放の憂き目にあった人々にとってもフィレンツェは「祖国」である。ブルーニ曰く「フィレンツェが存在する限り、誰も祖国を持たないということはない」(Viroli 1995: 27-28＝二〇〇七：五一)。このように、「祖国」とは、その土地に生まれ育った市民だけのものでなく、外国人にも開かれた存在であって、潜在的には、外国人すらも、フィレンツェ共和国の公共的な事柄に関与することで愛国的たりえることになる。この「祖国」概念は、現代的通念としての「祖国」が外国人を最初から排除するのと際立った対照をなしている。

この論点をさらに推し進め、近代初期のパトリオティズムには潜在的にコスモポリタンな傾向性があるといっても大過はないであろう。たとえば、ジョン・ミルトンは、イギリス革命に際してパトリオティズムを高唱した代表的存在であるが、王政復古を遂げたイングランドに失望し、愛国的心情が自分から失せてゆくのを否定しようとはしなかった。その結果、彼にとっての祖国とは「どこであれ自分がよく生きられるところ」であることを意味した（Viroli 1995: 54＝二〇〇七：九五）。すなわち、マウリツィオ・ヴィローリが解説するように、祖国とは、必ずしも生まれ故郷と一致するものではなく、むしろそれは、自分がよく生きられるところ、つまり、自由に生きることのできる場所なのである。その意味で、「祖国愛を駆り立てる根本的価値が自由である限り、人は自分の祖国をよそに見出すことができる」（Viroli 1995: 56＝二〇〇七：九八）。キケロの二つの祖国の概念――自然的祖国と市民的祖国――に沿っていえば、ミルトンの祖国観において、自然的祖国は市民的祖国に必ずしも含まれないのである。このようなコスモポリタンな傾向性は、フランス啓蒙主義者ではより一層顕著になった。たとえば、ヴォルテールにとっての祖国とは、共和国という政治的法的構成体であって、それがどこに存在するかということは問題にならなかった（Viroli 1995: 78＝二〇〇七：一三五）。

このように自由を中心とする共通善を「祖国」とみなし、市民による政治的美徳の実践および共和主義的な諸制度への忠誠という公共的義務こそが「祖国」を意味するという考え方は、一六世紀においても有力であった（Schmidt 2010: 247）。「祖国（patrie）」という語も、フランス宗教戦争の時期に出版された論争的論考には、プロテスタントとカトリックの信仰上の対立を超える忠誠の対象として、しばしば言及された。その「祖国」とは、すなわち、究極の「祖国」としての「神の王国」に次ぐ「第二番目の神性」であった（Bell 2001: 38）。そうした「祖国」は、ある一定の地理的領域と必ずしも結びついていなかったという意味では潜在的にコスモポリタンな性格を具有するものであった。

しかも、「祖国」は市民たちによる政治的美徳の実践に依存するという意味では、市民たちが私益を追求し腐敗するならば、「祖国」も雲散霧消すると考えられたわけである。そのような思想を端的に表現するものとして最も有名なのは、一七世紀フランスを代表するモラリスト、ジャン・ド・ラ・ブリュイエールの次の箴言であろう。「専制政治の中には祖国なんかない。他のものがそれに代わっている。即ち、利益、栄誉、帝王への忠勤」(ラ・ブリュイエール一九五三：九七)。このような「祖国」観が、共和主義的パトリオティズムの一環をなすとしてヴィローリが称揚したものであることについては前述したとおりである。

しかし、一七世紀には「愛国者」であることが共和主義の独占でなくなり、政治的立場を超えて主張される傾向が漸増するようになった。その結果、一七世紀末期以降、「祖国」とは何かが真正面から問われるようになった。一八世紀初頭においても中世末期以来の共和主義的な「祖国」観は依然として有力であったが、一方で、祖国への愛とは国王への愛を意味するという政治的立場からは、国王によって共通善はすでに実現されているという主張も現れた。同じく共通善を「祖国」概念の基礎とみなすとはいえ、国王によってすでに実現された共通善という考え方は、共和主義的なそれと鋭く対立するものである。

加えて、それまで潜在的にコスモポリタンな性格を有する共和主義的な祖国観に対して、自国を外国との区別において把握する視点から、祖国を自分の国とみなす観点も生まれた。共通善が実践されているところであれば、それがどこであれ祖国であるという観点に、「自分の国」こそが祖国であるという新しい視点が対峙することになったのである。

一八世紀における祖国観の分裂は、さらにネイション概念が歴史の表舞台に登場するのと時期を同じくしたこともあって、新たな展開を生むことになった。パトリオティズムの歴史において、ネイションが愛国の対象としてみなされたことは、一八世紀以前にはなかったといってよいであろう。とりわけフランス革命のさなかにネイション概念が脚光を浴びて以来、祖国概念とネイション概念は密接な関係を持つに至ったのである(Campbell 2007: 26)。現代では、パトリオティズムの定義にネイション概念を含むことは少なくない。たとえば、マーサ・ヌスバウムは、「パトリオティズムは、ネイションをその対象とする強力な感情である」と記し(Nussbaum 2013: 208)、アラスデア・マッキンタイアもパトリオティズムを「ある特定のネイションへの忠誠の一種」として定義している(MacIntyre 2002: 44)。

ネイション概念については膨大な研究的蓄積があり、概括するのは容易ではない。しかし、アンソニー・スミスの研究を機に、ナショナリズムの起源は、少なくとも中世末期にまで遡るという見解が有力になっていると見て大過はないであろう。その場合、ナショナリズム概念はナショナルな情緒・感情に力点を置いた理解となっている。ナショナリズムの基礎をなす概念であるネイションを共通の文化や歴史、また、場合によっては共通の言語を持つ共同体であると捉えるならば、確かに、中世ヨーロッパにおいて、ドイツ人やイタリア人などのネイション(ラテン語にいうnatio)は存在した。

最近、カスパール・ヒルシが論じたように、ネイションという概念は一五世紀のコンスタンツ公会議において新たな政治的単位として登場し、教会政治が諸ネイションの間の抗争という形をとるに至った。さらに、人文主義者たちが外国人をそれとしてカテゴリーづけて排撃するのにネイション概念を用いるようになった。こうした一連の新しい歴史的傾向に、ヒルシはナショナリズムの濫觴を見ているが、しかし、ネイションという概念が、中世末期からルネサンス期にかけて、他者の表現や自己認識のために用いられたのは、教会や世俗政治におけるエリートの間に限られ、ネイションに属するということは公共的紐帯として必ずしも重要視されていたわけではなかった。いわんや、ネイションを同じくするという理由で、上層階級と下層階級の人々が連帯するなどということはなかった(ギアリ二〇〇八：三三)。

その点で、革命期フランスにおいて、ネイションという概念が第三階級を意味するようになり、下層階級を含む多くのフランス人が一つのネイションになろうと意思したことの意義は極めて大きい。フランスが一つのネイションとなり、そうすることで一つの祖国となるという新しい観念が現れたということである。デイヴィッド・ベルは、フランス革命研究がナショナリズム理解に貢献するとすれば、それは革命がネイションを形成するプロジェクトという側面を有した点にあると主張する。すなわち、ナショナリズムを、ネイションであることではなく、ネイションになろうとすることであると理解するわけである。そもそも、共和主義的な祖国観からすれば、祖国は実現させるものであって、すでにそこにあるものではなかった。こうした祖国観とネイションであることを積極的に意思するプロジェクトは潜在的に親和的関係にある。こうして祖国はネイションの形成を通じて建設されることとなったのである(Bell 2001: 77)。

フランス革命以後の「祖国」――マッツィーニとヴェイユの場合

それでは一九世紀以後「祖国」はどのように理解されたのか。イタリア独立運動の指導者の一人であるジュゼッペ・マッツィーニと、一九三〇年代から四〇年代初頭にかけて人知れず哲学的考察をノートに記して、三四歳で夭逝したフランスの思想家シモーヌ・ヴェイユを例にとって、その祖国観を瞥見したい。

マッツィーニにとって、祖国とは「社会的結束《アッソチアツィオーネ》、共通の目的実現へ向けた同志の協力」である(マッツィーニ二〇一〇：八五)。「祖国は、領土ではありません。領土はその拠点に過ぎません。祖国とは、その拠点の上に成り立つ理念、愛情のこもった思い、その土地に生まれた人間たちを一つにまとめる共同体の意識です」(マッツィーニ二〇一〇：九四)。マッツィーニにおいて、土地は祖国にとって必要不可欠ではあるが最重要の要素ではなく、あくまでその土地に生きる人々が、共通の目的のために、共通の原理に従って、共に働く「仕事場」であり、その協働の結果は人類のために利益をもたらすとされる(マッツィーニ二〇一〇：八九)。では、マッツィーニの考える「共同体」「仕事場」としての祖国とはどのようなものか。

「祖国とは、ただ一つの目的のために、協調しつつ努力する点で結ばれた自由で平等な者たちの集団です。〔中略〕祖国は、単なる寄せ集めではなく、意志に基づく社会的結束(アッソチアツィオーネ)なのです。したがって、真の祖国は、均一な権利のないところには存在しません。身分の上下や特権、不平等のために権利が平等に存在しなかったり、個人の力や能力の一部が否定あるいは眠らされて発揮できずにいたり、みんなが受け入れ、認め、その進歩に貢献した共通の原則がないところに、祖国はないのです」(マッツィーニ二〇一〇：九三)。

ここに明らかなように、マッツィーニの考える祖国は、自由で平等な個人の連帯であり協働である。すなわち、平等、自由、そして権利を中心とする法的・政治的概念として祖国が理解されている点が重要である(Viroli 1995: 148＝二〇〇七：二五七)。そこではエスニシティや宗教、言語やその他の文化的要素は重要な役割を担っていない。さらに、もう一つ重要なことは、マッツィーニにとっての祖国とは、そこにすでに存在するものではない。それは未来の理念である。すなわち、祖国はこれから築かれるものとして構想されている。そうした祖国とは「その土地に生まれた人間たちを一つにまとめる共同体の意識」であり、それは一言でいえば「ネイション」である(マッツィーニ二〇一〇：九〇、九四)。このように、フランス革命を通じて観察された「祖国」と「ネイション」という二つの概念の接近を、マッツィーニの「祖国」論にも見出すことができる。

さて、二〇世紀の政治思想においては、国家やネイションといった概念を論じることは当然視されているものの、「祖国」という概念が論じられることは稀である。この点、本章冒頭で引用したシモーヌ・ヴェイユは、「祖国」概念について歴史的かつ哲学的な考察を行っている点で特筆に値する。

ヴェイユの祖国論でまず注目すべきは、祖国概念の輪郭が曖昧で、伸縮自在である点である。中世ヨーロッパでは、愛国的忠誠の対象は国王であったり、領主であったり、あるいは都市であったりすることもあった。「国」に対しての愛国的忠誠は、「公益（共通善）」という用語で表現されたが、「公益」は村落から都市、地方はもちろん、一つの国やキリスト教世界、さらには人類全てに至るまでどのような集団に関しても語ることができるものである、とヴェイユは指摘する（ヴェイユ二〇一〇：一四九）。

しかも、ヴェイユの祖国論の射程は、現世にとどまらない。「完全な意味」においては、キリスト者にとっての「祖国」とは「この世界の外に位置する」と彼女は断定する。これは紛れもなくアウグスティヌス的な祖国観であるが、ヴェイユは続けて「これを認めることは今日のキリスト者にはなかなかむずかしい」と悲観的な見方を隠さない（ヴェイユ二〇一〇：一九〇）。こうした視点の裏面をなすのは、地上の「祖国」を「絶対者とみなすこと」を「不条理の極致」であるとする、仮借ない批判である（鈴木二〇一二：一九二）。「祖国」は地上の存在である以上、「絶対者」たりえない。そして、自分の祖国はそれなりに独自の存在意義を持つが、他の国々もまたそれぞれ独自の意義を有するのである。

このように、ヴェイユにとって「祖国」とは地上のどのような規模の集団にも使用できる概念であるだけでなく、彼岸に真の「祖国」が存在するのであった。しかし、祖国概念がこのように伸縮自在であることを人々は認めたがらないとヴェイユは指摘する。愛国心とは「絶対的な善」とフランスという「ひとつの領域的な広がり」とを等式で結ぶものと理解するのが一般通念であるから、後者をたとえば、より小さいブルターニュ地方であるとか、より大きな存在であるヨーロッパに置き換えるならば、「誰であれ裏切り者の誹りをまぬかれない」という（ヴェイユ二〇一〇：二〇八）。にもかかわらず、「祖国」をフランスと同一とみなすのは全く「恣意的な判断にすぎない」と断じることで、ヴェイユは「祖国」概念の伸縮可能性、および祖国概念をある領土と結びつけることの恣意性、偶然性を強調している。

ヴェイユにとって「祖国」概念がはらむ最大の問題は、それが国家と密接な関係を持つことであった。国家は祖国を存立させるために必要な制度であるが、それ自体が神聖なのではない。この点を解説するため、ヴェイユは、祖国を両親、国家を凡庸な家政婦、そして、国民を旅行中の両親を待つ子供に喩える。子供が両親の旅行中に家政婦のいうことを聞くのは、不在の両親を愛するからであるのと同様に、国民は祖国への愛のため国家に服従するのだ、というのである（ヴェイユ二〇一〇：二五六）。

しかも、鈴木順子が解説するように、「国家は祖国を存立させるために必要な行政権力及び公的権力、祖国の資産を管理する仲介的存在とみなすべきものであり、したがって国家は、祖国の存続のため事実上必要不可欠なものではあるが、それ自体が神聖なものではないとされる」（鈴木二〇一二：一八七）。このように、国家は祖国が存続するための手段であるにすぎないのに対し、「祖国」こそは、ヴェイユによれば、人間にとってどうしても存続しなければならない存在だった。なぜなら、祖国とは人々に生命の糧を与える「生の環境」「自然圏」の一部であるからである。ヴェイユのいう「生の環境」あるいは「自然圏」とは「言語・文化・共通の歴史・職業・場所によって定義される幾つかの圏」であり、約言すれば、人間の魂が根づく土壌であった（鈴木二〇一二：一八七）。有機体のメタファーを用いて、ヴェイユは「祖国」が事実としての「生の供給者（中略）真の根づきの土壌」、つまり、それがなければ人間がアイデンティティも生きる目的も意味も喪失してしまうような存在でなければならないと主張した（Dietz 1988: 173）。

以上のように、ヴェイユには祖国を国家とは区別して理解しようとする試みが見られる。鈴木順子は、ヴェイユが祖国と国家を異質の概念であることを論じつつも、究極的には、祖国、国家、そしてネイションの三者の一致を構想していると指摘しているが（鈴木二〇一二：一八七―一九一）、ここではその詳細には立ち入らない。ヴェイユが「祖国」概念を伸縮自在な存在とみなし、その相対化に努めたと同時に、国家との概念上の区別も説いていたことを確認するにとどめておく。

2　カントリーという概念とその周辺

さて、先にマッツィーニの『人間の義務について』に見られる祖国概念を検討したが、日本語訳で「祖国」となっている原文のパトリア(patria)は英訳ではカントリー(country)となっている。この英訳を日本語に重訳すれば「国」であろう。ネイション概念に関する研究が活況を呈しているのとは対照的に、カントリー概念が研究者の注目を集めることは少ない。しかし、その一方で、現代パトリオティズム論においては、パトリオティズムは、ネイションではなく「祖国」あるいは「国」に対する忠誠であると論じられることが少なくない。ならば、「祖国」概念だけでなく「国・カントリー」概念を看過するわけにはゆかないであろう。

そもそも日本語では「国」とは何を意味するか。「国《くに》」とは白川静によれば、「一定の地域を、そこに営まれる生活と自然の山河とを含めていう」とされる。この定義を見る限り、「国」とは、ある地域の人間生活と自然環境の両方を指し示す概念であるようである(白川二〇〇七：二五九)。

しかし、元来、その文字は「國」ではなくその内部にある「或」だけであり、「都邑を示す囗《い》を、戈を以て衛る意」、つまり「武装都市」を意味した。その「或」に外郭(つまり囗《い》)を新たに加えて「國」となった。したがって「國」は「一定の支配地・領地」を意味するという。この限りでは、「国」とはある政治的支配下にある領域をも意味することになる(白川二〇〇七：二六〇)。このように、「国」の概念内容は自然環境から人間社会の態様、さらに政治支配にまで及び、極めて幅広いものである。

現代欧米の研究者がカントリー概念を規定する際も、その意味内容はかなり包括的なものとなっている。たとえば、ジョン・クレイニッグは、カントリーを市民の間の社会契約の表象とみなしつつ、カントリーである「パトリア、祖国」とは、ある制御された社会的秩序の総体であると指摘し、そこにありとあらゆる要素を詰め込んでいる。すなわち、カントリーは、土地、地形、人民、文化、歴史、集団的自己理解、社会的制度のネットワークなどを結びつける法的秩序と構造の全てを含むが、国家及び政府は含まない。その意味で、カントリーとは、ある特有の（しかし単一的ではない）生活様式を体現する、具体的な人々についてのナラティヴの総体である（Kleinig 2015a：20–21, 27–28）。クレイニッグのカントリー概念は、政府・国家と切り離されている一方、人間が構成する社会秩序のみならず、領土や自然環境なども射程に入れている点で、多面的で多義的である。

そこで、以下の論述では、カントリー概念に含まれるとされる自然環境の風景・景観としての意味と、地理的に限定された領土・国土としての意味の双方について若干敷衍したい。

風景・景観としての祖国

古典古代末期から中世初期において、パトリアは、ラテン語にいうゲンス（gens）、すなわち「人民」や、レグヌム（regnum）、つまり「王国」とは区別された用語であった。ゲンスは、同じ先祖を持つ血縁的な結びつきによる人々を意味し、人種的意味合いを備える。パトリアは、そうしたゲンス（人民）によって占拠され、そうした人々に帰属する土地を意味した。レグヌムは、その土地が国王によって支配されているという側面を表現する用語である。あるゲンスが占めている土地に関するものである点では同じだが、レグヌムは政治的概念であり、パトリアは地理的概念であるといえようか(2)（Lear 1965：148）。

ミヘルスの古典的なパトリオティズム研究によれば、人間の郷土感情は「鐘楼のパトリオティズム」と呼ばれ、こうした郷土愛、愛郷心は「幼年時代のふとした折の懐かしい記憶、希望に満ちて未来を思い描いていた頃の思い出」にすぎないという。橋川文三が解説するように、こうした郷土感情は必ずしも国家とは結びつかない。こうした愛郷心は「祖国」より狭い地域、地方と結びついており、フレデリック・ハーツはこれを郷土感情(home feeling)と名づけ、国家としての「祖国」に対する愛を国民感情(national feeling)と呼ぶことで峻別している(橋川二〇一五:二六)。

しかし、こうした郷土感情・愛郷心は、キケロが「自然的祖国」と呼んだものへの愛着感であり、「祖国」概念として実感的に理解しやすいものである。現代アメリカでも、ジョン・H・シャーが「自然的パトリオティズム」と呼ぶものがこれに相当すると考えてよいであろう。シャーは、自分の故郷に抱く愛情を「自然的パトリオティズム」と呼び、それは、故郷に自分が様々な遺産(土地や言語、習慣など)を負っているという認識を抱くとする(Schaar 2002)。ちなみに、現代日本では、パトリオティズムのエッセンスを(おそらくミヘルスの影響のもとに)この愛郷心・郷土感情として理解する傾向が見られる(小沼二〇〇二)。しかし、そうした愛郷心はキケロ以来の「祖国」概念の一部をなすとはいえ、これまでの論述から明らかなように、欧米におけるパトリオティズムのいわば本流をなすのは「自然的祖国」ではなく「市民的祖国」である点に改めて注意を喚起しておきたい。

さて、そうした感情・愛着感の対象である郷土は、通常、何らかの視覚的イメージを伴っている。それは、実際に自分が生まれ育った土地の光景であったり、あるいは、自分の国を典型的に象徴する風景だったりするものではなかろうか。日本人であれば、「日本」の視覚的イメージとして思い浮かべるのは一般的に富士山であろう。つまり、自国の自然環境をあるユニークな景観として眺め、かつその景観をその国を特徴づけるものと考えるのは現代の我々にとってごく一般的なことといってよいだろう。

ただし、自国の景観を「祖国」のイメージとして捉えることは、歴史的にいえば「自然なこと」ではなかった。近代日本の場合、自国の景観を「祖国」として意識するようになる上で重要なきっかけを作ったのは、地理学者志賀重《しげ》昂《たか》である。志賀の主著『日本風景論』(志賀二〇一四)は、日本の景観の美しさをたたえ、登山を推奨した作品であるが、一八九四(明治二七)年に刊行されて大ベストセラーとなった。ちょうど日清戦争開戦直前だったというタイミングもあり、愛国心発揚に大きな貢献をしたことで知られている(山本・上田一九九七、大室二〇〇三)。このように、愛国の対象として自国の景観も重要視されるようになったのである。

しかし、風景・景観(landscape)が愛国の対象としての地位を確立するには、それに先立って、人間を取り巻く環境を「風景」として認識することが必要であった。ヨーロッパを例にとれば、中世ヨーロッパにおいては、一般的にいって、環境とは人間がそこで生活を営む場であって、環境を「風景」として眺める視点はほとんど存在しなかったようである。松田隆美によれば、自然環境を「風景」「景観」として「鑑賞」することは、一四世紀イタリアの人文学者ペトラルカをもって嚆矢とする(3)(松田二〇〇六)。フランスのアヴィニョン郊外に滞在したペトラルカは、ヴァントゥウ山に登り、山頂からの眺めに感嘆しつつ、とりわけイタリアへの憧憬の念を表現し、さらに、ローマを訪問しては、古代の遺構の廃墟を眼前にして古典古代の著作の知識を参照しつつ、ローマの偉大さを称賛した。こうしてイタリア・ルネサンス以降、一六―一七世紀にはイタリアの景観を称賛する旅行記が数多く執筆されるようになった(松田二〇〇六)。

一七世紀には一つの絵画ジャンルとして風景画が確立したが、その代表的な画家としてはサルヴァトール・ローザやクロード・ロランらが挙げられる。彼らに共通するのは、イタリアの風景が理想化されて提示された点である。ロランがイタリアの風景を楽園のイメージにおいて表現した一方、ローザはサブライム(崇高さ)を強調して描出した点で特徴的であった。彼らの作品は、とりわけイギリスにおいて人気が高く、イギリス人が理想化されたイタリアの風景を念頭において、自国の景観を鑑賞することを促すこととなった。それは、すなわち、「絵になる」「絵にふさわしい」「絵のような」ものとして風景を眺めるという態度が生まれたということである。この「絵になる」「絵のような」という概念は、ピクチャレスクという用語で表現された。一八世紀後半のイギリス人ウィリアム・ギルピンは、そうした「絵になる」風景のガイドブックを数多く出版し、ピクチャレスク・ツーリズムの大流行の火つけ役となった(松田二〇〇六)。こうした歴史的背景に鑑みれば、一九世紀イングランドの愛国的言説に、イングランドの景観美を称揚する傾向が見られるようになったことは首肯できよう(Cunningham 1989: 60)。

同様に、アメリカでも一九世紀に入って、風景に対する関心が高まるとともに、アメリカのナショナル・アイデンティティを基礎づけるに至った(Ryan 2011: 12-15)。一八世紀にイギリスで流行したピクチャレスク・ツーリズムは、一八七二年に『ピクチャレスク・アメリカ』という書籍がベストセラーとなったこともあり、アメリカにおいても一九世紀末から流行した。マーグリット・シェイファーによれば、ピクチャレスク・ツーリズムは、どの自然環境をどのように眺めるべきかを旅行者に教え込むことによって、アメリカの歴史や伝統とアメリカの領土とそこにおける景観とを結びつけ、ナショナル・アイデンティティを醸成することに貢献した。しかも、ピクチャレスク・ツーリズムの「主唱者たちはツーリズムを愛国的義務であるとして推奨した」のである(Shaffer 2001: 4)。こうして、アメリカのナショナル・アイデンティティはアメリカの国土の景観美に対する憧憬や称賛の念に根差すこととなった(Rainey 1994, Miller 1993)。

以上のような一八世紀イギリスや一九世紀アメリカにおける歴史的展開は、それらの国々におけるナショナリズムの高揚と時期的にも符合している。かくしてジョージ・モッセが指摘するように、二〇世紀には「あらゆる国民国家は、祖国の景観を自己演出の手段に用いた」のである(モッセ二〇〇二:九二)。オギュスタン・ベルクは「風景は文化的アイデンティティの指標であるばかりではなく、さらにそのアイデンティティを保証するものでもある」と記したが、これはすぐれて近代的な現象であるといえよう(ベルク一九九〇:一一)。

以上、自然景観がナショナル・アイデンティティと結びつけられることで、景観もまた愛国の対象としての役割を果たしてきていることを略述した。自然景観がナショナル・アイデンティティの一部として組み込まれるということは、ネイションの形成というプロジェクトの一環である。そもそも、これまでに繰り返し確認したように、パトリオティズムにとっての「祖国」とは、フランス革命以前においては、自由を中心とする共通善という政治的理想であった。しかし、一八世紀以後、「祖国」は一つのネイション、一つの国家としてそこにすでに存在するものとして観念されるようになった。自然景観が愛国の対象となったのは、ネイション形成プロジェクトの一部をなすものである。

しかし、そうした歴史的展開には看過しえない「前史」がある。ここまで、「景観」「風景」について論じる際、英語にいうランドスケイプ(landscape)を念頭においてきた。しかし、「ランドスケイプ」は一六―一七世紀においては、自然景観や風景だけでなく、そこで人間が営む生活や社会習慣、ひいては政治共同体をもその意味内容に含む概念だったのである。このような意味を持つ「ランドスケイプ」に英語で相当するのが「カントリー」であった。より厳密にいえば、中世イングランドでは、「カントリー」とは「陪審」を意味した(Olwig 2002: 48, 田中ほか編一九九一：二〇六―二〇七)。このあたりの歴史的事情を瞥見すれば、なぜ「国・カントリー」概念がやや漠然としていて多義的であるのか、より明瞭な理解が可能になろう。この点を以下に敷衍しよう。

landscapeという英語やLandschaftというドイツ語は、オランダ語のlandschapと起源を同一にし、その意味内容は、ルネサンス期においては「政治体(polity)」であった。それらの用語に共通して含まれるlandの意味するところは、習慣や文化であり、法の下にある社会的存在であって、物理的な地理的特徴ではなかった(Olwig 2002: 16–17)。接尾辞の-scapeや-schaftには、「形作られたもの」「基本構成」などの意味があった。したがって、landscapeの元来意味するところは、法慣習によって規定された共同体であった。地理的・空間的意味は含まれなかったのである(Olwig 2002: 19)。

そうした事情に照らしてみれば、中世末期からルネサンス期にかけての風景画には、多数の人物と彼らの多様な活動の様子が描きこまれているのは当然であろう。一四世紀イタリア・シエナのアンブロジオ・ロレンツェッティが描いた、善政の下にある都市と農村生活の風景にせよ、一六世紀から一七世紀初頭にかけて活躍したブリューゲル父子が描いた農村風景にせよ、自然的景観それ自体よりも、人間の活動の描写に重きが置かれている。この点、一七世紀以降の風景画が、人間を全く描かないか、あるいは、描いても一人か少数があくまでも脇役として（しかもどのような活動をしているのかは全く不明な形で）描かれたにとどまったのと好対照をなしている。(4)

この点を、ケネス・オルウィグは、イーフー・トゥアンによる「位置（location）」と「場所（place）」の区分を引きつつ次のように論じる。「位置」とは、「空間（space）」の下位概念であり、空間の中のある一つの単位である。このように、「位置」という概念が抽象的であるのに対し、「場所」という概念は、内実を伴っている。すなわち、「場所」には人間の経験が降り積もっている点で歴史と意味が存在する。したがって、「場所」は空間の中の一単位として位置づけられるだけでなく、人間の視点から意味づけがなされる一つの現実でもある。トゥアンによるこのような区分に沿えば、ランドスケイプは明らかに一つの「場所」であった。法習慣や経済的生産活動などに基づく人間活動が過去から現在まで行われてきた、歴史と意味のある「場所」であった（Olwig 2002: 215）。

ところが、ランドスケイプはルネサンス以後、「場所」としての意味を失い、いわゆる「景観」「風景」を意味するシーナリー（scenery）へと概念上、変貌を遂げた。オルウィグによれば、この歴史的変化のきっかけを作ったのは、プトレマイオスの地理学の再発見だった。地図学を数理学として理解した方法は、測量技術の革新に伴い、地図作成において発展を見ただけでなく、遠近法・透視図法にもつながった。さらに、遠近法は、いうまでもなく実際とは異なる距離感の錯覚を生み出すことから、演劇の舞台にも応用された。中世の演劇用舞台は屋外に設置されたが、ルネサンス期には屋内に設置されるようになり、天井は空、背景はあるランドスケイプを表現するものとなった。ここで重要なのは、この演劇用空間は、ある都市、さらには一つの王国を見通す窓として機能するようになったことである。こうして、舞台空間において一国の活動が表現されるかのような錯覚が可能になると、ランドスケイプという概念は、ある特定の文化や社会習慣に基づいて人間活動が行われている具体的かつ特定の「場所」としての意味を失い、人間活動から切断された、抽象的な空間として立ち現れた(Olwig 2002: 31–61)。

この点を理解する上で、ホッブズ『リヴァイアサン』の標題紙に見られる有名な挿画は実に興味深いものである(図)。主権者である擬人化された政治体(body politic)は、国王を頭とし、胴体は無数の市民から構成されている。この政治体は、都市と丘陵地帯を睥睨するかのごとくそびえ立ち、その地理的空間を支配することを象徴している。このような構図は、まさしく舞台的なものであり、具体的な人間活動の「場所」の表現とは程遠い抽象的なものでもある。こうして都市と丘陵地帯は、舞台の背景のような存在として提示されたことで、シーン(scene)またはシーナリー(scenery)として把握される対象となったわけである(Olwig 2002: 86–90, 219–220)。

図　『リヴァイアサン』(岩波文庫 1 巻口絵)

このように、ランドスケイプが、法的慣習の「場所」ではなく、舞台と類似的な関係に立つ「空間」的なシーナリー(風景)に転化していったのと同様の歴史的変遷をカントリー概念がたどったと、オルウィグは指摘する。すなわち、カントリーも元来の「陪審」のような法的意味合いを薄め、田舎の自然が豊かな風景の意味合いを帯びるに至った。ただし、風景としての意味であることを特に明確にするためには、カントリーではなくcountry-sideという語が用いられることに看取できるように、カントリーという語から従来の法制度を中心とする意味が全く消失したわけではないといえよう。

領土としての祖国

これまで論じてきた風景や景観としての「祖国」とは、いうなれば美学的祖国概念であって、視覚的側面に関心の焦点がある。そして、その美しさを賛嘆し、美しい景観が失われていくことを慨嘆する。すなわち、景観美としての祖国は、誇り(その景観美が損なわれれば、その裏返しの恥辱感)の感情を喚起する概念である。しかし、同じ自然的土地としての祖国にも、美学的な意味合いに加えて、法的政治的な意味がありうる。すなわち、領土(territory)としての祖国である。

祖国を国家と同一視する場合、領土がどの国家にとっても必要不可欠な要素であることに鑑みれば、領土としての祖国概念は自明視されてきたといってよいであろう。しかし、自明視されているということは、理解が十分であることを必ずしも意味しない。事情はむしろ逆であり、これまで領土概念は必ずしも本格的な研究の対象になることは多くなかった。したがって、どのような仕方による領土獲得は正当性を主張できるのか、また、領土をめぐる紛争解決に際して依拠すべき正義の原理とは何か、などといった領土に関する権利をめぐる諸問題についてコンセンサスはないに等しく、実際、ある土地の事実上の占拠があたかも正当な領有であるかのような事態が今日なお継続している。その意味で、近年、歴史地理学の分野でスチュアート・エルデンが領土概念の歴史を辿った一方、政治理論の分野でマーガレット・ムーアが領土概念の理論化を試みたのは、研究史上、画期的といっても過言ではない(Elden 2013, Moore, 2015)。

シモーヌ・ヴェイユは、中世ヨーロッパのパトリオティズムを論じる中で、「その対象は地域的に確定されていなかった」と述べた。すなわち、「この感情〔＝パトリオティズム〕は状況しだいでさまざまに変容する地表を覆っていたのである」。愛国的態度を取る対象とは、「都市、地方、フランス国、キリスト教世界、人類など」、多種多様な集団や地域でありうるのであり、その意味で、パトリオティズムの対象としての「祖国」には「国境」は存在しなかったというのである（ヴェイユ二〇一〇：一四八―一四九）。

たしかに、第1章で論じたように、一七世紀イングランドに見られたパトリオティズムには、そうした地域的限定性を欠いている側面を見出すことができる。しかし、中世ヨーロッパにおける祖国についての言説に関していえば、むしろイングランドやフランスをはじめとする諸王国を「祖国」とみなし、そのための自己犠牲を正当化・神聖視する傾向が見られたことは前述のとおりである。ここで注意すべき点は、中世末期ヨーロッパの祖国観には、祖国をある地理的領域、すなわち領土として捉える観点が芽生えつつあったということである。古代ローマにおいてキケロが重要視した「市民的祖国」とはローマであったが、そのローマは都市であると同時に、ローマ市民であるという法的地位に関する抽象概念でもあった。しかし、その「ローマ」には領土としての認識は含まれていなかった（Hirschi 2012: 70）。これに対し、一三世紀イギリスの法学者ブラクトンが「国王はその王国において同等者を持たない」と述べたとき、皇帝による普遍支配を否定したことの含意として、ある特定の領域内における国王の権力のあり方が前提されていたと見ることは可能であろう。一四世紀に入って、ローマ法学者のバルトールス・サッソフェラートやバルドゥス・ウバルディスが、領土（territorium）と裁治権（iurisdictio）の関係を論じることで、帝国からのイタリア都市国家の独立を弁証したことは画期的だった。すなわち、領土は、支配者の所有物ではなく裁治権の行使の対象として観念されるようになったのである（Elden 2013: 218-233）。

しかし、中世ヨーロッパに領土概念の濫觴を見ることは可能であるにせよ、その歴史的意義を過大に評価することには警戒が必要である。なぜなら、バルトールスらによる中世末期ローマ法学の業績は、その次世代に目立った影響を与えることはなかったように見受けられるからである。確かに、領土概念の成立には測量技術の発展を必要とする一側面もあることに鑑みれば、その概念が政治理論に導入されるまでには、まだ時間を要したとしても不思議ではない。そもそも中世や近代初期の地図に特徴的なのは、国境が描かれていないことである。諸国がおおよそどの辺りにあるかは明示されても境界線が示されることはなかった。

エルデンによれば、領土という概念を政治理論に本格的に導入したのは一七世紀のドイツ系思想家たちであり、彼らのそうした問題関心は、細分化していた神聖ローマ帝国の政治地理的状況を把握することを動機としていた。こうして、たとえば、ヨハネス・アルトジウスは「王国の領土とは、その王国の法がその内側で行使されるように境界づけられ、記述された場所である」と述べたが、このように、王国と領土という二つの概念を明示的に結びつけたのは画期的であった(Elden 2013：285)。さらに、ゴットフリート・ライプニッツは主権概念を領土概念と結びつけて定式化した。「主権者ないし君主はある領土の主人である」(Elden 2013：320)。

このように領土概念が成立するには、土地を測量し境界を定めることで、ある王国の領域を地図として描き出すこと、並びに、そのようにして明示的に定められた領域(とその空間に居住する人々)に対して支配権を実際に行使すること、これら二つが前提となる。しかし、それは一八世紀を通じて、一つの主張にとどまったままであり、中世以来の局地化した政治権力構造は根強く残存し続けた。国家が主張する領土の内部に、国家に対抗する勢力を抱えることは、均質的に領土全てに支配を及ぼすことができなかったことを意味する(Elden 2013：323-324)。以上のように見てくれば、「領土」概念が、実際に支配権が明示的に定められた地理的領域全体に行使されている現実を反映するようになるには一九世紀を待たねばならなかったことも了解されよう。一八世紀の「祖国」概念には、領土の認識が含まれるとしても、それは政治的現実を反映するものではなかったのである。したがって「国境」が「祖国」に備わったのは歴史的には比較的最近のことというべきであろう(5)(ギアリ二〇〇八：五七)。

ちなみに、領土概念の歴史に照らしてみると、地図を描くことは、ある政治的支配空間を描き出すことであるという意味で、すぐれて政治的な行為であることを確認できよう。そもそも「自然」な国境などというものは存在しないのであり、世界に存在する多くの国々の領土は、自然の地形によって決定されたものではなく、歴史的に定められたものにすぎない。たとえば、フランスが六角形に似ている（実際、フランス語では、フランス領土は、hexagone「六角形」と呼び習わされている）のは歴史的偶然にすぎず、なんら必然的なことではない。フランスが、地理的に現在我々が知るような姿で存在するのは、フランスを支配した諸王朝による征服と政略結婚などの結果である（ヴィノック二〇一四：八）。

そうであればこそ、ヨーロッパの政治思想家たちが、いわゆる「君主の鑑」ジャンルの作品で世の君主に政治的支配について助言を行う際、どのような土地を選んで建国すべきか、という問題を考察することがある。たとえば、トマス・アクィナスは『君主の統治について』のなかで、「都市や王国の創設者はまず初めに居住するに適した場所、つまり住民の健康を確保し、地味肥沃で食料を供給でき、風光明媚な景観で人の目を楽しませ、敵の攻撃を防ぎうる安全な場所を選ばねばならない」と記している（トマス・アクィナス二〇〇九：八二）。

このような観点は、管見の限り日本では見受けられず、日本の地理的所在は自明とされる傾向がすこぶる強い。しかし、ブルース・バートンの研究が明らかにするように、日本の「境界」は歴史的に変化してきたのであって、古代には東北地方や九州南端は「日本」の外だったのである（バートン二〇〇〇）。国がおおよそどの地理的領域に存在するかについては、ある程度安定している日本のようなケースは少なくないが、領土概念が前提とする明確な国境線の概念はすぐれて近代的なものなのである。

3 現代パトリオティズム論における「祖国」

以上のように、「祖国」概念として明示的に論じられてこなかったものも含めれば、愛国の対象は、多面的で多義的である。これまでの論点を整理すれば、まず、フランス革命以前の「祖国」概念が政治的理想に関するものであり、常にそこに存在するものではなかったのに対し、フランス革命以後、「祖国」はネイションや国家と同一視される傾向を強めるにつれて、あたかもそこに存在する実体として観念されるようになったということが挙げられる。第二に、以上のような歴史的過程と並行して、国(カントリー)概念が従来の法社会的慣習の実践の「場所」という意味を徐々に弱め、替わって自然景観としての意味を持つようになったことがある。こうした歴史的展開を受けて、自然美を誇る愛国的感情が醸成されたわけである。さらに第三点として、領土に関する思想が中世末期以降発展を遂げ、とりわけ一八世紀以降、国家が明確な地理的境界を持つものとして観念され始めたということも指摘しておいた。

以上のように、愛国の対象となる「祖国」や「国」という概念は、近代に入って実体化すると同時に多面化した、ということがいえる。伝統的な共和主義的パトリオティズムの「祖国」は自由を中心とする共通善という政治的理想であったという点で「浅薄(thin)」であったが、一八世紀以降の愛国の対象とは、国家やネイションとほぼ同一視されるようになっただけでなく、自然景観や領土としての意味合いも加わることで、より「濃厚(thick)」なものへと変化したといえよう。

「祖国」概念やその他の愛国の対象となった概念の歴史的展開に照らしてみるとき、現代政治理論において論じられるパトリオティズムが前提とする愛国の対象とは、どのようなものとして理解し評価できるであろうか。

共和主義的パトリオティズム

共和主義的パトリオティズムの伝統における祖国概念については、第1章と本章のこれまでの論述から明らかであると思われるが、ここでは、ヴィローリの所説に従って簡単にまとめておきたい。

ヴィローリの主唱する共和主義的パトリオティズムにおいては、祖国は一つの政治制度であり、人民の自由を維持する生活様式に限局される。ヴィローリ自身、彼の祖国理解(およびパトリオティズムの歴史理解)が過度に単純化されたものであることを認めているが、にもかかわらず、「パトリオティズムの政治言語(political language)」が「共同の自由」に関するものであって、ナショナリズムの政治言語が「単一性、唯一性、均質性」に関するものであるのと好対照をなす、という点を強調している(Viroli 1995: 1-2＝二〇〇七：九―一一)。したがって、ヴィローリにとって祖国には二つの可能性があり、一つはパトリオティズム的祖国、もう一つはナショナリズム的祖国である。パトリオティズム的祖国は、「共通の記憶と、仲間の絆や自由の理想の浸透した生まれ故郷の土地」である一方、ナショナリズム的祖国とは「言語と血縁によって縛られた共同体」にすぎない(Viroli 1995: 6＝二〇〇七：一二)。しかし、ヴィローリが光を当てたいのは、共同の自由としての共和主義的な祖国概念であって、生まれ故郷の土地という側面はさして重要ではない。しかも、自然的祖国の概念を、文化的統一性によって特徴づけられる共同体としばしば同一視するために、生まれ故郷の土地という祖国理解を切り捨てる傾向が強いといってよいであろう(Viroli 1995: 57-59＝二〇〇七：一〇〇―一〇三)。

しかし、本章の論述に照らして見れば明らかなように、こうした見方は、ナショナリズムとパトリオティズムの相違を強調するために、祖国概念の歴史的多様性、多面性をかなり単純化・図式化する傾向が強く、その結果、特に一八世紀以降における祖国の土地としての諸側面、つまり、景観や国土・領土、そして自然環境としての祖国はヴィローリの理論的射程から外れてしまっている。結局のところ、ヴィローリが構想する現代の共和主義的パトリオティズムにおける祖国は、あるネイションに属する「市民（citizen）」から構成されるものとされる（Viroli 1995：9＝二〇〇七：二一）。そして、彼ら「市民」がパトリオティズムにコミットする場合、彼らの実現目標とは、「平等な自由（equal liberty）」、すなわち「共和国のすべての構成員が政治的、市民的、社会的権利を否定され、抑圧されることがない市民として生を営む可能性」である（Viroli 1995：13＝二〇〇七：二七）。

共和主義的な伝統を明確に受け継いでいるもう一人の理論家として、チャールズ・テイラーを挙げることができる。テイラーも、ヴィローリ同様、共通善への忠誠としてパトリオティズムを捉えているが、その場合、テイラーの考える共通善とは、共同体を構成する人々の間で共有される、望ましい生の様式に関するものである。そして、そうした意味における共通善理解に関して市民たちが自己同一化する（アイデンティティを見出す）ことこそがテイラーの考えるパトリオティズムである（Taylor 1995：193-194）。このように、テイラーの場合、共通善の内容がある望ましい共同的な生の様式であると措定されるが、それがヴィローリのように「共同の自由」でなければならないとは考えない。すなわち、人種的・血縁的絆に基づく生の様式と自己同一化するパトリオティズムもあり得るし、専制的な支配体制と自己同一化するものもありうる（Taylor 1995：199）。つまり、テイラーの考える愛国の対象は、何らかの意味で「善」とみなされる共同的生の様式である。

コミュニタリアン・パトリオティズム

現代政治哲学におけるコミュニタリアニズムの立場から展開されるパトリオティズム論として有力なものに、アラスデア・マッキンタイアの議論がある（MacIntyre 2002）。マッキンタイアによれば、パトリオティズムは「ある特定のナショナリティを持つ者だけが示すことのできる、ある特定のネイションへの忠誠の一種である」（MacIntyre 2002：44）。マックス・ウェーバーの帝政ドイツへの忠誠心は、帝政ドイツが「文化」を体現することに由来し、エミール・デュルケムがフランスの愛国者であったのはフランスが「文明」を体現していたからだ、という二つの例を挙げて、マッキンタイアは、これらの例はパトリオティズムとは異なると主張する。すなわち、ウェーバーにせよデュルケムにせよ、彼らの忠誠の第一義的対象は「文化」や「文明」といった理想であり、「ドイツ」や「フランス」というネイションではなかったからである。ドイツやフランスが理想を体現するからという理由づけは、自分がドイツ国籍を有するとか自分がフランスの市民であるということとは無関係である、という点を問題視するわけである。このように論じて、マッキンタイアは、その理想を体現する国が自分のネイションであるということも、劣らず重要なパトリオティズムの構成要素であることを強調する。

このように論じるマッキンタイアにおいて、愛国の対象とはネイションにほかならない。カントリーという概念もネイションと互換的に使用されているが、ネイションを対象として論じることが基調となっている。マッキンタイアにとって愛国の対象はネイションである以上、彼の論じるパトリオティズムは、「政治言語」を重視する本書の立場から見るならば、ナショナリズム的パトリオティズムであると分類していいであろう。これまでの歴史的素描からも明らかなように、パトリオティズムはフランス革命期に至るまで「祖国(patria)」に関する言説であった。ネイションとの結びつきが重要性を獲得したのは特にフランス革命期前後であった。マッキンタイアのパトリオティズム観は、こうした近代的傾向を背景とするものであり、共和主義的伝統における政治的語彙の用法から遠ざかっている。

しかし、愛国の対象をネイションとして捉えるといっても、マッキンタイアの理解するネイションとは、その概念内容が所与であり不変のものとなっているわけではなかった。以下に敷衍しよう。

パトリオットであれば、何らかの意味において、ネイションに対して実践的に無批判的な態度を永続的にとるものであることをマッキンタイアは一応承認する。愛国的であるならばネイションに関して無批判的たらざるをえない側面とは、「ある一つの「プロジェクト」として把握されたネイション」というものである。これを敷衍してマッキンタイアはいう。そのネイションとは「過去において何らかの形で誕生させられ、継続されてきたプロジェクトである。その結果、そのネイションとは、ある道徳的に独自の共同体が、多様な組織的制度的表現をとりつつ政治的自律性(political autonomy)の主張を体現する形で存在するようになったものである」(MacIntyre 2002: 52)。

ここで注意すべきは、ネイションを「政治的自律性の主張を体現する」ものとしている点である。つまり、ネイションは「主張」であって、すでに「自律性」を獲得しているものとは限らない。だからこそ、ジュゼッペ・ガリバルディのような人物を、いまだ独立を果たしていないイタリアというネイションに関して「愛国的である」と記述することが可能なのである。したがって、マッキンタイアは続ける。「パトリオットが深く関与する事柄とは、彼または彼女に独自の道徳的政治的アイデンティティを授けた過去を、彼または彼女のネイション(それを存在せしめることが彼または彼女の責任である)というプロジェクトの未来へとある特有な仕方でリンクさせることである」(MacIntyre 2002: 53)。何らかの集団的な過去の経験から、愛国的な人は自分のアイデンティティを受け取り、それを未来におけるネイションの政治的自律へと結びつけることにコミットするというわけである。すでに独立していようといまいとにかかわらず、あるネイションの政治的自律を一つのプロジェクトとして捉える視点が、マッキンタイアの「祖国」観の核心である。

その重要な含意の一つは、ネイションが現在進行中のプロジェクトである限り、現に実現しているネイションのあり方に対して無条件に無批判的であるわけではないということである。愛国的であるならば、ネイションというプロジェクトにコミットすることそれ自体については、無条件に承認するが、プロジェクトの内容については、必ずしもそれに追従する必要はない。愛国的であることはネイションの現状維持を図ることではなく、祖国の真の特性や歴史、理想に照らして、その政府を批判することが可能だというのである。したがって、自国政府の政策への批判を認めない極端な愛国的立場とは一線を画していることに注意を要する。

その一方で、そのプロジェクトとしてのネイションは、また「自分のもの」であることが前提となっている。つまり、コミュニタリアン・パトリオティズムにおいては、愛国の対象としてのネイションが何らかの普遍性を体現しているかどうかは考察の対象外であり、むしろその個別性・固有性を重んじる。こうした個別性の強調は、普遍的公正や平等を重視するリベラリズムと決定的に袂を分かつ論点である。コミュニタリアニズムに立脚するパトリオティズムは、こうした個別性へのこだわりを、個人がどのようにして道徳的規範を学ぶことで道徳的存在となるかを問うことで正当化する。

この問題は第４章で改めて詳しく論じるので、手短にいえば、マッキンタイアによれば、リベラリズムは普遍的公正と平等を強調するが、具体的な個人はそのような普遍的道徳規範そのものを学ぶことはできず、ある特定の共同体に固有の道徳規範しか学ぶことができない。個人が獲得する道徳規範は必然的に個別的なものたらざるをえない。したがって、パトリオティズムの道徳性とは、ある共同体のメンバーシップという枠組みを前提とする以上、その共同体の根本的構造は道徳的批判の対象たりえない。その「共同体の根本的構造」が、前述した「プロジェクトとしてのネイション」なのである(6)。

憲法パトリオティズム

以上のようなコミュニタリアン・パトリオティズムへの応答として位置づけられるのが、憲法パトリオティズム（constitutional patriotism）である。憲法パトリオティズムの主唱者の一人、ユルゲン・ハーバーマスによれば、コミュニタリアン・パトリオティズムの論旨は、「立憲デモクラシーの普遍的な原則は、各国の政治文化に何らかの形で錨を下ろさなければならない」という点にあった。つまり、立憲的諸原則は、それ単独では、社会的実践を形作ることもないし、自由で平等な諸個人が共同関係を結ぶというダイナミックなプロジェクトの推進力にもなり得ない。市民たちが形成するネイションの歴史的文脈に、立憲的諸原則が位置づけられてはじめて、市民たちが積極的に共同生活を営む動機づけとなるというわけである(7)(Habermas 1996: 499)。

これに対し、ハーバーマスはスイスやアメリカ合衆国を例にとって、ある立憲的諸原則が実践的にある政治共同体に根をはるためには、全ての市民が同一の言語や同一の民族的・文化的起源を有する必要はないと主張する。ある立憲的諸原則、あるいは「リベラルな政治文化」だけを共通項として市民が分有すればよいのであって、その同一な諸原則を、各ネイションが各自の伝統や歴史に沿って解釈しさえすればよい、というのである(Habermas 1996: 500)。したがって、ハーバーマスの構想する憲法パトリオティズムにおける愛国の対象とは、「立憲デモクラシーの普遍的な諸原則」であることになる。

この基本理念は、現在憲法パトリオティズムの主唱者として知られるヤン＝ヴェルナー・ミュラーも強調している。憲法パトリオティズムにおける政治的忠誠の対象は、リベラル・ナショナリズムのいうナショナルな文化でも、コスモポリタニズムのいう全人類のコミュニティでもない。憲法パトリオティズムの愛国の対象とは、リベラル・デモクラシーの政治的制度を支える規範や価値、諸手続きである(Müller 2007a: 1-2＝二〇一七：一―二)。ミュラーによる憲法パトリオティズム理論は、ハーバーマスとはやや異なり、コミュニタリアン・パトリオティズムというよりはむしろリベラル・ナショナリズムに対抗して構想されている(Müller 2007a: 9＝二〇一七：一一―一二)。

ミュラーは、憲法パトリオティズムを、自由で平等な個人たちが共同生活を営む決断をし、その上で、公正な共同生活を営むための基本原理として構想している。したがって、愛国の対象は、「憲法という考え方」それ自体である(Müller 2007a: 54＝二〇一七：七三)。無論、憲法がどのように解釈され、どのような具体的な制度や政策に結びつくのか予見はできないし、政策形成の議論の過程で市民の間で様々な異論もあろう。しかし、それらの見解の対立や主張の多様性にもかかわらず、「自由かつ平等な市民はお互いに正当とみなしうる政治的協働の公正な条件を見出すことができるという考え」に忠実であることが、憲法パトリオティズムを奉ずる者にはどうしても必要だとミュラーは強調する（Müller 2007a: 55＝二〇一七：七四）。

憲法パトリオティズムへのコミットメントが生み出すものを「憲法文化（constitutional culture）」と表現することをミュラーは提案している。憲法パトリオティズムを奉じる個人の間に生じる文化とは、何事によらず同意することが常に要求されるのではなく、むしろ、一時的にせよ異議を唱えることから政治的討議が生じるのが常態であるようなものである。そうした文化とは、そこで具体的になされる決定内容に賛同できるかどうかを問わず、市民が公正に共同生活を営むことそれ自体を、彼らが相互に絶えず正当化するプロセスの中から立ち現れるものである。したがって、憲法パトリオティズムを奉ずる愛国者は、政策的な個別争点に関してどれほど意見が対立しようとも、一定のルールの下、お互いに語り合い、学び合い続けることに信頼を寄せる（Müller 2007a: 56–60＝二〇一七：七五－八一）。換言すれば、憲法パトリオティズムの忠誠の対象は、ある特定の人々の集団でも、ある特定の（たとえば、国民やエスニック・グループの）文化でもない。公正な条件のもと忍耐強く語り合い続けることが、その度ごとに、共同生活を営む中で強制されることも集団的に正当化する。そうした語り合いは、参加する市民たちに固有の歴史的条件や文化的条件のもとで行われるという意味では特殊なものであるが、にもかかわらず、そうした語り合いを支える規範は普遍的なものであるとして構想されている。このように、異論に耐えつつ公正さの下で語り合うという文化は一つの「原則」であり、そうした「原則」への忠誠としてパトリオティズムを構想している（Müller 2007a: 56–65, 80＝二〇一七：七五－八八、一〇七－一〇八）。

要約すれば、憲法パトリオティズムは、具体的かつ実体的な政治的価値についての合意に主眼があるのではなく、民主主義的な政治文化を批判的に反省するルールとプロセスを、愛国的忠誠の対象として重視するのである（Müller 2007a: 28–30＝二〇一七：三七－四〇）。したがって、そうした語り合いから徐々に生まれる「憲法文化」とは、「常に開かれ、そして未完成のもの」である。過去世代の政治参加が、そうした文化を形成するが、それは、未来世代によってただ単に相続されるのではなく、さらに「純化」される「現在進行形の」プロジェクトなのである(Müller 2007a: 61, 69＝二〇一七：六一、九三)。

このような新しいパトリオティズムは、もっぱら理論的な関心から生まれたのではなく、戦後の西ドイツの復興、そして東西ドイツの統一、さらには欧州連合が成立する歴史的過程に伴って構想されたものである。憲法パトリオティズムとは、ヨーロッパ諸国が一つの新しい政治秩序を作るために構想されたものなのである。したがって、その愛国の対象はすでに存在するものではなく、これから未来に向けて作られるものである。その意味で、憲法パトリオティズムにおける愛国の対象は、旧来のものと一線を画している。これまで検討してきたように、「祖国」概念は歴史的に多種多様であったが、中には(このあと環境パトリオティズムを論じる際に指摘するように)郷土や環境のように、かつて存在したが時間の経過とともに衰退してゆくものとして「祖国」をみなすケースもある。そのような場合、これから作るものではなく、すでにあるものを防衛する態度と結びつく傾向があるといってよい。また、政治共同体としての「祖国」も自由や共通善を実現させる市民的美徳の実践として理解されたために、そうした美徳を実践する人々がいれば「祖国」はそこに出現するが、そうした人々が少なくなれば「祖国」も消滅するとみなされていた。

いずれにせよ、愛国の対象としての「祖国」をめぐる言説が問題としたのは、それをどのようにして実現させるか(あるいは防衛するか)であって、「祖国」の実現可能性それ自体を問うことはなかったのである。ところが、憲法パトリオティズムをめぐる論争は、それが提唱する愛国の対象がそもそも実現可能なのかどうかをめぐるものである点で極めて異色である。憲法パトリオティズムが構想されることで浮上した問題とは、通常、立憲デモクラシーの普遍的諸原則だけで、一つの共同の政治秩序を構築するのに十分なのか、それとも、政治共同体は言語や文化などの点で共通のアイデンティティも必要とするのか、というものである(Ingram 2002)。

この問いに応答するに際して、ミュラーは、アイデンティティという用語には静態的なイメージがつきまとい、憲法パトリオティズムに特有な動態的性格を表現できないと考えるために、アイデンティティという語を使用することを避けたいと主張している。にもかかわらず、憲法パトリオティズムにはアイデンティティ構築プロセスという側面があることは否めないであろう。なぜなら、憲法パトリオティズムは、我々はどのような人民になりたいのか、という問題への回答として構想されているからである(Müller 2007a: 32＝二〇一七：四二－四三)。

したがって、ここでの問題は、そもそも、そのようなアイデンティティの再構築というプロジェクトに人々を積極的に参加させることは、現実的にはどのようにしたら可能なのか、という問いであることになる。歴史的には、憲法パトリオティズムは、欧州連合のような多元的な政治体を一つのものとして束ねる連帯の基礎理念として提唱された側面がある。しかし、そうした多元的な政治体の構成員を一様に全て「我々はどのような人民になりたいのか」という問題と取り組むように動機づけるにはどうすればよいのか。欧州連合を構成する人々を、ネイションやエスニシティに関するアイデンティティの差異を超えて包み込む枠組みというものを構想できるとすれば、その枠組みはどこにその包容力の源泉を求めるのか。国民国家でなく欧州連合を究極の忠誠の対象とする根拠として、憲法パトリオティズムのいうリベラル・デモクラシーの価値と諸原則だけで十分だと言い切れるのか(Canovan 2002, Poole 2007)。イギリスやカナダのような成熟したリベラル・デモクラシーでさえも、ナショナリズムによって引き裂かれる可能性は皆無とは言い切れない。そうだとすれば、政治的諸価値や諸原則への忠誠だけで、「我々」という意識を持たせることは不十分ではないかという批判も成り立つであろう。

このように、憲法パトリオティズムにおける愛国の対象が、リベラル・デモクラシーを支える、規範や価値観そして形式的手続きであるという主張は、極めて抽象的で、市民の忠誠心を喚起し政治参加を促すには、あまりにも浅薄すぎるという批判が絶えない(Viroli 1995: 173＝二〇〇七：三〇〇)。

憲法パトリオティズムは、ヨーロッパ(とりわけドイツ)を念頭において構想されたものであるが、これと相似する考え方が、特にアメリカ合衆国におけるパトリオティズムとして提起されている。ジョン・H・シャーのいう聖約的パトリオティズム(covenanted patriotism)がそれである。聖約的パトリオティズムは、血縁や宗教、伝統や領土、あるいは都市の城壁や伝統によってではなく、政治理念によって多様な人種と文化的背景を持つアメリカ人を結びつけるものである(Schaar 2002: 238-239)。その政治理念とは、自由と自治のための政治体を建設するものであり、その建国理念としての法的原則の尊重こそが、「政治宗教(political religion)」として、アメリカ市民の心の中に生き続けなければならない、とリンカーンを引きつつシャーは強調する。そうした「政治宗教」は、人種的差異を超える絆の基礎となり、かつそれによって自分たち自身が正当に行動しているかどうか裁定する基準となるものである(Schaar 2002: 239-240)。

これはルソーのいう市民宗教とは異なる、とシャーは述べる。ルソーの市民宗教は、ネイションを崇め奉ることを目的とするのに対し、シャーのいう聖約的愛国はそれによってネイションを裁くものである。すなわち、その聖なる約束をネイションが遵守する限りそのネイションは義なる存在である。シャーが強調するのは、この種のパトリオティズムは「共和主義的な信仰(republican faith)」の表明を要求するという点である。それは普遍主義的であると同時に偏狭さを有するという。普遍主義的であるのは、そうした「信仰」としての愛国は、人種や文化的背景を問わず、全ての人に開かれているという意味においてである。しかし、同時に偏狭さを有するというのは、諸個人を公式な「共和主義の信仰」の主体にのみ還元し、そのほか一切を考慮の対象としないからである。二〇世紀を通じて普遍主義的な性格が後退し、リンカーン的な共和国への実践的献身としての愛国は儀礼的な愛国へと変質したと指摘して、シャーはアメリカのパトリオティズムの現状に批判的な立場をとっている(Schaar 2002: 242-243)。

穏健なパトリオティズム

法・政治哲学的な色彩の濃厚な憲法パトリオティズムとは異なり、道徳哲学的見地から、マッキンタイアのコミュニタリアン・パトリオティズムに応答する立場も存在する。そうした論者の一人であるスティーヴン・ネイサンスンは「穏健なパトリオティズム（moderate patriotism）」を提唱したことで知られる。ネイサンスンによる穏健なタイプのパトリオティズムの擁護論は、道徳哲学の領域での論争を誘発する一つのきっかけともなった。本書でもしばしば言及するが、ジョン・クレイニッグのパトリオティズム擁護論や、サイモン・ケラーによる反駁、さらに、イゴール・プリモラッツのようにパトリオティズムを義務や美徳ではなく、ただ単に許されているにすぎないものであると主張する立場はそうした論争の中から現れたものである。こうした哲学的論議の展開を理解する上でも、ネイサンスンの主張を瞥見しておく価値があるように思われる。

ネイサンスンは、マッキンタイアと同様、パトリオティズムに道徳的に肯定的評価を与えるが、彼の主張は、マッキンタイアのパトリオティズム論が、リベラリズムの見地から批判を招いたことを踏まえたものである。第４章で詳説するように、マッキンタイアのパトリオティズム論が道徳的に個別主義に立脚するのに対し、リベラリズムの見地から、たとえばマーシャ・バロンのような論者は、普遍主義的な道徳規範的判断の可能性を擁護した。さらに、歴史を遡れば、トルストイによるパトリオティズム批判に典型的に見られるように、普遍主義的な立場からパトリオティズムを悪徳であると主張するケースもある。ネイサンスンの「穏健なパトリオティズム」の主張は、マッキンタイアのようなパトリオティズム擁護論とそれに対する様々な異論との双方から思想的滋養分を得た折衷案とでも呼ぶべきものである。ネイサンスンによる議論は、とりわけパトリオティズムを道徳的に正当化する点で重要な貢献を果たしたものであるが、愛国的であることの根拠・理由づけの問題は第４章に譲ることにして、ここでは、ネイサンスンが愛国の対象をどのようなものとして理解していたかを素描するにとどめよう。

「穏健なパトリオティズム」は五つの属性を有するとネイサンスンは論じる。それは、すなわち、①自国に特別な愛情を抱くこと、②自国が繁栄することを望むこと、③自国に特別な（しかし独占的ではない）配慮をすること、④ナショナルな目標を、道徳的な制約の範囲内で追求することを支持すること、⑤自国の政策を条件つきで支持すること、の五つである（Nathanson 1993: 34）。また、「穏健なパトリオティズム」は次の四つの原則からなるとも述べている。すなわち、①自国に特別な愛情を抱くこと、②その国に個人的に自己同一化する感覚を持つこと、③その国の福利に特別な関心を持つこと、④その国の善を促進するために犠牲をすすんで払うこと、の四つである（Nathanson 1993: 34-35）。

ここで注目すべきは、愛国の対象としてネイサンスンが想定しているのが、「自国（one's country）」であるということである。パトリオティズムはしばしば「祖国愛（love of country）」と表現されるから、「国」概念が愛国の対象として想定されるのは当然といえる。ただし、「穏健なパトリオティズム」の属性の中に「ナショナルな目標（national goals）」の言及もあるから、ネイションも考察の射程内に入れていると見るべきであろう。

しかし、前述したように、「国」概念は曖昧かつ多義的である。ネイサンスンの場合、二〇世紀初頭アメリカの知識人ランドルフ・ボーンによる「政府（government）」「国家（state）」そして「国（country）」の区分に依拠している。「政府」とは、「批判だけでなく軽蔑の正当な対象」である政治的指導者を意味し、「国家」とは「政治的単位として活動する国」を意味する。一方、「国」とは「ある人民の非政治的諸側面、その生活様式、その人間的属性、文学や芸術、生への特徴的な態度」を含む概念であるとされる（Bourne 1964: 67-68）。ボーンによれば、「国家」の定義には「国」が含まれるが、「国家」と「国」とは明確に区別されるべきであるとする。ネイサンスンがこうした区分を主張する狙いは、極端なパトリオティズムが時の政府に盲従する必要性を説くのに対して、自国（country）への愛着感を保持しつつも、国家の政策に自分が批判的な場合にはこれを拒絶することを可能にするからである（Bourne 1964: 67-68）。

時の政府および国家への批判を重視する「穏健なパトリオティズム」にとって、「政府」や「国家」とは区別される「国」概念が重要な理論上の支点となっている。

さらに、ネイサンスンは「国」と「ネイション」をほぼ同義的に理解するようである。なぜなら、彼のこれまでの議論は、なぜ「ネイション」にとって「愛国者」でありながら「政府」に対して「反逆者」となることがあるのか、説明を可能にすると主張しているからである。事実、ネイサンスンは、「ネイションまたは国」は「文化的実体」であり、政府とはその一側面にすぎないとしている。したがって「政府はネイションではなく、ネイションは忠誠の対象たるにふさわしいが、政府はそうではない」と結論づけている(Nathanson 1993: 125)。

約言すれば、愛国の対象としての「国」とは、「政府」や「国家」から区別される人民及びその活動様式の総体を意味し、それはネイションと同義であるということになろう。

この結論には二つの問題点を指摘できる。第一に、ネイサンスンのいう「国」はあくまでも人間とその活動内容に関するものであり、土地や環境などの意味合いは含まれていない。この点、先に言及したクレイニッグの「国」概念の方がはるかに包括的である。再説すれば、彼のいう「国(the *patria* or country)」は政体を含むが政府や国家と同一視できないものであり、しかも、それは「土地や地勢、人民や文化、歴史、集合的自己理解、そして支配秩序の固有の法的構想によって枠づけられ拘束される社会的制度のネットワーク」を包摂するものである(Kleinig 2015a: 21)。

第二に、「国」と「ネイション」を同一視することで、パトリオティズムとナショナリズムの間の区別を曖昧にした点である。第４章で詳説するように、クレイニッグ、ケラー、そしてプリモラッツの三者はパトリオティズムの道徳的評価において大きく見解を異にするが、パトリオティズムとナショナリズムを論じて、それぞれが何を忠誠的対象とするかについては一致している。すなわち、パトリオティズムの忠誠的対象は「国」である一方、ナショナリズムのそれは「ネイション」であるというのである(Kleinig, Keller and Primoratz 2015: 5)。その場合、ネイションは歴史やエスニシティの絆によって結ばれる人々として理解されている。このように主張することで、ヴィローリやジョージ・オーウェルがそうしたように、パトリオティズムが道徳的に良いものであり、ナショナリズムが悪いものだと主張するわけではない（Orwell 1953）。パトリオティズムは「国」を忠誠の対象だと主張することで、ネイションを対象とするナショナリズムと概念上、区別すると同時に、パトリオティズムが自国を他国より特別に配慮する側面を強調しようとする。

本書の観点からすれば、「国」と「ネイション」を区別すべきなのは、パトリオティズムとナショナリズムの概念区分のために必要だからだというのではなく、パトリオティズムを歴史的に理解する上で方法的に要請されるからである。これまでの歴史的叙述においてそうであったように、パトリオティズムの歴史について語るとすれば、それは「祖国（patria）」や「愛国者（patriot）」といった語彙がどのように使用されてきたかについての系譜の叙述であるべきであると考える。ナショナリズムの歴史も、最近のカスパール・ヒルシによる歴史叙述がそうであるように、「ネイション」という語がどのように用いられてきたかについて記述することで、方法的にパトリオティズムの思想史と区別することが可能になるというメリットがある。しかも、こうすることで、特に一八世紀以降のパトリオティズムとナショナリズムの言説の「合流」が明らかとなる。すなわち、「祖国」という意味での「国」と、それとは異なる系譜に属する「ネイション」とが同義語扱いとなるのは、近代において特徴的な現象であるという歴史的性格が浮き彫りとなると思われる。そうした方法的立場から見たとき、「国」と「ネイション」とを同一視することは、一八世紀以降に顕著に見られる歴史的偶然であるとの認識に裏づけられている限りにおいてのみ、承認されることになろう。

環境パトリオティズム

風景や景観として祖国を把握する考え方についてはすでに前述したが、このような思考法は、パトリオティズムの歴史においては比較的歴史の浅いものであった。とりわけ、ピクチャレスク・ツーリズムがナショナル・アイデンティティの形成に寄与することで、祖国を理想化された風景・景観と結びついた形で観念するようになったことはすでに論じた。しかし、これまで検討した現代パトリオティズム論においては、愛国の対象に風景や景観を含める視点は見られなかった。

一方、近年、「絵になる」自然的景観が大規模開発によって破壊されつつあるだけでなく、自然環境の破壊が全地球規模で進行しつつあるという認識が広まっている。こうした事態をなんとか食い止めなければならないという危機感が広く共有されるようになり、環境主義(environmentalism)の運動が地球規模で高まりを見ている。その結果、一八世紀以来の自然的景観を対象とするパトリオティズムも環境主義の文脈において捉え直される気運が高まっている。こうして、今世紀に入って、いわゆる環境パトリオティズム(environmental patriotism)が唱えられるようになった。

環境パトリオティズムとは、端的には「ある国の偉大さはその国の環境によって定義されるという信念」であるとされる(Todd 2013: 6)。より厳密には、環境パトリオティズムは、国の景観美を鑑賞することに動機づけられている点で美学的であると同時に、国の豊かな自然資源を保護する強い責任感を伴う点で倫理的な概念である。そうした美学的関心と倫理的責任感が場所への愛着感によって統合されるところに環境パトリオティズムが成立するとされる(Todd 2014: 4-5)。

本来、自然環境は、国境とは無縁な存在である。国境を人為的に確定する国家は、領域内の自然環境を保護するどころか、資源採掘や各種の開発、さらには戦争などによって搾取・破壊してきた。その意味で、環境パトリオティズムは、国家に批判的なスタンスを取り、保護の対象である自然環境を国家単位で捉えるよりは、むしろ国境を越えた存在として理解する傾向がある点で、「グローバル」あるいは「地球パトリオティズム」とでも称すべきものであるという主張も見られる(Eckersley 2007, Todd 2013: 104, 2014: 9)。たしかに、現実には、国家単位で思考する枠組みにとらわれる結果、守るべき環境や景観も自国のものに限定される傾向がある(Todd 2014: 9)。たとえば、国立公園(national parks)は文字通りネイションのものであり、環境保護の対象であると同時に、ネイションの景観美を誇るためのものでもある。にもかかわらず、自然環境は、つまるところ、地球上で全て連続しているのであり、その意味では、国家・国境を越えて外側に開かれた「祖国」観を形成する上で有効な視座を提供するものといえる。

現代アメリカにおける環境パトリオティズムの中には、自然生態学的な知識に照らして、大地への愛に基づく道徳的原則を樹立しようと試みるものがある。こうしたパトリオティズムはアメリカ先住民に先例を見出しつつ、土や水、森林や野生動物を保護する共同体の構築を目指す(Ryan 2011: 132, Lopoz 2002: 13)。そうした美しく豊かな自然こそが環境パトリオティズムにおける「祖国」である。すなわち、自然生態系および美しい景観、そして、そうした環境に支えられ、かつそれを支えてきた先住民文化を一括して、守るべき「祖国」であると構想するわけである。そうした祖国を守るのに、勇敢な軍事行動も大規模な軍事施設も必要でないどころか、それらこそはむしろ自然環境と先住民文化としての祖国を破壊するものであるとして批判の対象となる(Ryan 2011: 132)。その意味で、環境パトリオティズムは、「祖国のために死ぬこと」を奨励した伝統的な軍事的パトリオティズムと鋭く対立するものである。

このように、自然環境を守るべき祖国とみなす環境パトリオティズムは、これまで検討してきたパトリオティズムとは異なる新鮮な視点であり、新たな可能性を秘めているといえる。しかし、その一方で、様々な限界がすでに指摘されていることも事実である。たとえば、前述のように、環境が地球上で連続しているという意味では、潜在的に「地球パトリオティズム」であるとはいうものの、現実には国家という枠組みが厳然たる事実として存在する。したがって、守るべき環境は国内に限定され、同様の環境主義的態度は国外には適用されないというダブル・スタンダードがまかり通りやすい(Eckersley 2007: 195–196)。

さらに、環境パトリオティズムへの強い警戒が一部に根強いが、そうした懐疑の背景にはナチス・ドイツの経験があるようである。ナチスは、自国の森林を積極的に保護し、田舎を楽園とみなし、農業において「自然」的なものへの回帰を説くなど、環境主義に傾斜する側面があった。無論、環境主義とナチズムが必然的に結びつくわけではないが、しかし、自然の純粋性を保つという意味で大地の純粋さ、汚染からの保護を主張することは、転じて、自然の一部をなす人間においても、人種的純粋さ、混血という「汚染」からの保護や、移民の排除を訴える主張に結びつきかねない危険性を指摘する向きもある(Eckersley 2007: 197-198)。

以上のような環境パトリオティズムは、現在アメリカで徐々に勢力を得つつあるようであるが、現代日本においても、欧米での環境パトリオティズムとは別に独自の展開が見られる。たとえば、浅見和彦と川村晃生《てるお》は、現代日本における景観破壊を厳しく批判しているが、その際、「景観」とは「単に景色を示すことば」ではなく、景観をつくる「生態系の問題や生活及び日常の風景」を含むものとして論じている点で、環境主義的な視座を認めることができる(浅見・川村二〇一五：五)。ただし、浅見と川村は、景観破壊批判を「愛国的」な立場としては展開していないので、少なくとも自覚的にパトリオティズム論の一環として自説を公表しているわけではないようである。しかし、両者に共通していえるのは、問題として取り上げる対象は日本の景観に限定されており、しかも、日本人にとって日本の景観が本来、神聖な存在であったと指摘し、読者に反省を迫っていることである[(8)](浅見・川村二〇一五：一九二、二〇二)。視野を日本に限定している点でナショナリズムと歩調を合わせており、しかも、日本の景観に「神聖さ」を見出す視点は、ある種の「信仰」にほかならない。

一方、宇根豊は国民意識と国家への帰属意識としての「愛国心」を、ふるさと(在所)の自然への情愛としての「愛郷心」と対立的に捉え、前者=愛国心をナショナリズム、後者=愛郷心をパトリオティズムと規定している。その上で、権藤成卿《せいきょう》の愛国論に触発されつつ、宇根はパトリオティズムが彼のいう「農本主義」の基礎となって、ナショナリズムに対抗することを主張している(宇根二〇一五)。

現代日本の愛国心論

祖国を風景・景観として捉える観点や、環境パトリオティズム的立場に共通するのは、祖国を「かつて存在したもの」したがって、現在ではすでに失われてしまったか、あるいは、失われつつあるものというイメージで把握することである。伝統的な愛郷心や自然環境保護主義的な立場において、祖国とは、かつては十全な形で存在したが今日ではもっぱら「守られる」べき存在である。

こうした愛郷心に対する関心は、現代日本の愛国心論にも見られる。佐伯啓思の場合、愛郷心という概念が意義を有するのは、「故郷が現実には不在のものとなりつつあるから」だという。すなわち、近代社会が、常に変化し続ける存在であるために、過ぎ去るものに愛着を感じ、「故郷」という観念を生み出し続けるというわけである(佐伯二〇〇八：九八－一〇六)。今や失われつつある故郷への愛惜感は、近代化に伴う社会的流動化により、いっそう強められているとし、そうした故郷およびそのメトニミーとしての「国」を「祖国」として理解している。ここにいう「祖国」は、もっぱら過去志向的なものである(佐伯二〇〇八：一〇六－一〇八)。

しかし、佐伯の主旨は、そうした「祖国」を防衛するという点にはない。なぜなら、そんな故郷としての「祖国」はもはや存在しないからである。グローバリゼーションの荒波の中で、現代世界に生きる人々は「故郷喪失者」たらざるをえないと佐伯は指摘する。そして、戦後日本の場合、帰属意識やナショナリティの意識をことさら脱色し、手元から遠ざけてきたという特殊事情もあって、「故郷喪失」の事態がいっそう深刻さを増しているというのが佐伯の診断である(佐伯二〇〇八：七二)。

それでは、現代日本における愛国の対象を、佐伯はどこに求めるか。彼はその手がかりを「あの戦争」の記憶、とりわけ戦死者たちへの思いに見出そうとする。すなわち「日本人であるという自意識をもって死んでいった者」への

「負い目」あるいはやりきれない悲しさが、戦後日本の愛国心に独特の色調を添えていると見ている（佐伯二〇〇八：第四章）。

ここから佐伯の議論は、これまでヨーロッパ思想史の文脈で見てきた愛国的忠誠の対象という観点とは大きく異なり、「日本の精神」とは何かという問題へと向かう。その結果、佐伯は「敗北へとひたすら突き進む者への愛惜、いずれ滅び去る者への同情、無残に散りゆく者への共感」に「日本の精神」を見出し、こうした無常観が日本の愛国心を根本的に性格づけていると論じている（佐伯二〇〇八：三二〇）。

佐伯の場合、日本の愛国心を論じるに際し、「愛国心」一般を論じても無意味であるという立場をとっており（佐伯二〇〇八：八）、西洋のパトリオティズムについて言及するものの、それを日本の愛国心の分析枠組みとして参照することはしない。むしろ、彼の理解する「日本の精神」の枠組みの中で「愛国心」を理解しようとする結果、彼の考える日本の愛国の対象は、これまでヨーロッパ思想史の文脈で検討してきた愛国の対象とは全く異質のものとなっている。それは、「Xのために死ぬ」というような合目的的なものではない。散りゆく者たちへの慕情、やむにやまれず滅びに向かう悲劇的宿命性に身を委ねざるをえない悲しみへの共感とでも表現すべきもののようである（佐伯二〇〇八：三二一―三二三）。その意味で、佐伯の愛国論は彼のいう「日本の精神」の情緒性を強調し、これまで検討してきた欧米のパトリオティズム論とは根本的に性格を異にする。

これとは対照的に、姜尚中は、ヨーロッパ的な愛国の対象のモデルに沿いつつ、新たに作り上げる地域社会としてのパトリアを構想することで、愛郷心を捉え直そうと試みている。姜は、ミヘルスのパトリオティズム論に依拠しつつ、愛国心は愛郷心の自然的な拡大の結果ではないと指摘し、愛国心が愛郷心とは質的に異なることを指摘している。しかし、その一方で、自分の故郷や生まれ育った場所への自然な愛着感としての愛郷心に新たな可能性を探ろうともしており、その縁となっているのは新川明の「国家を想定しないパトリオティズム」という概念である。自然的な愛郷心をそのまま肯定するのではなく、自覚的に郷土を創り上げる新しい愛郷心を目指す立場のようである[9](姜二〇〇六：一五六—一五九)。

しかし、佐伯にせよ姜にせよ、彼らの論じる「愛国の対象」は必ずしも明確ではない。海老坂武が指摘するように、二人に共通するのは「愛国心の対象であるべき「国」の姿がすぐには見えない、そこでその対象を探しているということ」である(海老坂二〇一八：一六五)。すなわち、佐伯と姜の愛国論に共通するのは、両者がともに、愛国的忠誠や愛着感の対象を模索する試みだという点である。現代日本を代表する愛国心論は、愛国の対象が不分明であるという点に大きな特徴があるのである。

そこで最後に、清水幾太郎が戦後まもなく発表した、今や古典的な愛国心論に触れておこう。清水曰く、「愛国心とは自分の国家を愛し、その発展を願い、これに奉仕しようとする態度である」(清水二〇一三：二二—二三)。清水によれば、愛国の対象は「国家」である。清水は「国家」を、土地や人口と密接な関係があり、その内部に多くの集団を抱え、我々が運命として受け取る存在であるとともに、正当に行使されうる暴力を独占する装置として理解している(清水二〇一三：三一—四〇)。

これまで検討してきたパトリオティズム論と比較するとき、清水が愛国の対象を「国家」であると断定したのは、いささか特異である[10]。マッキンタイア流のコミュニタリアン・パトリオティズムにおいて、愛国の対象はネイションまたは政治的共同体であった。無論、国民国家においてはネイションが「国家」と同値とされる可能性はないわけではない。しかし、マッキンタイアは、「国家」を愛国的忠誠の対象であると明示的に指摘していない。憲法パトリオティズムにおける愛国の対象は、リベラル・デモクラシーの価値や制度、諸手続きであった。ここでも「国家」が対象として特定されていない。さらに、ネイサンスンのいう穏健なパトリオティズムの場合、政府や国家とは明確に区別された「国」(またはネイション)が愛国の対象であると特定された。その理論的目的は、政府や国家に対する批判と

「国」に対する愛着とが同時に成立しうることを説明することであった。

清水が「国家」を対象に据えて愛国心を論じたのは、一つには一九三〇―四〇年代の彼自身の政治経験が背景にあるのだろう。清水の愛国論は、煎じ詰めれば、国家への愛と奉仕として定義されるものである点で、ある政治共同体への忠誠や愛着として論じる欧米のパトリオティズム論と基本的に同型であり明快である。この点、先に論じた佐伯や姜が論じる現代日本の「愛国」論では、愛国の対象がいま一つ捉えがたい存在であるのと対照的である。そうした違いは愛国論をめぐる平成時代の日本に固有の政治・思想状況という問題とかかわっているものと思われるが、その背景を探ることはもはや本章の課題を超える。

4 「祖国」の多様性

本章の目的は、「祖国」概念の歴史的展開をあとづけ、その多様性・多面性を明らかにすることであった。その上に立って、現代パトリオティズム論における愛国の対象の様々な形を検討した。

以上の歴史的叙述から明らかになったのは、第一に、フランス革命以前の「祖国」概念が共通善という政治理念と政治的美徳の実践に関するものであったのに対し、フランス革命を経て、「祖国」はネイションと同一視される傾向を強め、あたかもそこに存在する実体として観念されるようになったということである。こうした概念史的変遷と並行して、カントリー概念が従来の法社会的慣習の実践の「場所」という意味を弱め、むしろ自然景観としての意味を持つようになり、一八世紀以降、自国の自然美を誇る感情が愛国的なものとして成立するに至った。加えて、領土・領域に関する思想が中世末期以降発展を遂げ、とりわけ一八世紀以降、国家が明確な国境を持つようになったことで、国土は地理的に領土として一義的に確定された。

「祖国」概念がネイションや国家という概念と密接な関係を持つようになった状況にシモーヌ・ヴェイユは批判を加えたが、現代パトリオティズム論において愛国の対象が論じられる場合も、祖国が国家やネイションと密接不可分なのかどうかが絶えず問われているといってよい。共和主義的パトリオティズムからインスピレーションを得ている憲法パトリオティズムの場合、愛国の対象はリベラル・デモクラシーの理念や諸手続きに限定される。穏健なパトリオティズムの場合は、愛国の対象は、包括的なカントリー概念であり、それは国家や政府とは区別されるものである。このように、現代パトリオティズム論において、愛国の対象はネイションや国家、政府と区別されることが多い。ここには、一八世紀以前のパトリオティズムにおいて愛国の対象が共通善の理念に見られるような何らかの公共的精神であるとするのに類似した視点を、現代パトリオティズム論が継承していることを看取できる(Laborde 2002: 605)。

ただし、その公共的精神は、ある特定の社会において発揮されるにしても、潜在的にはコスモポリタニズムと調和しうるものであった。共通善の理念は、それが実現される場としての個々の集団を選ばないし、ある国境線によって領域的に制限されていないからである。ヴェイユがはっきりと指摘したように、愛国の対象としての祖国は本来伸縮自在な概念なのである。しかしながら、現代パトリオティズム論においては、祖国や「国」概念を国家やネイション、政府とは区別するとはいっても、国民国家の枠組みを超えて欧州連合全体を射程に収める憲法パトリオティズムを例外とすれば、ある「国」は領域的に区画づけられたものを前提とすることが一般的であるといってよい。

祖国概念の伸縮自在な性格は、パトリオティズムをナショナリズムから区別する上で一つの指標となるように思われる。この点で参考になるのは、経済パトリオティズムという新しい概念である。経済パトリオティズムとは「意思決定者が領域的地位を根拠にしてインサイダーであると把握する特定の社会的グループ、企業やセクターにとって有利なように差別する経済的選択」を意味する(Clift and Woll 2013: 2)。二〇〇五年に、当時のフランス首相ドミニク・

ド・ヴィルパンが用いて以来、ヨーロッパで頻繁に論じられる概念である。

なぜ経済「パトリオティズム」であって「ナショナリズム」ではないのかといえば、ある特定の地理的領域の経済的利益を、それより大きな（あるいは小さな）領域のそれより優先する場合、必ずしも優先されるべき地理的領域は国民国家と一致しないからである。国民国家の中のさらに一地方の利益を優先する場合（ローカル・パトリオティズム）がある一方で、いくつかの国民国家をその中に含むリージョン（たとえば欧州連合）であることもある（超国家的＝スープラ・ナショナル・パトリオティズム）。経済ナショナリズムという概念は、ネイションを一単位とするため、たとえばいくつかのネイションをまたいで存在する市場を優先すべき領域的主体として想定することができない。その点、前述のように、パトリオティズムにおける愛国の対象＝祖国には元来、領土的意味合いが希薄であり、しかもその地理的外縁が明瞭でなく伸縮自在であることが、経済パトリオティズムという概念のメリットとなっている(11)（Clift and Woll 2013: 8-12）。

これと全く同様のことが環境パトリオティズムにもいえるのは、もはや明らかであろう。ただし、環境パトリオティズムの場合、環境が全地球規模で連続しているという意味で、どこか特定の一地域を優先する視点に基本的に批判的であり、むしろグローバルな視点と親和的である。

共和主義的伝統の蘇生を訴えるヴィローリに特に顕著な傾向であるが、これまでパトリオティズムにおける愛国の対象を論じる場合、その政治的性格ばかりを強調する傾向が強かったといえる。憲法パトリオティズムにおいてもそうした性格は明白であるし、さらにチャールズ・テイラーもそうした主張を展開している。このように「祖国」概念の政治性を強調するのは、一つには、ナショナリズムとパトリオティズムを区別するためであった。テイラーによれば、ナショナリズムとは、ある特定の政体（polity）から独立して存在するエスニシティや言語、宗教、そのほか文化的なアイデンティティを政治的な忠誠の対象とするものである。フランス革命におけるネイション形成が、言語を統一し、「偉大なフランス人」の歴史を喧伝することでフランス人の「国民性」という概念を作り上げた。これに対し、パトリオティズムは、特にキケロ以来の伝統においては政治的な概念であって、古代のパトリオティズムは法的体系と制度への忠誠として理解されていたのであって、言語や宗教、文化的な要素は考察の外であった。そしてこの意味におけるパトリオティズムが、フランス革命を動機づけたのだが、ナショナリズムの台頭に伴い、パトリオティズムもナショナリズムの一環として理解されるようになった。その結果、ナショナリズムが、法的構成体としての政治共同体への忠誠としての「パトリオティズムの発動機」となった、という(Taylor 1999: 229–230)。すなわち、ナショナリズムの時代においては、パトリオティズムは、それ自体が政治的行動の「発動機」であることをやめ、逆に「発動機」によって生み出されるものになってしまったというのである。

こうした主張に一理あることは否定しないが、本章の論述から明らかなように、愛国の対象を論じる際、それが何であると規定されているか、だけでなく、それがはっきりとは規定せず自由な解釈を許す側面にも注意を要する。すなわち、愛国の対象は政治的な価値や理念であると同時に、そうした理念を実現する場は空間的に前もって定められたものではないということも少なからず重要である。なぜなら、そこにこそ新たな理論的展開の可能性が潜んでいると考えられるからである。その点で、ヴィローリにせよ、ハーバーマスやミュラーにせよ、あるいはネイサンスンにせよ、現在有力なパトリオティズム論は、愛国の対象としての祖国に関して空間や場所についての観点を欠いている点で共通している。

翻って、現象学的地理学の第一人者であるイーフー・トゥアンはトポフィリア(場所愛)という概念を提唱したことでも知られるが、彼が空間や場所について考察する中で「母国への愛着」や「愛国心」について論じていることは、管見の限り現代パトリオティズム論において全く検討の対象となっていない(トゥアン一九九二、一九九三)。

愛国の対象を、言語やエスニシティあるいは文化的な概念から切り離すことで、政治的なものへと還元するのがこれまでの現代パトリオティズムにおける有力なアプローチだったが、そうした試みは「祖国」概念を「浅薄な」ものにしてきたと批判されている。しかし、だからといって、純粋に政治的な「祖国」概念だけでは十分ではないとして、ナショナル・アイデンティティを政治・社会的連帯のための「機動力」として不可欠と主張するのは早計にすぎるのではなかろうか。すなわち、現代パトリオティズム論の今後の可能性としては、地理学や環境哲学、景観哲学の成果を思想的滋養分として「祖国」概念をより豊かにする方向性も模索されるべきであろう。(12)

第3章

愛国的であるということ

前章では、愛国的であることとは何を対象として想定する行為や態度なのかについて検討した。これを承けて、本章は、愛国的であるということが何をすることなのか、それはどのような態度をとることか、さらにはどのような感情を抱くことか、といった諸問題について検討する。約言すれば、愛国的であることとは実践的にはどういうことなのか、ということである。(1)

愛国的であるということを歴史的な愛国的言説や現代パトリオティズム論の見解をもとに分類すれば、①忠誠、②自己犠牲、③自尊心や尊崇感情という三つに大別することができると思われる。すなわち、忠誠は愛国の心的態度としての側面を表し、自己犠牲は、愛国が究極的に要求する行為である。さらに、「祖国」に関して抱く誇りの感情や崇拝感情は、愛国の情緒面を特徴づけるものである。現代パトリオティズムに伴うこれら三側面について、具体例を交えつつ詳説することで、それらの諸側面に通底する何かを探り当てることが本章の目的である。現代パトリオティズム論の暗黙の前提とでもいうべきものを、歴史上のパトリオティズムとの対比のうちに、それら三側面に即してあぶり出したいと考える。

ちなみに、ここで付言すれば、愛国的であることとは、以上のような三側面とは別に、①主観的に愛国的である場合と②客観的に愛国的である場合の二種に大別することも可能である。主観的に愛国的であるとは、ある個人が意図して愛国的である場合を意味する。一方、客観的に愛国的であるとは、他者がある個人の行為を愛国的であると解釈するケースである。それは、行為者当人が実際に何を意図しているかは別として、他者によって行為者の行為が愛国的なものとして理解されるケースを指す。

この分類は、主観的に愛国的であることが客観的にも愛国的であると判定されるかどうかという興味深い問題を提示する点で極めて重要であると思われる。主観的に愛国的であることが、客観的にもそうであるとは判定されない可能性は存在するのであり、本章における以下の論述においても、この問題について若干は言及する。しかし、その問題に対する本格的な検討は、特に第5章で「愛国的ではないということ」を論じる際に譲りたい。

1　忠誠としての愛国

忠誠とは何か

単純に文字通りにいえば、「愛国」が何らかの「愛」であることは自明であるように見える。また、実際、「愛国」は英語にいう love of country の翻訳であり、それはパトリオティズムの通俗的定義でもある。さらに、中世ヨーロッパにおけるパトリオティズムの理解は、「祖国愛(amor patriae)」に関するもので、そこには神学的な愛(caritas)の理解が少なからず反映していた。

しかし、現代欧米のパトリオティズム論を見る限り、愛国を「愛」の一種として理解するのは、主流とはいいがたい。それどころか、マーガレット・ギルバートのように、パトリオティズムを「祖国愛(love of country)」という通俗的(または辞書に見られる定義としての)表現に読み替えて、「愛」をパトリオティズムにとって必要不可欠な部分として考察することが不適切であると主張するケースも存在する。ギルバートによれば、愛国を定義づけるのに必要なのは、愛国的態度の主要動機である。この問題に取り組まず、パトリオティズムを分析するのに「愛」という「不明確なことで汚名高き」概念を持ち出すならば、ありとあらゆる感情や傾向性、評価的態度などを考察に持ち込むことを意味し、結局は混乱を招くだけであるという(Gilbert 2009)。ここまで「愛」という概念を考察から排除しないまでも、

「愛」としての側面に注目する論者は少ない。愛という概念でパトリオティズムを定義するのなら、ただ単に「祖国を愛すること」ではなく「祖国を愛することにおいて恒常的であること(constancy in love of country)」というべきだという指摘があるが(Callan 2010: 253)、このようなケースは例外的である。スティーヴン・ネイサンスンによれば、パトリオティズムは、次の四つの要素から構成されるという。すなわち①自分の国への特別な愛情、②自国に自分のアイデンティティを見出す感覚、③自国の福利に対する特別な関心、④自国の利益のために進んで犠牲になること、である。しかし、ネイサンスンは「愛情」の問題にほとんど論及していない。

パトリオティズムを直接・間接に論じる現代欧米の研究は、パトリオティズムをある種の「忠誠(loyalty, allegiance)」として考察するのが一般的である。「愛」ではなく「忠誠」に注目する理由として、ジョン・クレイニッグは、「愛」という概念が「忠誠」より意味範疇が広すぎることを挙げている。すなわち、「忠誠」は個別的であるのに対して、「愛」は必ずしもそうではない。例えば、「愛」には、英語にいう fickle love のように移り気なものがありうるのに対して、「忠誠」にはそうしたものはありえないという(Kleinig 2015a: 20-21)。私の見る限り、「愛」概念よりも「忠誠」概念がパトリオティズムの分析において好まれるのは、以下の論述でも検討するように、コスモポリタニズムとリベラル・ナショナリズムやコミュニタリアニズムの間における議論(たとえば、同国人をなぜ特別扱いすべきなのかという問題をめぐる論争)において、「愛」ではなく「忠誠」概念が重要な役割を担ってきたことが背景にあるものと思われる。すなわち、パトリオティズムの問題圏内に属する哲学的争点がこれまで忠誠概念をめぐって論じられてきた経緯があるにすぎず、パトリオティズムを「愛」の問題として取り上げることは、(本章、以下で論じるように)それなりの潜在的可能性を持っているというべきであろう。

こうした欧米のパトリオティズム論と比較するなら、現代日本の愛国論には、愛国を「忠誠」の一種と見る視点が総じて希薄である。その代わり「愛」の一種として論じる傾向が見られるが、それは当然のことながら、「愛国」という日本語が「愛」という一字を含むからであろう。[2]清水幾太郎は「愛国心とは、自分の国家を愛し、その発展を願い、これに奉仕しようとする態度である」と定義している（清水二〇一三：二二―二三）。姜尚中は、エーリッヒ・フロムに依拠しつつ、国を「愛する」ということの意味を掘り下げている（姜二〇〇六：三一―五四）。一方、市川昭午が最近「愛国心や愛国心教育の問題が敬遠されたり嫌われたりするのは、それが究極において国家に対する忠誠の問題となるからであろう」と指摘したが、愛国心を「忠誠」の一種として分析することを試みてはいない（市川二〇一一：八七）。しかし市川は、他方で、大熊信行に依拠しつつ、戦後の愛国心論では「忠誠問題が無視されてきた」と指摘し、そこに戦後日本における愛国心論の一つの特徴を見ている（市川二〇一一：四二）。そこで、現代日本の愛国論とは異なる視座を得るために、「忠誠」としての愛国論を瞥見しておくことは有意義であろう。

では、「忠誠」とは何か。クレイニッグは「忠誠」を、ある連合的美徳（associative virtue）であると考える。忠誠が美徳であるとは、それを有する人の性格が優れていることを意味し、人間の善性を部分的に構成するものでもある。しかし、美徳は、道徳的優秀性を必ずしも意味しない。「顧客ロイヤルティ」の場合のように、あるブランドや企業に愛着心を抱くという意味で忠誠心を持つとしても、その忠誠心は道徳的に価値があるとはいえないであろう。つまり、忠誠が道徳的に有意義であるかどうかは、忠誠を発揮する対象に依存する[3]（Kleinig 2007: 37）。

そうであればこそ、忠誠が美徳として「連合的」性格を有するというクレイニッグの指摘は重要である。「連合的」とは、何らかの関係性、メンバーシップなど、忠誠にはその対象となるものが必要であり、その対象との関係において発揮される美徳であるという意味である（Kleinig 2007: 37）。この「連合的」という性格が含意するのは、忠誠を発揮する対象によっても、忠誠的態度や行為の道徳的意義が左右されるということである。たとえば、忠誠の対象がナチスであったり、マフィアであったりするならば、どうであろうか。これは、忠誠の（潜在的）対象を選択するにあたって、規範的判断が必要であることを示唆する。しかし、その一方で、忠誠の対象は必ずしも自分が自由に選べるものではない。たとえば、自分の親は子供にとって所与であって、自由に選択できない。ならば、道徳的に疑わしい親に対して忠実であることは道徳的にどう評価すべきであろうか。このように、忠誠が「連合的」な美徳であるということからいえるのは、少なくとも忠誠は無条件に道徳的に正当化されるものではないということになろう(Kleinig 2007：38-39, 2015a：22)。

さらに、忠誠の対象に関してそれ自体として価値があるとみなす場合と、忠誠の対象が何か別の目的を果たすための手段として有用と判断する場合とでは、忠誠心の性格は大きく異なる。たとえば、ある友人に忠実である場合、その友人を友人として持つことそれ自体を大事に思う場合もあれば、他方、その友人が何か別の目的に役立つから友人とみなす場合もある。後者の場合は明らかに便宜的な友人関係にすぎず、前者を「真の」友人関係とみなすことが一般的であろう。配偶者の間の忠誠についても同様のことがいえる。すなわち、ふたりが結婚相手としてお互いに内在的価値を見出すならば、そのふたりはあらゆる艱難辛苦に耐えるであろう(Kleinig 2007：40-41)。しかし、結婚の理由がたとえば結婚相手の資産や高収入などに基づく自己利益である場合、配偶者との関係は自己利益のための手段にすぎない。そのようなケースでは、結婚相手が事業に失敗したりするならば、離婚という形で、忠誠関係はあっさりと解消されてしまうのが常であろう。このように、忠誠関係には動機が極めて重要な役割を果たしている(Kleinig 2007：42)。忠誠関係が忠誠の対象自体に内在的価値を認めることに依存する場合、その関係は極めて強力であるが、忠誠関係が何か別の目的のための手段である場合は、脆弱なものとなる。

この論点については、フェルディナント・テンニースの有名な分類に従って、忠誠をゲゼルシャフト型とゲマインシャフト型とに大別する見方もある。周知の通り、ゲゼルシャフトは、目的・手段関係と利益計算に基づく合理的組織形態であり、一方、ゲマインシャフトは、利害関係よりも道徳的価値観に基づく感情的な共同体である。ゲゼルシャフト型忠誠の場合、個人は自分の利益になる限りにおいて、所属する共同体に対して忠誠心を発揮するが、ゲマインシャフト型の場合、ある個人にとって、その所属する共同体への忠誠は、そのほか一切より優先されるべきであり、個人の利益などは一顧だにされるべきではないとみなされる（Schaar 1957: 13–15, Primoratz 2015: 90）。以上のような議論に基づき、ジョン・H・シャーは、近代国民国家への忠誠は多くの場合、ゲマインシャフト型であると指摘している（Schaar 1957: 15）。

さらに、もう一点付言すれば、忠誠の対象に対して、人はそれが「私のもの」であるという意識を抱く。「私の」親、「私の」家族、「私の」友人、「私の」学校、「私の」会社、そして「私の」国といった具合に、忠誠の対象を捉えるようになる。それは言い換えれば、忠誠の対象と「自己同一化（identification）」しているということを意味する（Kleinig 2007: 40, 2015a: 21）。この「自分のもの」という意識が強ければ強いほど、忠誠心は強固であるといえる。対象への自己同一化の程度には強弱がありうるが、それは一つには、忠誠心の心理的動機にもよると思われる。前述のように、忠誠の対象それ自体を価値あるものとみなす場合と、単なる手段でしかない場合とでは、忠誠心の強度に差が現れるのは明らかである。さらに、忠誠関係がただ単に習慣的になっているケースもあろうし、短期的な熱情だけに支えられている場合もあろう。以上から指摘できることは、忠誠には感情的強度において幅があるということである（Schaar 1957: 5）。

二〇世紀初期アメリカの哲学者ジョサイア・ロイスは、忠誠について本格的な哲学的考察を行った思想家として知られるが、彼によれば、忠誠とは「ある主張に対する、ある個人による自発的で実践的かつ徹底的な献身である」（Royce 1908: 16–17）。この定義で注目すべきは、忠誠心を抱く主体を「ある人（a person）」であるとみなす点であり、その個人は単数形で表されているところが重要である。忠誠心は、基本的に、一人の個人について語るべきものであるということがここに示唆されている。つまり、他人はどうであれ、自分は忠誠心を持つということが可能なのである。したがって、忠誠心を持つということは、忠誠心をある共通の対象に抱く複数の個人の間に連帯性が存在することを必ずしも前提としない。

これに対し、ネイション意識は、マックス・ウェーバーが指摘するように、「ある集団が、他の集団に直面したときに特有の連帯感を抱くことが予想」されるようなものである（Weber 1978: 922）。ネイションという「集団」の中での連帯感を基礎とするから、「他人はどうであれ、自分は」ネイションに帰属するのだという意識として、ネイション意識を語るのはいささか奇妙であろう。むしろ、他人とともに自分も帰属するものであるとして語るべきであろう(4)。その意味で、ネイション意識としてのナショナリズムを「ネイションへの忠誠」として定義づけることによってパトリオティズムと区別するとき、両者の差異は忠誠の対象（「ネイション」か「祖国」か）に限られるわけではない（Kleinig, Keller and Primoratz 2015: 5）。ナショナリズムを、ネイションへの帰属意識とネイションの成員との連帯感として理解するならば、忠誠の一種として定義されるパトリオティズムは、他者との連帯感を不可欠の要素とするものではないといえるだろう。

この微妙なニュアンスの差異は、日常的な用語の使用法にも看取しうることである。たとえば、アメリカ陸軍の広域防空用の地対空ミサイルは「ナショナリスト」ではなく「パトリオット」と名づけられているが、一発のミサイルを一人の愛国者とみなす基本的発想が前提となっているものと思われる。ここに、愛国がナショナリズムと異なり、基本的に一人の個人を基本単位として捉えていることを垣間見ることができよう。さらに、中華人民共和国では二〇一二年以来社会主義の中核的価値観として一二の価値を唱導しているが、その中の一つが「愛国」である。ここで注目すべきは、「愛国」はその他の三つの価値、すなわち勤勉・誠実・友好と並んで、「公民および個人レベルの価値原則」であるとされている点である(5)。ここにも、愛国が基本的に個人を単位とするものであって、必ずしも集団に関するものではない理解を看取することができる。

以上のように、忠誠は、基本的に一人の個人を主体として想定する概念であるといえる。しかし、その一方で、忠誠の対象は、私一人が独占するのではなく「我々」によって共有されうるものである。ある対象が私益に関するものであるならば、その対象を私が獲得すれば、他者の手にはもはや届かない。私益の対象を私と他者が共有しようとすれば、(たとえば、強盗による獲物の分配のように)私の取り分は少なくなる。しかし、忠誠の対象の場合、私と他者はその対象を全く同様の仕方で共有できる。したがって、忠誠の対象は、「私のもの」だけでなく「我々のもの」でもありうる。すなわち、我々の家族、我々の国、我々のチームといった具合である(Oldenquist 2002: 27)。その意味で、愛国的であるということは、「我々」という連帯意識と両立しないものではない。そのあたりに、ナショナリズムとパトリオティズムがしばしば区別しがたい事情の一つがあると見てよいだろう。

複数の個人が共通の対象に忠誠心を発揮する忠誠関係とは、アンドリュー・オルデンキストによれば、「グループ・エゴイズム」と称すべきものである。いわゆるエゴイズムの場合、主体は一人の個人であり、全ての他人は潜在的敵である。しかし、グループ・エゴイズムは、「私」が全てに優先するのではなく、「我々」が優先する考え方である。そのほかのグループから見れば、ある忠誠関係を結ぶグループは、グループとして利己主義的であり、全てのグループに対して公平であるわけではない。しかし、複数の個人が共通の対象に関して忠誠関係を結ぶことを通じて「我々」になるとき、そのグループを構成する人々は、「我々」にとっての共通善について語ることが可能になるという意味において、道徳的共同体となる。したがって、オルデンキストはいう。「ある忠誠関係は、ある共通善の構想とその善を共有するグループの構成員への特別なコミットメントという点で、ある一つの道徳的共同体を定義づけるものである」(Oldenquist 2002: 27–29)。

このように忠誠関係が「ある一つの道徳的共同体を定義づけるもの」だとしたら、アラスデア・マッキンタイアの主張するように、忠誠としてのパトリオティズムは、「忠誠心を表明する美徳(loyalty-exhibiting virtues)」の一つであるとみなしてよいであろう(MacIntyre 2002: 44)。すなわち、結婚という文脈での貞操や家族愛、友情などと同様の美徳として理解してよかろう。ここで重要なのは、その美徳が、「忠誠心を表明する」態度である点で、何らかの行為を惹起する配慮、心のあり方としての側面を有するということである。ならば、そのような心的態度とは一体どのようなものなのであろうか。この問題を考える上で、スティーヴン・ネイサンスンが提案した忠誠の諸相についての理論は有益である(Nathanson 1993: 105–113)。

忠誠の諸相

まず、ネイサンスンは、忠誠が、忠と不忠とに截然と二分されるわけではなく、忠誠には程度的差異があることを強調する。すなわち、熱狂的に忠誠心を発揮する場合と、全く忠誠心が欠落している場合の間には様々な程度の忠誠がある。しかも、忠誠心が欠落しているということは、必ずしも積極的に不忠であること(すなわち、敵対的であること)を意味せず、ただ単に無関心であることもありうる(Nathanson 1993: 105)。このように忠誠は程度において様々であり、さらに不忠であることにも同様のことがいえる。そして、その程度上の差異も一面的ではなく、いくつかの尺度に照らしてその多様性を語ることができる。

第一に、忠誠は、その対象の数によって質を異にする。たった一つの対象にしか忠誠心を発揮しないなら、それは極端で排他的な忠誠であるといえよう。他方、二つ以上の対象に忠誠心を抱くなら、それは極端ではなく、非排他的な忠誠であるということができる。忠誠心一般についていえば、通常、人は二つ以上の対象に忠誠心を抱くものであろう。たとえば、二人以上の友人を持つなら、それらの友人一人ひとりに対してそれぞれ忠誠心を抱くものであろう。また、国に対する忠誠心にしても、両親が異なる国の出身であるため、二つの国からパスポートをもらっている子供の場合、その二つの国に同様の忠誠心を持つことはありえよう。そして、二つ以上の対象に忠誠心を抱く場合、どの対象により強い忠誠心を示すべきか、選択を迫られる可能性がある。すなわち、自分の二人の親しい友人が対立したり、自分が忠誠心を抱く二つの国が交戦状態に入るような場合がそれにあたる(Nathanson 1993: 107)。

第二に、忠誠心を抱く上での根拠次第によって、忠誠心は異なりうる。ネイサンスンによれば、これは二つに大別され、一つは忠誠心が全く個人的な結びつきに基づく場合であり、もう一つは、何らかの評価基準に基づく場合である。たとえば、血縁関係に基づいて、子供が両親に忠実である場合が「個人的な結びつき」によるケースにあたる。一方、ある企業に勤めている人物が、自分にとってその企業が何らかの利益をもたらしてくれる限りにおいて、その会社に忠誠心を発揮するが、自社より他社がより良い報酬を約束するなら、転職してしまうようなケースが、「何らかの評価基準」に基づくケースに相当する。ネイサンスンによれば、「個人的な結びつき」によるケースの方が、「何らかの評価基準」による場合に比べて、忠誠心が、どちらかといえば、より安定的である傾向がある(Nathanson 1993: 108)。

第三に、忠誠義務の範囲によっても忠誠の程度は異なりうる。忠誠義務は無制限か制限つきかということである。忠誠義務が無制限であるなら、忠誠の対象に関して、全力を尽くして他のことを一切顧みない義務が生じる。状況によっては自分の生命を賭けるほどの自己犠牲をも強いる結果となりうる。他方、ある忠誠義務が何らかの条件によって制約を受けるのであれば、仮にある行動をとることがある忠誠の対象にとって有利だとしても、何らかの条件によってその行為が禁止されることがありうる(Nathanson 1993: 108)。

第四としては、忠誠はその強度においても異なる。この点は、忠誠義務の範囲を補完する論点であるが、個々の忠誠義務それぞれに関して拘束力が異なりうる。ある特定の忠誠義務が他の全ての義務を上回って拘束力を有する場合、その忠誠義務は絶対である。他方、他の忠誠義務ほど拘束力を持たない場合は、その忠誠義務の優先順位は相対的に低くなる(Nathanson 1993: 109)。

第三と第四の基準の相違点は、第三の場合、忠誠義務の範囲が相互に重なるかどうかという問題である一方、第四は、異なる忠誠義務の間での優先順位の問題である。

さて、これまでは、自分の忠誠の対象に関する基準であったが、より一般的に忠誠の対象の選択肢として想定されるものには、自分が忠誠の対象として実際に選ばないものも存在する。そこで第五の基準は、忠誠の対象の正当性に関するものである。すなわち、一つの極端な立場は、自分の忠誠の対象だけが正当であり、その他は全て正当性を主張できないものとみなす立場であり、もう一方の極端な立場は、自分の忠誠の対象以外の全ての対象も同様に正当性を主張できると考える立場である。その両極端の間に、自分の忠誠の対象以外の（全てではないが）ある特定の対象に正当性を認めるケースが（様々な形で）ありうる（Nathanson 1993: 109）。

最後に、第六の論点として、自分の忠誠対象と異なるものに忠誠を示す人々に対する態度の相違が挙げられる。自分が忠誠の対象としないものに忠実であるような人々を忌み嫌うのか、それともそのような人々に関して中立的だったり無関心だったりするのか、あるいは、これを積極的に評価するのか、ということである（Nathanson 1993: 109）。

忠誠心の態様を①狂信的、②穏健的、③普遍主義的の三つに分類するなら、以上の議論は次頁のような表にまとめることができる。

狂信的忠誠とは、その対象がたった一つであり、それ以外の忠誠の対象に正当性を認めないがゆえに、自分の忠誠対象としないものに忠誠を誓う人々を嫌悪する。狂信的忠誠の根拠は、何らかの評価基準によるのではなく、対象との個人的関係性にもっぱら依存し、忠誠義務の範囲は無制限で、忠誠対象への義務が最優先にされなければならない（Nathanson 1993: 110–111）。

ここで「忠誠」に「愛国」を代入すれば、狂信的愛国とは、自国のみに忠誠心を抱き、他国に関しては愛国的立場を正当なものとして認めず、したがって、他国の愛国者を嫌悪するということになる。そうした狂信的愛国は、国との何らかの個人的な関係のみを根拠としており、何らかの客観的評価に基づくものではない。したがって、愛国の義務は無制限的に幅広いものになり、何をおいても最優先されなければならない。「正しかろうが、間違っていようが、私の国だ(My country, right or wrong)」は、愛国について英語圏で広く知られている表現であるが、そこに見られる「正しかろうが、間違っていようが」という言葉に、規範的評価の放棄がよく表れている(Audi 2009: 368)。

狂信型とはちょうど正反対に位置する普遍主義的忠誠とは、その対象が無制限に多数であり、どれか特定の対象だけにコミットすることはない。したがってどれか一つまたは複数の対象に忠誠心を抱くことにより、忠誠心を持たない対象があることを不当であるとみなす。言い換えれば、誰に対しても等しく積極的に配慮しなければならないということになる。このような普遍主義的立場では、ある客観的な評価基準に基づく判定が全てであって、個人的関係性の重要性は認められず、忠誠義務の範囲や強度については何ら有意味なことは語りえない(Nathanson 1993: 111)。約言すれば、普遍主義的な忠誠とは、いかなる特定の対象にも忠誠心を抱かないのであるから、日常的な用語法では忠誠のカテゴリーに含めることができないような立場である。

この論点に関して付言すれば、オルデンキストによれば、忠誠関係は、「合理的に考えれば、限界となる外縁は存在しないが、心理的限界は存在する」という(Oldenquist 2002: 31)。つまり、より大きな対象に忠誠心を抱く場合、たとえば全人類に対して等しい忠誠心を抱くケースを想定するなら、そうした忠誠心に基づく道徳的感情はあまりにも希薄であって、より小さな対象への忠誠心よりも重要なものとは実感できないであろう。つまり、不特定多数の巨大な対象への忠誠とは、心理的には極めて弱い忠誠であるということである。したがって、この普遍主義的「忠誠」に「愛国」を代入しても、日

表　忠誠心の態様

	①狂信的	②穏健的	③普遍主義的
対象の数	単一	複数	無制限に多数
根拠	個人的関係性	多様	評価的
忠誠義務の範囲	無制限	制限的	多様
忠誠義務の強度	最優先的	優先順位による	なし
他の対象の正当性	不当	多様	不当
対象を異にする人々	憎悪	多様	積極的に配慮

注：Nathanson(1993: 110)に基づいて筆者作成.

常的語法としては愛国的立場として意味をなさないように思われる(6)。

狂信的なものと普遍主義的なもの、これら二つの極端な立場の間に位置するのが穏健的忠誠である。穏健的忠誠はその対象が複数でありうるのであり、自分が忠誠の対象とするもの以外にも忠誠の対象としての正当性を見出す。したがって、自分が忠誠心を抱かない対象に忠誠心を持つ人々を、自分と同じ対象にコミットする人々と全く同様に特別に扱うことはしないにしても、少なくとも尊重するのであって嫌悪することはない。忠誠の根拠も個人的関係性か何らかの評価基準かのどちらか一方に傾くのではなく、どちらも考慮に入れ、したがって、忠誠義務の範囲は何らかの制約をうけており、忠誠義務の強度も、そのほかの義務との関係において決まる優先順位に従うわけである(Nathanson 1993: 111–112)。

したがって、穏健的愛国とは、少なくとも潜在的には複数の国々にコミットし、自分が愛国の対象とみなさない国に愛国的態度をとる立場をも正当なものとみなすから、自分にとって愛国の対象ではない国々の愛国者を適度に尊重しこそすれ、これを嫌悪することはない。ある国が自分の国だからという理由だけでなく、また、何らかの評価基準を満たす限りにおいてだけで、というわけでもなく、それら両方を考慮した上で、自分の国に愛国的態度をとる。そうした愛国は義務として無制限ではなく、無条件に最優先にされなければならないものでもないことになる。

このように、ネイサンスンによる忠誠概念の分析は、彼のいう「穏健なパトリオティズム」が、道徳的見地から見て最も望ましい愛国的立場だと主張することを目的とするものであるが、その結論に同意するかしないかにかかわらず、忠誠としての愛国の多様な側面に光をあてる点で有効な枠組みであると評価できる。

以上、忠誠概念について、現代パトリオティズム論における忠誠概念を瞥見してきた。しかし、先に述べたように、現代日本の愛国心論は、愛国を忠誠の一種とみなすところから出発しないために、現代欧米のパトリオティズム論との接点がない。その点で福沢諭吉の愛国論は「忠義心」を軸に据えており、比較の対象として興味深いものである。

福沢によれば、徳川時代において各藩の士民が自分の藩に対して抱いた忠義心は、二つの要素から成っていた。一つは、自藩と他藩とを比較することであり、もう一つは自藩に心酔することであった。「心酔」とは、「利害損得道理の勘定」に由来するものではなく、いったん心酔してしまうと、「殆ど判断の心をも失ひ」、ひたすら自分のものだけが素晴らしいと思い込み、さらに、自分のもの以上に素晴らしいものがあるかもしれないということを恐れるに至る。しかし、より素晴らしいものが実際にあるとしても、なおさらいっそう、自分のものの素晴らしさを喜び、これを保護して、その評判を落とさないように手練手管の限りを尽くすものだ、と福沢は論じる（福沢一九五九ｂ：六六八）。このように、何かの対象に「心酔」するには、その対象を他のものと比較することが前提となる。富士山の高さを褒めるのは、その他の「小丘」と比較するからである。自藩に心酔するのも、その他の藩と自藩とを区別し、比較し、「相対し相競ふ」からにほかならない（福沢一九五九ｂ：六六八―六六九）。

右のように論じることで福沢が主張するのは、「愛国勤王の忠義心」とは、自藩と他藩の区別を日本という自国と諸外国の区別に置き換えることで生み出すことができるはずのものだ、ということであった。第1章で瞥見したように、明治日本は一八九〇年代に至るまで、人々の間に愛国感情が乏しい状態にあった。福沢が右のように論じたのは一八七九年であり、愛国心を日本国民の間にどのようにして喚起すべきかが、知識人の間で熱心に問われていた。福沢の観察するところでは、日本の皇室に対する人民一般の忠義心、「愛国の情」を養う方法とは、まず日本人が外国について知識を獲得し、彼我の相違だけでなく特に他国の長所について学ぶことで、外国に対する競争心を駆り立てることだったわけである（福沢一九五九ｂ：六七〇）。

福沢にとって、忠義心としての愛国とは、自国への「心酔」によって特徴づけられるものであった。すなわち、福沢の論じる忠義心は、一方で、他国との比較による、自国に関する相対的評価を含んでいるが、他方で、自国の欠点の認識は、それを冷静に改善しようという姿勢に結びつくのが望ましいとはいえ、どちらかといえば、それとは反対に「判断の心をも失ひ」、無理やり自国の優秀性の主張にしがみつく可能性も残るものであった。したがって、「心酔」としての忠義心とは、前述のネイサンスンによる忠誠の類型学によれば、忠誠の対象に関する評価と、対象との個人的関係（「自分の国」）の両方に依存しつつも、対象に対する評価に自己欺瞞の可能性が否定できないものである。福沢の分析は、忠誠心に由来する評価判断の危うさを的確に捉えているが、右のように論じた時点では、そのことがはらむ問題性にまで福沢は考察の筆を進めなかった。そこに、そうした潜在的に危険な道を歩んでも愛国的な姿勢を日本人に体得させることが福沢にとって焦眉の課題であったことを看取してよいであろう。

自国を批判する愛国的忠誠

ネイサンスンの忠誠概念の分析によれば、忠誠心を抱くための根拠は二つあり、一つは対象との個人的関係性、もう一つは、評価基準を満たす場合であった。前者の根拠に従うならば、それが自分の国だからという理由で、その国に忠誠心を抱くことになる。これとは対照的に、後者は、ある対象が何らかの基準に照らして評価基準を満たした場合に限って忠誠心を持つ場合であった。これを愛国の文脈に置き換えれば、前者は「それが私の国だから」という根拠に基づく愛国である一方、後者は、「その国が私の評価基準に見合うから」という理由による愛国である。

これら両者の根拠がともに有効な場合、どちらの基準が優先されるかで判断は異なってくる。たとえば、自国がある評価基準を満たす場合は自国に忠誠心を抱くが、そうでない場合、それが自国であるにもかかわらず見限ってしまうならば、客観的評価基準をより重視していることになろう。しかし、ある評価基準を満たさない場合でも、その国を見捨てることがないならば、それは、その国が自分の国だからであろう。この場合、自国を、評価基準を満たす水準にまで改善しようという意欲から自国を批判する態度に帰結する。

自国を批判する愛国とは、現代日本に限らず世界各地でも、通俗的な愛国理解と相容れないものであろうが、現代政治・道徳哲学においては、全く正当な愛国のあり方として了解されている。たとえば、共和主義的パトリオティズムや憲法パトリオティズムにはこうした性格が濃厚であり（Müller 2007a: 76＝二〇一七：一〇二－一〇三）、歴史的にいっても、第1章で概説したように、とりわけ一七世紀のイングランドでは、パトリオットというレッテルはどちらかといえば反体制派のものだった。このように愛国的であることと自国への批判的態度とは密接な関係がある。

いくつか歴史的事例を付け加えれば、たとえば、一九世紀アメリカの場合、元奴隷で、奴隷制度廃止運動に尽力した政治家フレデリック・ダグラスの例を挙げることができる。黒人奴隷でありながら読み書きを学んだダグラスは、あるイギリス人によって奴隷身分から解放されたが、奴隷身分から解放される以前からパトリオティズムについて論じている。ダグラスによれば、パトリオティズムとは自国を愛することである。しかし、自分には国というものがない。したがって、自分は愛国的でないし、そうなることもできない、というのである。しかし、奴隷身分から解放されたのちには、彼の主張は一転した。ダグラスにとって、アメリカ合衆国は自分の国であり、自らは愛国者だと主張したのである。明らかに、ダグラスにとって、愛国的であることは自由な一市民であって初めて可能なことだったわけであり、そこに共和主義的な愛国理解を看取することができよう。一方、ダグラス本人は、自分が自由の身になったとはいえ、奴隷をめぐる状況は悪化したとの認識を持っていたために、彼の合衆国批判は激烈なものとなった。ダグラスは、自分の愛国的態度を弁明して、自国を愛するが故に批判するのだ、批判の手を緩めるならば、それだけ自国を愛していないことになるのだ、と論じたのである（Boxill 2009: 301-302）。ここには、自国を批判することが、愛国的であることと両立するというだけでなく、むしろ自国に対する批判的態度こそが愛国的態度の要諦であるという認識を見て取ることができる。

近現代日本でいえば、矢内原忠雄を例として挙げることができる。一九三七（昭和一二）年一二月、東京帝国大学経済学部教授だった矢内原は辞職のやむなきに追い込まれた。いわゆる矢内原事件であるが、その発端は、矢内原が

『中央公論』に発表した論文「国家の理想」やキリスト教講演「神の国」における時局批判が、各方面で問題視されたためである。「国家の理想」において矢内原は真の愛国について論じ、政府の決定が「国家の理想」(すなわち正義と平和)に反する場合は、政府に追従するのではなく、これに異議申し立てをすることこそが愛国的であると主張したのである(将基面二〇一四)。

このような批判的な忠誠としての愛国は、歴史的事例に事欠かない。にもかかわらず、この「批判する忠誠」が、忠誠概念としてどうも座りが悪い印象があるのは、やはり忠誠とはその対象に対して従順な態度をとるものと考えるのが一般的だからであろう。その意味で、批判的態度と忠誠との関係について、アルバート・ハーシュマンは重要な指摘をしている。

ここでとりあげたいハーシュマンの理論は、衰退しつつある組織(企業に限らず国家やその他の組織も含む)における人間行動を分析するものであり、三つのキーワードをめぐって展開する。すなわち、「離脱(exit)」「発言(voice)」、そして「忠誠(loyalty)」である。「離脱」はその組織を脱出することであり、これとは反対に、「発言」は、その衰退しつつある組織の状況改善のために意見することである。では、「忠誠」とは一体どういうことなのか。

ハーシュマンによれば、「忠誠」とは「離脱」の可能性を減少させ、「発言」の選択を活性化するものである。忠誠心を抱く人は、組織からの離脱という選択肢をまず保留し、組織を内部から改善しようという方向に動機づけられる。したがって、衰退しつつある組織の中で、忠誠心を発揮すればするほど、「発言」の選択をする傾向が生まれるのである(Hirschman 1970: 77-78)。このように組織に対する批判的態度(「発言」)を「忠誠」から区別しても、これら両者には正の相関関係があることが見て取れる。この分析を、衰退しつつある国にあてはめれば、その国に対して「忠誠」心を抱いている市民ならば、いっそう国の行く末を案じ、批判的「発言」をすることになる。考察の対象が国の場合、「離脱」(海外移住、亡命、他国への帰化)のケースは、企業の場合と比べてはるかにハードルが高く例外的であるから、いっそう「発言」の方へ傾斜するであろう。このように、ある国が劣化する状況においては、「忠誠」とは「発言」に結びつきやすいという意味で、批判的な忠誠としての愛国が可能であることは容易に見て取れる(Hirschman 1970: 97-98)。

しかし、批判的な忠誠とは、いささか厄介である。なぜなら批判的な「発言」者に対して、組織のトップは、それを「忠誠」として認知したがらないものだからである。そうした批判的「発言」の内容が長期的には組織にとって利益になるとしても、組織のトップには、そうした批判とは無関係に自由に行動したい欲望という短期的な利益に流されやすい傾向がある。その結果、組織のリーダーたちは、そうした批判的「発言」を抑圧する傾向があるという側面があることもハーシュマンは見逃していない(Hirschman 1970: 92-93)。これと同様に、国策に批判的な「愛国者」がしばしば言論抑圧の対象になることは、先の矢内原忠雄の例に見る通りである。

また、衰退する組織において、「忠誠」と「発言」の間に正の相関関係があるとはいっても、全ての忠誠心を持つ成員が、批判的「発言」を試みるわけではない。忠誠心を抱く者の中には、自分が属する組織が衰退しつつあるという認識をどうしても否定しようとする人々もいる。このような自己欺瞞は、その人による組織への忠実な関与が深ければ深いほど、顕著になりやすい傾向があるという(Hirschman 1970: 93)。すなわち、「忠誠」は「発言」を誘発する場合もあれば、それとは逆に「自己欺瞞」への道を開く場合もあるというわけである。この点は、先に言及した福沢諭吉による「心酔」としての「忠義心」の分析にも明らかであろう。

この最後の論点は、さらに難しい問題を提示する。ハーシュマンの理論はある組織が衰退しつつあるという状況を想定するが、その組織の中で活動する人々にとって、衰退しつつあるということは必ずしも全ての人々が共通に了解する明々白々な事実とは限らない。忠誠心のある人が、衰退しつつあると認識する場合は、「発言」する傾向がある一方、同じく忠誠心を抱く人でも、どうしても自分の組織が衰退しつつあると認識できない場合、「発言」しようとはしないものである。このことを国にあてはめれば、自国に対して評価的判断を下すといっても、判断結果は人によってまちまちでありうるということである。

自国の状況に関して何らかの意味で客観的な判断は可能か。この問題は一筋縄ではゆかない難問である。(7) ネイサンスンの見解に基づいて問題の所在を素描すれば以下の通りである。(8)

まず、採用すべき評価基準はどのようにして決定されるべきかが問題である。たとえば、矢内原忠雄の場合、キリスト教信仰の立場から、戦時下の日本の政策批判を試みた。しかし、キリスト教的価値基準が採用すべき基準であるという根拠は何なのか。さらに、キリスト教内部にも、多様な政治判断の態様が並存するという意味では、そのほかのキリスト教的立場でなく、矢内原の立場が正当であるという根拠とは何か。どの評価基準を選ぶべきかは決して自明ではない。これと関連して、ある国の理想と現実の間のギャップを問うにしても、その国の「理想」について人々の間に何か共通理解があるのであろうか。いな、そのような共通理解はそもそもありえるだろうか。国の理想は何によって確実に知ることができるのだろうか。

さらに、「国」を批判する際、「国」の何を批判するのか。国家なのか、あるいは、時の政府なのか、それとも、ネイションなのか。しかも、政府が不正をなしているからといって、ネイションが直ちに免罪されるとは限らない。ネイションもまた政府の不正に何らかの形で関与しているかもしれないのである。しかも、前章で論じたとおり、愛国の対象としての「祖国」は過去に様々な意味を有してきたのであり、「国(カントリー)」という概念もまた同様である。したがって、愛国的立場からの批判といっても、何について批判するのかもまた自明ではない。

以上のように、忠誠の一構成要素である、対象への評価的判断については考察すべき論点が多々残されている。この点については次章で、愛国的であることの道徳的正当化という文脈に限定して再検討するが、ただ、ここで一つだけ付言しておけば、忠誠としてのパトリオティズムにとって、忠誠対象への評価が不可欠の要素であるならば、パトリオティズムの理論には、政治判断(political judgement)の理論がどうしても必要である。

2　自己犠牲としての愛国

これまで検討してきたのは、現代パトリオティズム論で重視される忠誠という態度であったが、それが最も極端な形で発揮される場合が、「祖国のために戦い死ぬこと」である。祖国のための自己犠牲こそは、キケロが提唱し、中世以来、パトリオティズムの中核的理念であり続けてきたことはすでに第1章で見てきた通りである。しかも、現代政治哲学でも「良い社会」を定義する上で、「そのために死ぬ価値があるかどうか」が問われることがある。たとえば、マイケル・ウォルツァーは「良い社会」を「そのために死ぬに値する社会であり、その市民たちは公共的な理由のために自らの生命を危険にさらす義務が実際にある」と定義している(Walzer 1970: 90)。政治共同体が忠誠に値するかどうかという問題は、究極的には、市民が自己犠牲に値すると判断するかどうかにかかわっている。

ここに犠牲とは、英語にいうsacrificeの意味であるが、犠牲には三種類の意味がある。一つ目は、財産や生命をある高次の目的のために放棄することである。二つ目は、人間から神(信仰対象)への捧げ物、並びにその行為を行う儀礼を意味する。捧げ物は「生贄」であり、それを捧げる行為は「供儀」である。日本語の日常用語としての「犠牲」にはそうした意味合いは含まれないといってよいであろう。その代わり、日本語で「犠牲者」といえば、犯罪や事故、災害などの「被害者」ひいては「死亡者」を意味するが、そのような意味では英語ならvictimという語を用いるところであろう。ただし、特に犯罪の犠牲者という意味でなら、日本語に限らずアラビア語やヘブライ語などに見られ、これが犠牲の三つ目の意味である(Halbertal 2012)。ここで特に注目したいのは、第一の意味が政治的である一方、第二の意味が宗教的であることである。

さて、犠牲は、自己保全を重視するリベラリズムの観点からすれば、一般的に拒絶されるべきものであり、犠牲が生じるならば正義が成立しているとはいえないという主張と結びつく（デュピュイ二〇〇三）。しかし、チャールズ・テイラーが指摘するように、「あらゆる政治社会は、その構成員に関して、何らかの犠牲を必要とし、何らかの規律を要求する」（Taylor 1995: 187. Cf. Kleinig 2007: 37）。「祖国のために死ぬこと」ほど極端な場合でなくとも、税金を払うのは明らかに日常的に国家が我々に強いている犠牲である（Müller 2007a: 72＝二〇一七：九七）。憲法パトリオティズムを現代ヨーロッパ政治に即して論じる中で、ミュラーはいう。憲法パトリオティズムを実践する文脈において、「EUはその政治的共同体の個々の成員に対して「ブリュッセルのために死ね」と要求することはできない。そのような究極の犠牲は、ヨーロッパの契約の一部ではないし、今後そうなることも決してないだろう」（Müller 2007a: 127＝二〇一七：一七一）。しかし、EUを敵視する勢力が現れれば、「ヨーロッパのための義勇軍を結成することによって対抗し、「その兵士たちは必要ならば究極の犠牲を払うことを約束しなければならないかもしれない」というのである（Müller 2007a: 128＝二〇一七：一七二）。現代パトリオティズム論では、総じて犠牲という論点は周辺的事項として取り扱われる傾向があり、それは、中世末期におけるパトリオティズムの言説において中核的位置を占めていたのと対照的である。にもかかわらず、右記のテイラーやミュラーの言明は、愛国を論じる中で犠牲の問題を避けて通ることができないことを如実に示している。

その点、マウリツィオ・ヴィローリは共和主義的伝統を歴史的に辿る中で、犠牲の側面にも一応目配せをしている。彼がマキアヴェリを論じる中で強調するのは、自国への愛とは、自分の魂への愛よりも強く、都市国家の自由のためには、自分の魂を犠牲にすることも厭わない態度である。したがって、「祖国愛は、（中略）都市国家の記憶に残るに値するような、暴政や腐敗に反対する偉大な行為を、普通の市民たちが実行することを可能にする道徳的強さである」と結論づけている(Viroli 1995: 38-39＝二〇〇七：六五－六六)。同様に、モンテスキューも「祖国愛(amour de la patrie)」の自己犠牲的側面を強調したことにヴィローリは注意を喚起する。モンテスキューにとって、祖国愛は自由を愛する政治的美徳を意味したが、それは人々の内面に育て、維持することが困難極まりないものであった。なぜなら、そうした政治的美徳は「自己放棄」にほかならないからだった(Viroli 1995: 75＝二〇〇七：一三一－一三二)。ただし、商業社会の成立・発展という時代背景を斟酌した上で、モンテスキューは自己犠牲に基づくパトリオティズムを「純粋ではあるが実現不可能」とし、「自由と自己利益」に基づくパトリオティズムをより実現可能性の高いものとして提唱した(Viroli 1995: 75＝二〇〇七：一三二)。中世末期からルネサンス期におけるパトリオティズムが私益を否定した上で共通善を志向することの重要性を説いた点で自己犠牲を強調したのとは対照的に、啓蒙主義ではパトリオティズムを私益の追求として理解し、これを肯定しようとする傾向が見られたといえる。

このように、ヴィローリはパトリオティズムの犠牲的側面に言及してはいるが、全体として彼の叙述の力点は、政治社会の自由を防衛する思想としての共和主義的側面にあった。共和主義的な愛国的伝統の一面を強調するあまり、そのほかの諸側面に関してバランスのとれた歴史的考察になっていないように思われる。古典的な共和主義思想の復活をヴィローリが意図するとはいえ、現代リベラリズムの洗礼を受けていることや彼の母国イタリアのファシズムの経験への反省からであろう、彼の描く古典的共和主義には(やや不自然なまでに)人道主義的側面が濃厚であるのは確かである。共和主義的パトリオティズムの軍事的・好戦的側面にヴィローリは言及していないことが指摘されてきているが(Canovan 2002: 276)、同様に、共和主義的伝統が中世以来要求してきた犠牲の概念について本格的検討をほどこしたとはいいがたい。

現代のパトリオティズムに対する理論的関心が犠牲にはあまり向けられないこととは裏腹に、ヨーロッパ思想史において犠牲は主要な関心事の一つであった。一例を挙げれば、フランスでは、犠牲の問題は、聖餐(Eucharist)をめぐる神学論争として、近代初期を通じて繰り返し熱心に取り上げられてきた。周知のように、フランス革命の過程において脱キリスト教化が試みられたとはいえ、ネイションの市民宗教のための犠牲が称揚されたのは、近代初期を通じてフランスのカトリック教会が犠牲という神学的問題に強い関心を抱いてきたことが知的背景にあった。無論、革命家たちにとって共和国のための自己犠牲のモデルとなったのは、そうした神学的思想ではなく、古代ローマ共和政の成立に尽力したルキウス・ユニウス・ブルートゥスやカエサル暗殺の主張者だったマルクス・ユニウス・ブルートゥスなどであった。しかし、革命家たちが、そうした事例を学ぶためにプルタルコスなどの古代ローマのテキストに接したのは、イエズス会やオラトリオ会が運営した学校においてであった(Strenski 2002: 34)。イエズス会やオラトリオ会の神学者たちが聖餐における自己犠牲の問題を盛んに論じてきたことに鑑みれば、彼らが、古代ローマのテキストを用いて施した道徳教育にも、そうした神学的関心が影を落としていたであろうことは容易に想像できる。すなわち、犠牲の問題は、神学的関心と人文学的教育との接点の一つをなしていたのである。しかも、革命の動乱の中で、革命政府に同調するカトリック教会の中の一派には、イエス・キリストの自己犠牲を、ネイションのための自己犠牲という意味で愛国的なものとして読み換える試みも見られた(Strenski 2002: 28-29)。ブルートゥスのような共和国のための殉国者が果たした市民的義務と英雄的な自己犠牲はもちろんのこと、イエス・キリストによる、人類の贖罪のための自己犠牲までもが愛国的な犠牲として解釈され称揚されたわけである(Strenski 2002: 35)。

以上のように、フランス革命こそは、ネイションのための自己犠牲という言説を編み出した点で一つの画期をなしている。もともと、キケロの祖国概念にも宗教的な色彩が伴っており、愛国者は死後、「天界において決まった場所が予定」されており、「至福者として永世を享ける」とキケロが論じたことは第1章で記した。フランス革命においても祖国は宗教的崇拝の対象として認識されていた点では同様であり(Bell 2001: 102)、そうした認識こそが祖国のための自己犠牲を称揚することにつながったのである。

犠牲と「聖なるもの」

祖国のために死ぬこと、すなわち聖化されたパトリオティズムが中世ヨーロッパに誕生したことは第1章において前述した。いったんは、アウグスティヌスによるキケロ的な「市民的祖国」概念の批判によって、真の「祖国」は「天上の王国」へと押し上げられたが、中世盛期以降、「祖国」は再び地上の王国や都市を意味するようになった。その結果、フランスやイングランドなどの王国は聖なる地であると観念され、その土地に生活する人々は「選ばれた民」であり、そうした聖なる王国のために死ぬこともまた神聖であると考えられるに至った。こうして見れば、「祖国のために戦い死ぬ」という自己犠牲は、中世以来の長い伝統をなすものであり、それがキリスト教に一つの思想的淵源を持つことも明らかである。

二〇世紀以降の現代欧米では、キリスト教の影響力が少なからず後退し、社会も宗教的に多元化しているのみならず、そもそも宗教に帰依すること自体が社会規範的に絶対的な要請ではなくなり、多様な生活様式の一つの選択肢にすぎなくなったという意味で「世俗化」が進行している（Taylor 2007）。にもかかわらず、二〇世紀前半の二つの世界大戦においては、参加国が自国の兵士たち（ひいては一般国民）に向けて「祖国のために死ぬこと」を称揚したし、現代においても自国のために死ぬことを当然視する向きは少なくない。そもそも現代世界における国家のほとんど全ては、非常時に備えて、規模の差こそあれ、常備軍を持っている。そうした常備軍の兵士に課された使命とは、いうまでもなく「一旦緩急あれば」自国の防衛の為に自分の命を犠牲にする覚悟を持つことである。すなわち、現代国家においても「祖国のために死ぬこと」は通常、兵士に限って期待される役割であるとはいえ、当然の前提の一つであり続けている。現代国家は、少なくとも特定の構成員（兵士）に対しては自己犠牲を要求し続けているわけである。

しかし、この事実は、社会契約説に基づくリベラルな国家観からすれば、論理的に深刻な矛盾を抱えている。ホッブズの政治理論を参照するまでもなく、各個人は自己保全を目的として契約関係に入ることにより国家を形成すると考える。その場合、各個人の自己保全が社会契約の究極目的である以上、そうして形成された国家の防衛を理由としてどの成員に関しても自己犠牲を求めることは明らかに矛盾をはらむことになる。この点で、ホッブズの論理は首尾一貫しており、たとえ兵士といえども、自分の命に死の危険が迫るならば、国の防衛よりも自分の命を守る方が合理的かつ正当であるとしている(Walzer 1970: Ch. 4)。しかし、それでは、常備軍として本来果たすべき役割を十分に果たすとはいえない。

この問題を克服する上で、ヤエル・タミールは、ナショナリズムが有用であると主張する。まず、ナショナリズムは自国のための自己犠牲としての死を称揚する。自国のために死ぬことは、決して悲惨なものではなく、「あっという間の出来事で、優美であり苦痛を伴わない」安らかなものであるというイメージをナショナリズムは喧伝してきたのである。しかも、国のための自己犠牲としての死は祖国とともに永遠に記憶されるという信念をナショナリズムは醸成した。死んだ兵士たちは、過去から未来へと連なるネイションの永遠の生命の中に位置づけられることで、永遠に生き続けるとされた。こうして祖国のための死は、兵士の短い生涯に特別な意味を与えることにもなった、というわけである(Tamir 1997)。ベネディクト・アンダーソンが指摘するように、現代では国家が教会に代わって死の問題を処理するようになり、ネイションが新しい種類の救済を提供する。すなわち、ネイションのためであるなら、人の死は無駄ではない。なぜならネイションは永遠に生き続けるからである(Anderson 1991: 9-12)。

タミールは、以上のような死の意味づけがナショナリズムの機能の一つであると論じるが、このような犠牲的な死を要求する点で、ナショナリズムやパトリオティズムが宗教と機能的に類似するという興味深い考察がある。

キャロリン・マーヴィンとデイヴィッド・イングルは、暴力的な血の犠牲こそが国民国家を成立・持続させるものだと主張している。特にアメリカ合衆国の場合、愛国的儀礼という犠牲のシステムは、その中心に聖なる国旗(星条旗)を「トーテム」として持っているという。トーテムとは、エミール・デュルケムによれば、ある集団が一つの集団であることの合意のエンブレムである。デュルケムは、そうしたトーテムが「未開」社会に固有のものであって、文明化された社会とは無縁のものであると考えたが、しかし、マーヴィンとイングルは、トーテム崇拝のための血の犠牲こそは、文明化された社会においても見逃し得ない特徴の一つであるという。すなわち、共同体にとっての真理とは、その成員が自分の生命を犠牲に供しうるということに同意している事柄である。そのような自己犠牲に同意することで、自分を犠牲に供する対象を聖なるものとするのである(Marvin and Ingle 1996: 769)。そのように聖なるものを確定することで、共同体は秩序感を回復し、連帯感を獲得する。アメリカの市民宗教においては、星条旗こそが集団的連帯感の基礎となる儀礼的崇拝の対象、つまりトーテムにほかならないというわけである(Marvin and Ingle 1999)。

マーヴィンとイングルは、ナショナリズムやパトリオティズム(ナショナリズムとパトリオティズムという二つの用語を彼らはほぼ互換的に使用している)は宗教の一種であると断定する。ナショナリズムといわゆる宗教(たとえば、キリスト教)との違いは、その歴史的位置づけにすぎないと主張している。つまり、今日でも、キリスト教(そのほかの宗教でもよい)の神の名において、人に犠牲(つまり殉教)を要求することは、原理的にはありうる。しかし現代西洋世界では一般に、そのような犠牲を正当に要求する権限は、キリスト教会ではなく国家にある。したがって、殉教を要求する宗教的組織は国家によって法的制裁を受けるが、国家が人に犠牲を要求してもいかなる制裁の対象にはならない。犠牲を正当に要求する権利は国家によって独占されているからである。人に犠牲を要求する、国家以外の団体は、国家による独占を侵犯するために、法的制裁の対象となるわけである。いいかえれば、現代西洋世界では、国家のみが真の神なのであり、神のみが正当に人を犠牲にする権限を有するのである[9](Marvin and Ingle 1996: 769)。このような「殺害する権威」の所在、つまり誰が人を犠牲にする権威を持つのか、そして誰が犠牲にされても構わないかという問題について確固とした合意の成立している社会こそは、連帯感の強固な社会である。その意味で、いささか逆説的であるが、マーヴィンとイングルによれば「暴力の除去ではなくその組織化が、集団が存立してゆくための課題なのである」(Marvin and Ingle 1999: 71)。

したがって、国家としての「祖国のために死ぬこと」とは国家を存立させ、その連帯感を強化するために必要不可欠な犠牲であるということができる。しかも、そうした犠牲を再生産するたびに、国家のシンボル(たとえば、アメリカ合衆国であれば、星条旗)をトーテムとして崇拝し、国家の神性を確認することになる。

このように暴力的な犠牲が集団を存立させるための必要条件であるとき、そうした犠牲についての回想は、マーヴィンとイングルのいう「トーテム神話」となる。彼らによればトーテム神話は、総じて次のような形式をとるものとされる。

あるトーテム集団の成員が、よく見知っている領域の限界まで旅をする。彼らは、インサイダーとアウトサイダーとの間でアイデンティティが交換される境界領域にまで至り、その境界を越え出て行く。その境界を越え出て行く行為は、暴力的で犠牲的であり、その結果、彼らの犠牲的死がトーテム集団の共同体の内と外との境界を定め、その境界には、彼らを記念する「旗」が置かれる。こうして境界を越えた者たちは、トーテム集団の共同体によって祝福され畏敬の対象となる。なぜなら、共同体は彼らの犠牲によって存続しているからである。しかし、境界まで行きながら結局これを越えなかった(つまり死ななかった)者もいる。彼らは生き残ったことで罪悪感にとらわれるが、しかし、共同体は、帰還した者たちから「死」の印を消すことにより、再び迎え入れる。こうして、共同体はその秩序を回復する、という筋書きである(Marvin and Ingle 1999: 67)。

一般化したナラティヴでは一見奇妙に見えるが、以上の筋書きは、やや具体化して、生と死の間を、国旗を掲げてさまよう兵士の物語や、信仰のゆえに迫害されても、臆することなく十字架を掲げて死につこうとするキリスト教徒の物語として見れば、理解が容易になるのではないだろうか。マーヴィンとイングルは、西部劇映画の古典として有名な『シェーン』にこうしたトーテム神話構造を見出している。つまり、アラン・ラッド扮するシェーンが一人で悪者一味に立ち向かうことでスターレット一家（およびその周辺の開拓農民の家族たち）に平和と秩序がもたらされる一方、シェーンは物語の最後で負傷しながら立ち去ってゆくのである（Marvin and Ingle 1999: 75）。現代日本でも、たとえば百田尚樹のベストセラー小説で映画化もされた『永遠の0』は、特攻隊員とその家族を主人公として、犠牲によるトーテム神話を物語るにとどまらず、そうした語りを継続することの重要性を直接・間接に強調している。

このようなフィクションに限らず、戦史においても、まさしく兵士たちは戦場という生と死の境目へと旅立ち、国家のシンボルを背負って犠牲となる。その痛ましい事実を、後に残された者たちが畏敬の対象とすることにより、彼ら生き残った者たちの間では共同体としての連帯が強化されるわけである。犠牲となった兵士たちは英霊として顕彰され、戦争の記憶は「聖なる経験」となる。戦地に斃れた兵士たちは殉国者であり、彼らが永遠に安らかに眠るとされる墓地が礼拝のための聖地となっている例は枚挙にいとまがない。このような英霊祭祀こそはナショナリズムが一つの宗教であることを例証するものであるとジョージ・モッセも論じている（モッセ二〇〇二）。

以上のような、マーヴィンとイングルによる分析は、デュルケムの宗教社会学（およびルネ・ジラールの供儀論）に範を取っており、国家を一つの宗教的集団であると結論づけている。しかし、エルネスト・ルナンがかの有名な講演「国民とは何か」において次のように述べているのを確認すれば、マーヴィンとイングルの指摘との類似性に驚くほかないであろう。すなわち、ルナン曰く「国民とは、（中略）人々が過去においてなし、今後もなおなす用意のある犠牲の感情によって構成された大いなる連帯心なのです」（ルナン一九九七：六〇）。現代日本でも高橋哲哉が、前出のモッセやルナンなどを参照しつつ、次のように結論づけている。「「祖国のために死ぬこと」が聖なる行為＝「尊い犠牲」とされるとき、国家はすでに神のような存在であり、**国家という神を信じる国民の宗教＝「国家教」が国民国家の存立を支えている**のだといえる」（高橋二〇〇五：一九二―一九三。太字の強調は原文）。しかし、国家をあくまでも世俗的なものと理解し、宗教と相互に相容れない存在とみなす限り、国家と宗教的組織との類比的関係を指摘することはいささか奇妙であり、いわんや国家を宗教的組織であると主張することに違和感を抱く向きがあるとしても不思議ではない。このように国家を「世俗」と等式で結び、「宗教」と相容れないものとする一般的理解がはらむ問題性については第5章で改めて論じたい。ここでは、マーヴィンとイングルの主張に基づき、犠牲が聖性を生み出す点に特に注目したい。

ハンス・モルの宗教社会学的研究によれば、「犠牲とは、潜在的に競合する多様な意味のヒエラルキーにおいて、優先順位を明らかにするコミットメントの一種である」(Mol 1976: 12)。したがって、「祖国のために死ぬこと」とは、「祖国」への忠誠が優先順位において最上位にあることを意味する。しかし、モル自身も付言するように、犠牲は、犠牲の対象をただ単に、既存の価値序列において最上位に位置づけるにとどまらず、それを聖化する。すなわち、祖国のための犠牲とは、祖国を聖化することにほかならない。

以上のように、愛国の犠牲的側面は、それが醸し出す「聖性」に着目して理解する必要がある。愛国的犠牲とは、愛国的な個人が生命を擲つ覚悟を決めている点で「死」と隣り合わせである。「死」がかかわってくると、とたんに愛国的犠牲は、政治という「俗的」なものではなく、「聖なるもの」という宗教的な色彩を帯びたものに変貌する。先にチャールズ・テイラーを引いて、我々の国家生活において、税金を支払う義務のような犠牲は日常的なものであると述べた。しかし、税金を支払う犠牲と死を覚悟して戦争にゆく犠牲との間には、単なる「程度の差異」とは異なる、大きな質的な懸隔があるように思われる。

ネイサンスンは、犠牲の問題を、戦争協力の場合と貧困にあえぐ国々への財政的救援活動の場合とを比較しながら論じている。現代においては、特に自国に差し迫った危険がなくとも、局所的な戦争を終結させる目的や、さらにはデモクラシー世界を防衛するという「高邁な理想」のために、兵士が世界各地での軍務に送られるという犠牲が払われている。これをモデルに取るならば、貧困からの救済というグローバルな正義のために相対的に裕福なネイションが犠牲を払うことが正当とみなされるべきだとネイサンスンは論じる（Nathanson 1993: 179-182）。

しかし、このような議論にはどことなく座りの悪さがつきまとうように思われる。なぜなら、ネイサンスン自身も指摘するように、ネイションの防衛のための犠牲と貧困にあえぐ人々を救うための犠牲との間には「決定的な違い」があると多くの人は思うものだからである。自国の防衛のための自己犠牲は「必要」である一方、貧困国への支援は「慈善」であるというわけである（Nathanson 1993: 181-182）。しかし、「必要」と「慈善」の差異は、ネイサンスンが指摘する以上に、決定的である。これまで論じてきたように、軍務は「死」と隣り合わせの自己犠牲的行為である一方、貧困国への支援は、それに貢献する多くの人にとっては、金銭的な事柄にすぎない。自分の命を危険に晒す自己犠牲は聖性を帯びる点で、あくまでも俗的な金銭的自己犠牲との間に、決定的な質的差異があるというべきである（Mol 1976: 229）。この点に、ミュラーは、リベラル・ナショナリズムと憲法パトリオティズムの差異を見出している。すなわち、リベラル・ナショナリズムは、「戦場における」ネイションのための自己犠牲のイメージに依拠することでネイション概念が市民の政治的動機づけにとって重要であることを主張する。一方、憲法パトリオティズムは、実際に血を流す人々からなる「具体的な集団」、または「準宗教的」な「神秘的な組織体」としての国家観と無縁であるとミュラーは論じている（Müller 2007a: 74＝二〇一七：一〇〇）。しかし、このようにミュラーが論じる意図とは裏腹に、リベラル・ナショナリズム（さらにナショナリズム一般）が犠牲の聖性に由来する宗教的な説得力を持つ一方、憲法パトリオティズムが「血が通っていない」という批判に晒されているのも首肯できよう。

シモーヌ・ヴェイユにおける愛国と自己犠牲

こうして見るならば、犠牲的な死としての愛国に関して、我々が発すべき問いとは、犠牲となる人は、その死によって何を究極的価値とみなそうとしているのか、つまり、その人が聖化しようとしている対象とは何なのか、という問いである。十字軍兵士たちは、聖地奪還という目的と自らの贖罪のために死んだ。大日本帝国の兵士たちは、天皇を中心とする日本国体のために死んだ。今日、愛国的立場から犠牲的行為が主張されるのなら、その犠牲的行為によって何を聖なるものとするのか、が問われなければならない。

こうした問題関心から見れば、シモーヌ・ヴェイユのパトリオティズム論は、極めて示唆に富むものとして評価できる。それは一つには、彼女のパトリオティズム論は、犠牲概念を中軸に据えたものである点で、犠牲を真正面から論じようとはしない現代パトリオティズム論と対照的だからである。[10] ヴェイユの愛国的犠牲論に注目したいもう一つの理由は、犠牲を重視する彼女の姿勢が、通俗的な愛国的犠牲を手放しで肯定する立場とは正反対に、一般に流布する愛国心理解に対するラジカルな批判へと導かれているからである。

まず、ヴェイユの観察によれば、現代では(「祖国」の名を語る)国家が犠牲を独占的に要求している。彼女曰く「人間には犠牲を捧げるべく生まれたという自負がある。ただし、今となっては民衆の想像力のなかに、軍事的犠牲すなわち国家に捧げられた犠牲のほかに犠牲は存在しない。(中略)嫌悪と反撥と嘲弄と軽蔑と恐怖の対象である国家が、祖国の名をいただくやいなや、ゆるぎなき忠誠心とまったき献身と至高の犠牲を要求し、しかも一九一四年から一九一八年にかけて、あらゆる予想をうわまわる収穫を得たのである」(ヴェイユ二〇一〇：一八四―一八五)。

このように、ヴェイユは、国家が独占的に犠牲を要求する存在であると指摘することで、鈴木順子が論じるように、「国家に全面的犠牲を要求するあらたな偽の宗教がフランスに登場」したと主張しているのである(鈴木二〇一二：一七九)。

国家のための犠牲を「偽の宗教」と述べていることから明らかなように、ヴェイユにとって、国家のための自己犠牲は偽りの犠牲でしかない。国家に限らず、あらゆる人間集団(この世にある教会も含む)のための自己犠牲は、単なる

「党派精神」によるものであり、偶像崇拝の表現にほかならないというのである(ヴェイユ二〇一〇：一八四、二〇三、鈴木二〇一二：一六七)。ナチス・ドイツに見られた愛国的態度は、そうした虚偽の愛国の好例だったが、しかし、ヴェイユによれば、第一次世界大戦時には、フランス人たちも同様の愛国的偶像崇拝に踊らされたことを批判している(鈴木二〇一二：一六八―一七一)。旧来の愛国とは、リシュリュー、ルイ一四世やアクション・フランセーズによって代表される、国家の偉大さ、力による支配を称賛するものである。これをヴェイユは、「自国を肥え太らせることのみを願い、他国を虐げ、自国の下層階級を食い物にする精神」であり「偶像崇拝」であるとして峻拒した。まさに愛国の偶像崇拝化、愛国の腐敗現象が、フランスがドイツの軍門に下ったことの根本原因であるとヴェイユは診断した。なぜなら「根が朽ち果てた木は一撃のもとに倒れる」からである(Dietz 1988: 155)。

しかも、第2章で指摘したように、ヴェイユにとって、祖国は必ずしも国家を意味しなかった。鈴木順子が解説するように、「国家は祖国を存立させるために必要な行政権力及び公的権力、祖国の資産を管理する仲介的存在とみなすべきものであり、したがって国家は、祖国の存続のため事実上必要不可欠なものではあるが、それ自体が神聖なものではないとされる」(鈴木二〇一二：一八七)。このように、国家は祖国が存続するための手段であるにすぎないのに対し、「祖国」こそは、ヴェイユにとって、人間にとってどうしても存続しなければならない存在だった。なぜなら、前述したように、祖国とは人々に生命の糧を与える「生の環境」であるからである。ヴェイユのいう「生の環境」あるいは「自然圏」とは「言語・文化・共通の歴史・職業・場所によって定義される幾つかの圏」であり、約言すれば、人間の魂が根づく土壌であった(鈴木二〇一二：一八七)。

このように祖国が必要不可欠な存在であることをヴェイユは認める。しかし、それだからといって、祖国は、それ自体として必要な存在ではない。祖国は、人間に生命の糧を与える存在である限りにおいて、必要であり敬意に値するものである、という。その意味で、祖国への敬意とは、畑や家族への敬意となんら変わるところがない。このように論じることで、ヴェイユは祖国ですら「人間存在の上位にある」ものではないと断じる(鈴木二〇一二：一六七―一六八)。

それでは、ヴェイユにとって、自己犠牲に値する愛国の対象とは何か。ヴェイユにとって真の愛国とは、本章後段で改めて論じるが、危機にある弱き祖国とともに苦しむ精神を意味した。そうした愛国は、祖国そのものを偶像化する態度から程遠く、むしろ、祖国を超える共通の善への愛に目覚めさせるものであるとヴェイユは論じる。すなわち、「愛国心を通じて祖国よりも高次の善に対する愛をめばえさせ、それを育て上げるような行動に進むとき、その魂は殉教者たりうる資格を獲得し、祖国はその利益を享けることになる」。こうした自己犠牲は、死後における現世的な栄誉やあの世における魂の救済をもたらすものではなかった。ヴェイユにとって真の「犠牲」とは、鈴木順子によれば、「みずからの存在が認められるという見返りもなく、死後の顕彰もない犠牲であった(中略)それは現世における互酬性を超えた愛であり、またさらに愛すら超える「愛の狂気」に他ならず、すなわち、これは、高次の善への愛以外の何ものでもない。そうした善への愛に基づく犠牲は、そこから聖性が生じ、その聖性こそが人々の心を揺り動かすのである。ヴェイユにとっては、真の犠牲とは、無垢な存在が善への愛に基づいて全存在をかけて犠牲となることを承認することであった」(鈴木二〇一二：二二〇―二二一)。

したがって、自己犠牲としての愛国の真の対象とは、「祖国」を超えた「高次の善」であった。現世的な顕彰も死後の見返りもない、「高次の善」への愛に突き動かされた自己犠牲こそが聖性を帯びる。このように述べるヴェイユの自己犠牲観は、アウグスティヌスの「祖国」観と通底するものがあるように思われる。

そのような犠牲の理解があればこそ、ヴェイユの場合、ガンジーの「極端な平和主義」がフランスで実践されたならどうなるかという実験的考察を行い、こう述べている。「フランス人は武器をもちいて侵略者に対抗するかわりに、いかなる領域においても占領軍を援けるような行為は断じて同意せず、占領軍を困らせるためにあらゆる手段にうったえ、いつまでも不屈の精神でもってこの態度をつらぬいただろう。ただしそのとき、明らかに、はるかに多くのフランス人がはるかに多く苦しみながら死んでいっただろう。それは国民的規模においてキリストの受難に倣うことだ」（ヴェイユ二〇一〇：二三〇）。

ヴェイユは、このような実践がありうるならば、「その国民は消滅するだろうが、その消滅は最も栄光にみちた存続よりも無限の価値があるだろう」と書いている。まさしく犠牲には栄光を超える聖性が伴うのである。しかし、その一方で、彼女は、そのような抵抗はまずあり得ないと断言する。そのような「完徳をめざすことが許されるのは、個々の魂だけであり、そのもっとも奥まった密やかな孤独のうちにおいてのみである」という（ヴェイユ二〇一〇：二三二）。真の犠牲は、集団的なものではない。個々の個人の主体的な義務の遂行にかかっているのである。

ヴェイユの愛国的自己犠牲とは、このように、政治的なものを（さらにはキリスト教すらも）を超え出てゆこうとするものである。「政治」を超えたところに見出される「聖性」とは、前述した英霊祭祀に見られる愛国的犠牲の聖性とはっきりと一線を画すものである。その上、ヴェイユは彼女自身がこうした自己犠牲を政策として進言し、しかも自ら実践したのである。その意味で、ヴェイユの愛国的犠牲論は、通俗的な愛国的犠牲に対する真にラジカルな批判になっているということができる。

現代において、犠牲の問題は必ずしもパトリオティズム論において本格的に取り上げられないが、それは第二次世界大戦以後の圧倒的な軍事力という現実と無関係ではないかもしれない。この点に関してエルンスト・カントーロヴィチは次のように論じた。やや長いが煩を厭わず引用しよう。

世界の魔術からの解放は急速に進んでおり、古代的な倫理的価値は、あらゆる場所で哀れなほどに粗末に扱われ、食い物にされて、まさに雲散霧消しつつある。第二次世界大戦から以降の冷徹な効率性は、まさに「現実的な見方」であることを自負したが、その代わりにこの効率性は、いわゆる「幻想」にとらわれることを恐れる個人の気持ちとか、イデオロギー的および宗教的、あるいは伝統的な「上部構造」をなきものにした。その結果、人間の生命はもはや犠牲にされるといわれるものではなく、「消される」と表現されるようなものになったのである。我々はまさに、兵士の死に対して、その失われた生命の穴埋めとなる情緒的な等価物を失いつつあるのだ。神であれ、王であれ、「祖国」であれ、「人間性」を包含する観念が、兵士の戦死から——爆弾が落とされた都市における市民の死はさておき——とりのぞかれれば、それはまた、自己犠牲の高貴な観念が奪われることも意味するであろう(カントロヴィッチ二〇〇六：二八)。

事実、ジョージ・モッセも指摘するように、第二次世界大戦以後、死の恐怖が世界規模に拡大しただけではない。人間の想像をはるかに上回る破壊力を持つ核兵器が使用可能になったことによって、人々は「感覚麻痺」の状態に陥り、「戦争の栄光に対して冷淡になった」(モッセ二〇〇二：二二七)。こうして英霊祭祀も二〇世紀後半には衰退の一途をたどった。こうした事情に照らしてみれば、「祖国のために死ぬこと」としての愛国は無意味化したという見方もありうるであろう。しかし、それにもかかわらず、先に『シェーン』や『永遠の0』の例を挙げたように、第二次世界大戦以後においても、犠牲のトーテム神話は様々な形で存続しているのであり、自己犠牲の高貴さとそれに対する一種の崇敬の念は決して忘れ去られたわけではないというべきであろう。

3　愛国的な感情

先に検討した、ネイサンスンによる忠誠としての愛国分析は、極めて有用な説明枠組みであるが、ネイサンスンの理論では必ずしも明瞭にならない愛国的忠誠の一側面とは、それに関連する感情である。すでに第1章でも指摘したように、愛国には感情的・情緒的側面が存在する。そのことは、ヴィローリも指摘するように、パトリオティズムの語法が修辞的であることにも明らかである。パトリオティズムの語法が目指すのは「個人的感情に左右されない理性的な役人によって熟考され認めてもらうことよりはむしろ、特定の文化的、歴史的アイデンティティを持つ特定の国民の情熱を生き返らせ、強め、方向づけることである」。つまり、パトリオティズムが強化する対象とは、「諸々の絆、公共の自由に対する愛であり、それらは、一国民の文化的伝統及び彼らの共通の運命に対する愛や誇りと同様に、自分の国を特別視する性質のものである」(Viroli 1995: 8＝二〇〇七：二一。傍点、引用者)。

ただし、それは、愛国とは「国」に対する「愛」の感情であるといってすまされるほど単純ではない。無論、愛の感情それ自体、論じ始めればきりがないが、愛国的感情とは愛だけでなく様々な感情の複雑な絡みあいであり、直面する状況次第で、喚起される感情は万華鏡のように変化する。では、愛国的であるならば、どのような感情を抱くものなのか。愛国的な感情の現れ方を解きほぐして見ることがここでの課題である。

愛国的感情について瞥見する前に一つ指摘しておきたいことがある。それは、感情は内面的衝動としての側面と、外面的に表明されるものとがあるということである。愛にせよ憎しみにせよ、内面から湧き上がる衝動としての感情は、各人の自由な選択によるものではなく、むしろ止めようとしても押し止めることのできないものである。したがって、愛さねばならない、憎しみを抱いてはならない、といった命令ないし義務づけは、命令される個人の自由選択の対象ではない事柄に関するものであるから、実現不可能であり無意味である。しかし、内面的衝動とは別に、外面的に感情を表現することは可能であり、喜びや悲しみなどの感情が外面的に表明される限りにおいては、その外面的行為をコントロールすることは可能である。また、そうすることが社会的に要請される（あるいは禁止される）ことは日常的事柄に属する。その限りでは我々はみな演技者である。自分の感情に正直なあまり、祝賀パーティにおいて不機嫌な様子であったり葬式において喜びを表現したりしたら、参加者の顰蹙を買うことは必至であろう。

以上のようなことは、愛国的感情についてもいうことができる。すなわち、内面的衝動としての愛国的感情は、各個人の内面に属するものである限りにおいて、公共的に規制することはできないものである。しかし、外面的行為としての愛国的感情は、各人が自由意思に基づいて身体的に表現するものである点で、公共的コントロールの対象たりえる。したがって、愛国的感情の外面的表現として適切かどうかという公共的判断は可能である。すなわち、外面的感情表現は公共的な規範に服するものであり、その規範を共有する人々は一つの共同体を構成しうる。

バーバラ・ローゼンワインは、「感情共同体（emotional communities）」という分析概念を提唱し、「感情の歴史」という歴史学の一分野を開拓したことで知られるが、その感情共同体とは、感情表現について同一の規範に服し、同一ないし関連する感情に価値を見出す人々の集団のことを意味する（Rosenwein 2006, 2016）。この概念を応用すれば、愛国的感情に関して、多様な感情の特徴的な配置（constellation）ないし組み合わせのパターンを見出すことができれば、それが愛国的な感情の規範となり、それを元に同一の感情規範に服する人々の共同体が形成されると考えることができる。すなわち、愛国的感情について論じることは、愛国的な個人がどのような感情を抱くものなのかを検討するだけではない。むしろ愛国的感情の公的な表明に関してどのような規範が存在するのか、という点も重要な問題である。後者の視点からは、愛国的な感情表明がどのような規範を共同体が共有するのかを明らかにするからである。

しかし、このような規範は歴史的にも文化的にも偶然的なものである。しかも、個人がある感情共同体に属し、その感情に関する規範に服するのは、多くの場合、純粋に内発的な衝動によるというより、むしろ習慣化した結果である。すなわち、内的衝動としての感情が、自然に生じるものであるとはいっても、実際には、そうした感情の現れ方は社会的に涵養されたものであることが少なくない。

その関連で注目したいのは、感情の政治社会学(political sociology of emotion)を構想する一環として、メイベル・ベレジンが提案する「情緒共同体(communities of feeling)」という概念である。彼女のいう「情緒共同体」とは、「その形成が意図的であるか偶発的であるかを問わず、人々をある政体と感情的に同一化させ(あるいは、その政体に感情的アイデンティティを見出させ)、その過程で感情的エネルギーを引き出す」共同体である(Berezin 2001: 83-98, 2002: 39)。それは、通常、公共的な場において何らかの儀礼感情的エネルギーを発散させることで何らかの連帯感を作り出す作用がある。ベレジンは、「情緒共同体」の成員が共有するのは、イデオロギーや世界観ではなく、感情という「不確定的な」ものであることを強調している(Berezin 2001)。しかし、感情表明の仕方が当初はいかに「不確定的な」ものであっても、ある特定の感情を表明することが同一の儀礼を繰り返すことで習慣化すると、その感情表明のパターンは規範性を獲得するであろう。そうなれば、ベレジンのいう「情緒共同体」は、ローゼンワインのいう「感情共同体」としての性格を有するようになると考えてよいであろう。

それでは、愛国的であるならば、どのような感情を抱くものであろうか。

自尊心

プラトンは、その理想国家論において、家族という特別な関係から生じる不公平さを問題とし、市民が全ての市民を平等に配慮するようにするため、妻や子供たちの共有を唱えた。これに対し、アリストテレスはこう述べた。「人間をして最も多く心配し愛するようにさせうるものは「自分一人のもの」という気持と「自分のいとしいもの」という気持の二つである」(アリストテレス一九六九：四五―四六)。人間が何らかの対象に特別な感情を抱くようになるには、それが「自分のもの」であるという認識が必要だというのである。目前の対象について、自分が誇りに思ったり、恥じ入ったり、忠実であったり、仲間外れにされているように思ったりするのは、その対象が自分のものと思えばこそである(Oldenquist 2002: 38)。言い換えれば、ある対象に何らかの感情を抱くのは、その対象に自分のアイデンティティを見出していることを意味する。

では、なぜアイデンティティを見出す対象に我々は何らかの感情を抱くのだろうか。アダム・スミスは、『道徳感情論』(一七五九年初版、幾度の改訂を経て最終版は一七九〇年刊行)において「愛国心」を論じつつ、こう書いている。「社会の繁栄と栄光は、我々自身がそれと関係しているため、我々自身に、ある種の名誉をもたらすように見える。自分自身が属する社会を、同種の他の社会と較べたとき、我々はその優越性を誇りに思うし、もしそれが、どこから見ても他の社会より劣っていれば、屈辱を感じる」(スミス二〇一三：四二〇)。自分自身が属する社会にこのような感情を抱くのは、我々がごく自然に愛する人々、すなわち、自分の子供や親、友人などが普通その社会の中に含まれており、「彼らの繁栄と安全は、ある程度まで、社会の繁栄と安全に依存している」から、我々の愛情の対象である身近な人々だけでなく、社会一般をも我々は愛するというのである。そして、そうした社会が「たいがいの場合、我々の善行や悪行が、その幸福や不幸に大きな影響を及ぼしうる」最大のものであるとも指摘している(スミス二〇一三：四二〇)。

スミスによる集合的アイデンティティと感情の関係に関する考察によれば、人は、自分が属する集団を他の集団との関係において、「優越」しているか、「劣っている」か、という上下関係で捉える傾向があることを強調する。そうであればこそ、スミスによれば、「我々の愛国心は、他のあらゆる近隣国の繁栄や拡大をもっとも悪意に満ちた妬みや、羨望をもって眺めようとする気分にさせることが、少なくない」のである(スミス二〇一三：四二一)。言い換えれば、自国を他国との優劣関係で見ることが特別な感情を惹起するというわけである。

他方、チャールズ・テイラーは、スミスとは異なる興味深い視点を提示している。すなわち、アイデンティティを見出す対象に我々が感情を抱くのは、アイデンティティが自尊心(self-worth)ないし自分の尊厳(dignity)にかかわるからだというのである(Taylor 1999：234. Cf. Appiah 2005：270, Parekh 2008：50)。この点を解説して、テイラーは、尊厳と名誉という二つの概念を比較対照する。名誉とは、特定の個人に特別に与えられるものであって、誰にでも分け隔てなく分与されるべきステイタスではない、という意味で、階層的秩序観に基づく概念である。これに対し、尊厳とは、誰もが平等に分有すべきステイタスである点で、階層的ではなくフラットな秩序観を前提とするものである。尊厳を侵されるということは、その人(または人々)の生存する価値について必要最低限の意義すら認めないことを意味する。尊厳は、どの個人や集団にも最低限、承認されるべきステイタスであるから、それが脅威にさらされることは、当然、自尊心を傷つけられることを意味し、屈辱感をもたらし、ひいては怒りの感情を惹起する。

たとえば、ウォーターゲート事件においてニクソン大統領を辞任に追い込むに至ったアメリカ人たちの怒りが何に由来するのかと問題提起して、テイラーは、それが「愛国的自己同一化(patriotic identification)」によると指摘する。公的問題についての怒りの感情は、長期的な見地に立った合理的計算から生じるのではない。また、リベラル・デモクラシーの諸原則に一般的に人々が深く関与しているからというだけで怒りの感情を抱くわけでもない。アメリカ人に共通するアイデンティティ、すなわち、共通の歴史や理想に誇りの感情を抱いていればこそ、ウォーターゲート事件における不正行為の数々に対して怒りを爆発させることになったというのである(Taylor 1995：196)。このように自尊心に裏づけられているアイデンティティの感覚は、道徳的な感情を惹起するものである。この例は、アメリカ人であるという集合的アイデンティティにかかわるものであるが、全く個人的なアイデンティティに関しても同様のことが言える。実際、自己の尊厳、自尊心としての個人的アイデンティティが道徳的判断において決定的に重要な役割を果たすということは経験的にも実証されている(Monroe 2004)。

自尊心や尊厳をアイデンティティの基礎として認めるならば、ナショナル・アイデンティティの主張は、自国と他国に共通の最低限、相互に尊重されるべき条件が存在することが承認されると主張することであり、その限りではどの国も対等の関係にあるものとされる。こうして見れば、テイラーが指摘するように、まさしく「近代のナショナリズムの政治とはアイデンティティ・ポリティックスの一種である」(Taylor 1999：236)。すなわち、ナショナリズムをめぐる闘争は、つまるところ、アイデンティティをめぐる闘争としての側面を有する。ナショナリズムの政治が基本モデルとなって、ジェンダーやエスニック・マイノリティなど、様々なアイデンティティをめぐる政治闘争も展開されるようになったというわけである。アイデンティティの承認を求める戦いは、そのアイデンティティを共有する人々の尊厳をめぐる戦いなのである。

このように、何ものかに自分のアイデンティティを見出すという意味で「自分のもの」であると思う場合、そこには自尊心や尊厳の感覚が深くかかわっている。愛国的な感情を抱くということが、「自分の国」に関するナショナル・アイデンティティの問題であるならば、愛国的感情とは何をおいてもまず自尊心、誇りの感情であるということができる。これは、明治時代に保守派の言論人として知られた陸羯南《くがかつなん》がはっきりと指摘していたことである。羯南によれば、愛国心とは「国民的自負心」であり「国民自尊の感情」であった(陸一九六九a：一四二、一九六九b：三七二、一九七〇：四九九)。

愛国的感情が誇りの感情であるということは、一方で広く認識されているが、他方で、様々な観点から問題視されてもいる。異論の代表的なものを二つ、以下に瞥見しておこう。

誇りとしての愛国感情に対する第一の批判は、それが道徳的に危険だというものである。マーサ・ヌスバウムは、パトリオティズムが、正義や平等といった普遍的理想を追求する側面を持つことを認めるが、しかし、愛国的な誇りの感情は、そうした目標に到達する上で有益ではない、と主張する。むしろ、より良い選択は、コスモポリタニズムという古い理想に賭けることだ、というのである（Nussbaum 1996a: 4）。コスモポリタンであることは、身近な人々や集団に対するアイデンティティを放棄することを必要としないが、全ての人類を可能な限り、配慮し尊重する対象として包含することを追求する立場であり、これこそが真に道徳的な立場であることをヌスバウムは主張する。コスモポリタンであることに伴う感情は、愛国的な感情とも異なる性質のものである。パトリオティズムの持つ「巣の中でぬくぬくとする感覚」や「自分自身や自分のものに関して夢中にさせるような誇り」から遠く離れ、あたかも流浪の身であるかのような孤独感に耐えることを要求することもある（Nussbaum 1996a: 9）。

ヌスバウムの主張は、リチャード・ローティの愛国的立場に対する批判的応答である。ローティは、愛国的な誇りの感情について次のように述べている。「国民としての誇りの国に対する関係は、自尊心が個人に対するのと同様である。それは自己改善のために必要な条件である。国民としての誇りが過大になると、戦闘的かつ帝国主義的になりうるが、それは過剰な自尊心が傲慢さを生むのと同様である」（Rorty 1998: 3）。自尊心が過剰になると「傲慢」になることの帰結として、自国の優越感に浸りきるあまり、他国民を軽蔑し、嫌悪する態度にも結びつきやすい。こうした危険を重々承知の上で、なおかつ、ローティは、愛国的な立場が、アメリカ社会を分断する「差異の政治」に対抗するものだと主張している[11]。しかし、後段で改めて論じることだが、たしかに誇りの感情は容易に傲慢さへと移行する傾向があり、その点を踏まえてパトリオティズムへの警戒心が表明されるのは首肯できる。この論点は、後段において再検討したい。

もう一つの批判的立場として、そもそも誇りの感情は、愛国者なら必ず持つはずだという通念が疑わしいとする主張がある。マーガレット・ギルバートによれば、自国の行いを評価した結果、それが不正に満ち、腐敗しているわけではないにしても、特に積極的に評価できないような場合、誇りの感情を抱くことは通常ありえず、むしろ、そうした状態を恥じるものである（Gilbert 2009: 344）。この場合、前提となっているのは、愛国者は、無条件的に自国を誇りに思うのではなく、自国の行いに関して何らかの規範的判断を下すということである。すなわち、先に見たように、忠誠の対象としての自国を評価することを愛国的であるとみなす立場が前提とされている。しかも、そもそも恥じる感情は、その対象を「自分のもの」であるとみなし、それに誇りの感情を抱くからこそ生じるものである。その意味で、愛国的であることに何らかの規範的判断が含まれることを前提とするなら、愛国的感情としての誇りが恥辱感に転じることは何ら矛盾するものではないというべきであろう。

崇拝感情

ノルベルト・エリアスは、国民的誇りの感情を論じて、イギリスとドイツとは「ほとんど対極をなす」と指摘している。エリアスによれば、イギリスの場合、君主国家から国民国家への発展が極めて安定的であったために、イギリス人の国民としての誇りは「異常なほど固定し、安定したものになった」結果、自分たち自身を笑い飛ばし他国民の笑いの対象となることも耐えることができるほどとなっている(エリアス一九九六：三七七)。しかも、自国の過去が現代よりはるかに優れていたというロマンティックな感覚とは無縁であり、過去も現代も、そしておそらく未来においても、自国が理想通りになることはないにしても、その理想が明確でかつそれほど大きなものでもないために、自国の現実は不完全であっても理想から遠くかけ離れたものでもないという認識を抱いている(エリアス一九九六：三七八―三八一)。そして、イギリス人の誇りの感情は、日常的な場面でも非常事態でも、かわらず自尊心の形をとって、イギリス人の行動を(階級によって若干異なるとはいえ)規制しているという(エリアス一九九六：三八〇)。

これに対し、ドイツ人の国民的誇りの感情は、「不安定で傷つきやすいもの」であるとエリアスは指摘する。ドイツ人の国民的誇りは「厳粛で極めて真剣なもの」であるために侮辱を感じやすく、国民性を茶化すことはタブーである(エリアス一九九六：三七八)。さらに、イギリス人と異なり安定を欠くドイツ人の誇りの感情は、自国を過大評価することと過小評価することとの間の振幅が激しい。ドイツ人にとって国民的理想とは「空高く輝く星のようなもの」であって、「聖なるものに近い何か異常なもの、カリスマ的なもの」である（エリアス一九九六：三八〇―三八二）。理想が桁外れに偉大なものであることの裏面は、一方で、国家の危機においてはドイツ人が自らに課す規範的要求は妥協なく無条件であり、人間の不完全性を全く考慮に入れない。そのくせ日常的な場面では、あまりにも気高い理想は背景に退き、ドイツ人としての誇りは行動基準として大した役割を果たさず、野放図さがまかり通る。その結果、ドイツ人には非日常的な状況への憧れが常にあるという（エリアス一九九六：三八一―三八三）。なぜなら「日常生活での自分の理想がかなえられない、利己心の奴隷となった孤独な状態から自分を解放し、共通の理想のもとに共同の感情を与えてくれる異常な機会を捉えて満足を得ようとするからである」（エリアス一九九六：三八二）。

このような比較対照の支点となっているのは、誇りの感情の安定度であるが、その安定性は理想と現実のギャップの程度に左右されるとエリアスは指摘する。イギリス人にとって、理想と現実の差は通常、許容範囲内に収まっている一方、ドイツ人にとってそのギャップはとてつもなく大きなものであるが、その差異は理想の大きさに依存しているわけである。

先にリチャード・ローティを引いて指摘したように、自尊心と傲慢さは截然と区別されるものではなく連続的な関係にある。しかし、自尊心が他者に対する優越感や傲慢さへと転化する臨界点を見定めるのは難しい。この問題を考える上で、エリアスの考察は重要な示唆を提供するように思われる。ドイツ人の国民感情の特性に関して論じられたように、ドイツ人に共通の感情をもたらす共通の理想が「聖なるもの」に近い存在であることに注目したい。

そこで、もう一度、愛国を忠誠として理解する視点に立ち返ってみたい。本章において、ネイサンスンの忠誠概念分析を紹介したが、その中で、忠誠の根拠として、忠誠の対象への個人的結びつきと何らかの評価基準による判定の二つを挙げた。こうした分類とは別に、法思想史の分野では、ある対象への忠誠（allegiance）には古典的な形が二つあるとされる。一つは、忠誠心を抱く対象が崇拝(veneration, worship)すべき存在である場合であり、もう一つは、忠誠心を抱く対象と自分との間に双務的な契約関係が存在する場合である(Lear 1965: 43)。

忠誠心の対象が崇拝すべき存在であるとき、対象に対する一方的な憧憬、誇り、尊崇の感情が生じる。そのような忠誠心の対象をラテン語でマイェスタス(majestas)といい、ローマ法学における根本概念の一つである(Lear 1965: 49, du Plessis, Ando and Tuori eds. 2016)。定義が難しい概念であるが、単なる「尊厳を超えて何かしら偉大で、ほとんど神聖な物に近接する性質」と解説されるものである(Martines 1968: 445)。「荘厳」「威厳」というような意味の語であり、ルドルフ・オットーが、その宗教社会学的研究として有名な著作『聖なるもの』でも、「聖なるもの」の本質であるヌミノーゼの一側面としてマイェスタスを取り上げている(オットー二〇一〇:四四)。元来、古代ローマの君主およびローマ人民(populus Romanus)に帰属するものと考えられてきたが、一五世紀にフィレンツェのシニョーリアと呼ばれた、有力なギルドのメンバーたちから成る政府についてこの概念が用いられ、一六世紀には、英仏国王についても(たとえば、'Her Majesty' のように)使用されるようになった(Hinsley 1986: 93)。しかも同じく一六世紀に、ジャン・ボダンが主権(sovereignty)概念を論じる中で、そのラテン語表現がマイェスタスだと述べており、マイェスタスの概念はかくも多様かつ幅広いものである(Bodin 1583: 122. Cf. Carlyle and Carlyle 1970)。

忠誠心の対象がマイェスタスであるなら、忠誠心を抱く主体は、無条件に一方的な服従心を抱き、しかも、忠誠の対象に何らかの責任感をも感じるとされる。したがって、その責任を果たすことができないという判断に至るときは、自ら恥じ入ることになる。このように、マイェスタスに対する忠誠とは、無条件的で片務的である。マイェスタスを有する主体はもっぱら受動的に他者からの忠誠を受け、自らが何かを為さねばならない義務はない。このように、マイェスタスと忠誠とは、いわば一対をなす概念であるが、その一方で、マイェスタスと表裏一体の関係にあるのが、反逆(treason)である。ラテン語で laesa majestas というが、文字通りには「損害を受けた威厳」を意味する。マイェスタスに忠誠を表明せず、むしろ何らかの形でマイェスタスに危害を加えることが反逆である。[12]
マイェスタスという尊崇の対象への忠誠の場合とは対照的に、忠誠心の対象が、双務的な契約に基づく場合、忠誠心を相手に対して抱くのは、相手もまた自分に忠誠心を持つということが前提となる。すなわち、相互にギヴ・アンド・テイクの関係が成り立つことが忠誠心の生じる条件である。この場合、忠誠の対象に何らかの「借り」ひいては「恩義」を抱き、自分が相手に抱く忠誠心はその恩義に対する見返りであることになる。このような忠誠関係は、言い換えれば、信頼関係(fidelitas)であり、ゲルマン法で有力な概念であった[13](Bellamy 1970: 1-3)。
無条件かつ一方的な忠誠は崇拝感情として表現される。崇拝感情は、前述した自尊心と異なり、羞恥心を知らない。なぜなら、崇拝の対象はあまりにも崇高であり、何らかの不正や欠陥、失敗などはありえないからである。崇拝する対象を誇りに思うことは当然であろうが、その誇りの感情は、崇拝の対象が決定的打撃を受けない限り、恥や罪悪感に転化する可能性を知らない。こうした崇拝感情が愛国的態度として表現されるならば、他国人に対しては、相対的優位にあるとの自意識から、優越感ひいては軽蔑感を表明する傾向がある(Nathanson 1993: 30)。しかし、その一方で、エリアスによるドイツ人の国民的誇りの分析に見るように、極端に偉大な理想に依存する誇りの感情は、同時に傷つきやすいものでもある。そうであればこそ、崇高な存在であるマイェスタスが損害を受ける事態(すなわちlaesa majestas反逆)を特別に恐れるのである。
こうした尊崇・崇拝感情は、一国の君主が群衆の前に姿を現すような状況で、公に表現されることが一般的に求められるものである。一八八九(明治二二)年の東京日日新聞は、天皇パレードに際して心がけるべきことを主題に記事を掲載している。それによれば、数百万の群衆が天皇を迎えるにあたって、何の礼式にも従わないような「不敬のさま」を表してはならず、全員で「祝声を発し」、声を揃えて国歌を斉唱したり、帽子やハンカチを振ったりすることによって「尊敬の念、歓喜の心」を表現しなければならないとしている。このようにして「国を愛するの衷情」が溢れるのを見聞するのは「愉快」であると記者が述べていることから明らかなように、愛国的な感情は、ある一定の様式に従って発声や動作で表現しなければならないというわけである(長一九九八：四三−四四)。このような例は日本に限らず世界各国において枚挙にいとまがない。

このように、尊崇感情の表現は、対象への畏敬の念から生じるものであるが、それと同時に、感情の公的表現を通じてさらに畏敬の念を強化するものでもある。実際、自分が畏敬の念を抱く対象に大勢の群衆も尊崇感情を公の場で表現することを目撃することで、いっそうその対象の偉大さを確信することになろう。その意味で、尊崇感情の表現は、儀礼的なものとして定式化される傾向があるのは当然であろう。

後期水戸学における国家ヴィジョンの中核は、まさしくこうした尊崇感情を惹起するマイェスタスを創出することであった。子安宣邦によれば、会沢正志斎《せいしさい》の『新論』の著作意図は、「安定した内部によって外圧的危機に応じうる確固たる基盤に立った国家」を構想する点にあった。そして、そのような国家の内部的安定は、天皇が「天祖」に奉事する祭祀行為によって達成されると会沢は論じた。なぜなら、そうした天皇の祭祀行為は「下民に天皇への敬仰と畏服の心情をおのずから培っていく」からだというのである(子安二〇〇七：六六)。このように、後期水戸学の課題は、民衆の間に、国家祭祀を行う天皇への尊崇感情を醸成することで、国内の統合を図ることであった。この一点に限っていえば、会沢の構想はネイション形成というナショナリズムのプロジェクトを「先取り」するものであった[14](子安二〇〇七：七八)。

ここで会沢が民衆の間に涵養しようとしているのが、尊崇感情であって、ある特定の教義や信念ではない点が重要である。民衆の組織化には、どのような教義的内容を信じ込ませ教化するかよりも、崇め奉る感情を醸成することの方がはるかに重要である。この点は、宗教改革期のヨーロッパが興味深い事例を示している。すなわち、民衆がローマ・カトリック教会や多種多様なプロテスタント教会の中からどの教会を選択するのか決定するに際し、真理としての信仰内容よりも礼拝儀礼の美しさ、崇高さが決定的に重要であったことが指摘されている。すなわち、「霊的に敏感な者たちにとって、数ある教会の間の致命的に重要な差異とは、精神に与えるインパクトの質の違いであった。それはすなわち、安心感や慰め、高揚感や恍惚感といったものであった」(Fernández-Armesto and Wilson 1996：202)。

尊崇感情を喚起する試みの例をヨーロッパにおけるパトリオティズムの歴史に求めるなら、フランスのアンシャン・レジームにおける王党派の場合を挙げることができる。フランス革命以前の王党派には、パトリオティズムをある政治的原則として理解するのではなく、国王に対する崇敬と祖国への愛を同一視する形で感情面に力点をおく点に特徴が見られた。ひいては、国王と臣下の関係がお互いの愛情によって支えられていることが王党派イデオロギーの主要な要素として広く喧伝された(Bell 2001：67)。

その背景には、フランス絶対王政が、その正当性根拠として、もはや王権神授説にもっぱら頼ることができなくなっていたことがあるようである。すなわち、一八世紀を通じて進行した世俗化の結果、神的権威に王権を基礎づけるのではなく、何らかの世俗的正当化が必要とされていた。しかし、先に、忠誠には大別して、マイェスタスに対する忠誠と、双務的契約に基づく忠誠の二つがあると論じたが、王権神授説による正当化はマイェスタスへの忠誠に訴えるものであった。それに代えて、双務的契約に基づく忠誠へと切り替えることは、絶対王政の権力を相対的に弱体化することを意味する。したがって、第三の方策として編み出されたのが、絶対王政の神聖性を「愛」に根拠づけることだったといえる。この場合、国王は「人民の父」というメタファーで理解されることとなり、父と家族との愛情関係のイメージを作り上げることで、絶対王政の神聖性を新たに創出しようと試みたわけである(Bell 2001：67–68)。

これらの歴史的実例が示すのは、一般に、感情は内的衝動であって、このような感情を持ちたいと思って自覚的に持つことはできないものであるとされるが、実際のところ、感情を抱くのはそのように教化されたり儀礼として繰り返したりして習慣となった結果であることが少なくないということである。感情は自然と内面に湧き上がるものであるから、ある特定の感情を持てと命令されるだけではその感情を持つことはできない。しかし、様々な儀礼において実際に手足を動かし声に出す実践を通じて、表明すべき感情を体得させ習慣化することは可能であり、そのような試みが数多くなされてきたわけである。第1章で論じた教育勅語の奉読・拝礼という儀礼がその好例であり、その教育効果は計り知れないものがあったことは容易に推測できよう。先に言及したメイベル・ベレジンの「情緒共同体」論は、そうした感情の涵養と表出が集合的アイデンティティの形成を伴うことを指摘している。「情緒共同体」は規範性を獲得してローゼンワインのいう「感情共同体」として立ち現れるのである。

以上の考察を要約すれば、マイェスタスを愛国的忠誠の対象として持つ場合、その聖なる偉大さは、崇拝感情を惹起する。このような感情は、先のエリアスの考察に即していえば、振幅が激しく不安定なものであり、同じ忠誠対象を共有しない他者に対して優越感に浸り軽蔑のまなざしを向けるようになる。愛国的忠誠の対象は、非日常的かつ異常でほとんど聖なるものではなく、可能な限り日常的な存在であるほうが、喚起する愛国的感情も驕り高ぶらない誇りの感情に留まりやすいということができよう。

祖国への憐れみ

現代パトリオティズム論の中で、愛国的感情に関して沈黙しがちであるとされるのは、憲法パトリオティズムであろう。普遍的で公正な諸原則へのコミットメントが感情としては実践面でどのように現れるのかという問題に関して、ハーバーマスが提唱する憲法パトリオティズムはほとんど語るところがない、という批判がある(Nussbaum 2013: 222)。ところが、ミュラーによれば、憲法パトリオティズムは、感情的に複雑である。特にドイツという文脈に即していえば、第三帝国時代の過去や、現在の時点で憲法的規範の水準に満たないことに関する罪悪感と恥辱感、そして怒りと義憤を感情的基礎に持つ。したがって、一般に愛国的感情としてみなされる誇りや情熱は、憲法パトリオティズムの感情面で主要な役割を演じるわけではない（Müller 2007a：38, 62-63＝二〇一七：五一、八四－八五、2007b：108-109）。さらに、このような感情が生じるのは、普遍的規範としてのリベラル・デモクラシー的価値と諸原則（およびその実践から生じる憲法文化）への忠誠という「信念」に由来するとミュラーは付言している。したがって、彼の議論の焦点はあくまでもその「信念」の方に合わされており、感情面を詳細に考察することはミュラーにとっても主要関心事ではないようである（Müller 2007b：108）。

とはいえ、ミュラーが簡単に論じた愛国的感情は、これまで検討してきた誇りの感情や傲慢さとは異なった種類のものである。目を近代日本に転じても、愛国的感情に関して、これまでの視点とは異なったものを容易に発見することができる。

近代日本の代表的キリスト教思想家の一人である植村正久は、愛国心は三種類に大別されると論じたが、その分類は興味深いことに感情を軸にしたものだった。「キリスト教徒はその道を尽くして、その国を愛せざるべからず」という一文に始まる「三種の愛国心」という小文で次のように論じる。植村のいう愛国心の第一の型は、「国の歴史を楽しみ、その過去の光栄を謳い、その美わしき風土山川に恋々たるがごとき」ものである。すなわち、自国の歴史の栄光を称賛し、自国の風景の美しさに執着することである。第二の型は、「国破れて山河在り、城春にして草木深し。国家まさに多難。外は強国に凌がれ、内は麻のごとくに乱る」。こうした事態を「憂国の士」が「悲憤の涙を飲むの時」であるとして、このようなときに生じる感情としての愛国心を植村は「慷慨的愛国心」と呼んでいる。つまり、国が内外で苦境に面しているとき、国を憂え悲しみ憤るものである（植村一九六六：三三一－三三二）。

植村は、これら二つの愛国的感情に「同情」すると記すが、それらのいずれよりも優れた愛国心のあり方が第三の型である。すなわち、「自国の罪過を感覚し、その逃避せる責任を記憶し、その蹂躙せし人道を反省するは愛国心の至れるもの」であるという。イタリアのマッツィーニや、イングランドのクロムウェル、ひいては旧約の預言者、さらにイエス・キリストの抱いた愛国心がこれであると主張する(植村一九六六：三三二)。

植村はこうして、当時の日本で観察された愛国心は、おおかた、自国の歴史や国土の美に「心酔」するものか、「悲憤慷慨」して外国に「意地を張」るものだと指摘する。つまり、「自ら国家の良心をもって任じ、国民の罪に泣くものほとんどまれなり」と断定している(植村一九六六：三三二)。この第三の型の愛国の重要性を説く点で、植村の主張は、現代において、ミュラーが憲法パトリオティズムの感情的特徴として指摘していることと極めて似通っており、注目に値する。

しかし、誇りや傲慢さとしての愛国的感情に対するアンチテーゼとして最もラジカルなものを提案したのは、再び、シモーヌ・ヴェイユであった。

そもそもヴェイユにとって、自尊心と尊崇感情は連続的に捉えられており、自尊心さえも「国民的偉大さ」にかかわるものであると理解されていた(ヴェイユ二〇一〇：二五〇)。なぜなら、ヴェイユの観察によれば、フランス人の祖国愛は「ローマ人直伝」だからである。「ローマ人」は「神を信じず偶像を崇める民族だった」「ただし彼らが崇めていたのは、石や青銅で作られた像ではなく自己自身だった。愛国心の名においてローマがわれわれ(＝フランス人)に遺贈したのはこの偶像崇拝なのだ」(ヴェイユ二〇一〇：二〇三―二〇四)。ヴェイユはこうして主にフランスの愛国を偶像崇拝であるとして、仮借ない批判の鉄槌を振り下ろした。

この従来の愛国に対抗して、新しい愛国をヴェイユは構想する。すなわち、「国家の偉大さや栄光を愛するのではなく、むしろ敗北を喫した祖国の弱さに目を止め、これを愛するべきだ」と主張する。それは「危機にある弱き祖国とともに苦しむ精神」であり、「正義や隣人への義務といった絶対的な観念にあくまでも従属する善に根づいた」、「自己犠牲も辞さない」精神でもある(鈴木二〇一二：一八五―一八六、Viroli 1995: 164＝二〇〇七：二八八)。ヴェイユがこのように書いた当時、彼女の「祖国」であるフランスは、ナチス・ドイツによって独立を失い屈辱感に打ちひしが

れていたのである。そのような惨めな祖国に寄り添い、ともに苦しむことこそが愛国的であるとヴェイユは説いた。(15)

このような愛国心をヴェイユは、祖国への「憐れみ」によって鼓吹された愛国心であると述べた。ここで重要なのは、このように論じることで、ヴェイユが、愛国的感情の根本的転換を主張したことである。自国の惨めさに苦しむとき、自国の偉大さに飢えるのは一種の心理的な「代償作用」であるが、ヴェイユにとって「不幸の中で代償を求めることは悪である」と彼女は断じる。全ての人々にとって共通の人間の条件とは、ヴェイユにとって「悲惨」に服していることだった悲惨さの中で不幸に苦しむ人に自尊心は「ふさわしくない」とヴェイユは述べる。日常的に悲惨な現実を耐え忍ぶ民衆にとって、自尊心と輝かしい栄光を誇る愛国心はなじめるものではない。むしろ、自国の脆弱さと不幸に目を止める、憐れみの愛国心は、民衆にとって日常的生活経験に照らして共感できるものであり、自国を慈しむように導くものである。このような愛国心は、自尊心に劣らず対独抵抗運動への力強い動機をもたらすだけでなく、同国人への友愛の情、やさしさを生むという（ヴェイユ二〇一〇：二四九－二五一）。このように、自尊心や倨傲《きょごう》性としての愛国的感情を否定し、かわって憐れみを愛国的感情として提示した点は、ヴェイユ愛国論の独創的な一面である。

このように、ヴェイユは「もろく滅びゆくもの」としての祖国への「いたましいほどの情愛」を説き、「国民的偉大さ」ゆえの祖国への愛とを「ふたつのことなる愛」であるとして明確に区別した。しかし、だからといって、「フランスの過去、現在、未来の理想に含まれる真正かつ純粋な偉大さ」をヴェイユの説くパトリオティズムは「よく知らず無視しているのではないか」という異論はあたらない、と彼女は主張する。ヴェイユ曰く、「むしろ逆である。その対象となる存在のうちにより多くの善をみいだすほどに、憐れみはいよいよ優しさと痛ましさをつのらせ、さらには善をみぬく心構えをととのえる。キリスト者が十字架上のキリストを心のなかで再現するとき、キリストの完徳に思いをはせたからといって憐れみが相殺されるわけではない。その逆も真である。しかし他方で、フランスの過去、現在、未来の野心に含まれる不正、残虐さ、誤謬、虚言、犯罪、恥辱についても隠しだてや言い落としをせず、この愛はしっかりと眼を開いている。だからといって愛が減じるわけではない。愛にいっそうの苦しみが加わるだけだ。(中略)このように憐れみは善にも悪にもしっかりと目を止め、それぞれのうちに愛すべき理由をみいだす。これこそ地上において真実で正しい唯一の愛である」(ヴェイユ二〇一〇：二四八―二四九。傍点、引用者)。

「しっかりと眼を開いている」愛とは、後年、アイリス・マードックが提唱した「愛のまなざし(loving attention, loving gaze)」という概念にほかならない[16](Murdoch 1970: 34)。「愛のまなざし」において重要なのは、愛の対象を可能な限り明瞭に理解しようとする点である(Wolf 2014: 369-386)。「愛のまなざし」の下にある対象は、「あばたもえくぼ」ではなく、「あばた」は「あばた」として認識される。「愛のまなざし」は、まなざしの対象に、良いところを見ようと心がけつつも、長所も短所も同様に、正確に理解する。すなわち、そのまなざしが「愛」に発するために、対象に好意的に接するが、しかし、その対象を正確に理解するという意味で、対象を分析し評価することも怠らないのである。ヴィローリの論じる、共和主義的パトリオティズムを胸に抱く市民は、祖国に対してこのような「愛のまなざし」を持っている。彼のいうパトリオットは、祖国に同情し、その苦難を共にし、それを大事にする(Viroli 1995: 40＝二〇〇七：六七)。祖国への愛は盲目ではなく、むしろ「祖国を鋭く見つめることを要求する」のである(Baron 2002: 77)。その結果、祖国が圧政に苦しみ不正にまみれていることを観察するなら、パトリオットたる者はその事実に耐え、より良い国にするため働かねばならない(Viroli 1995: 54-55＝二〇〇七：九五―九七)。マーサ・ヌスバウムは、「愛国的愛(patriotic love)」が見当違いの対象に愛情を抱き、その裏返しとして異人種や外国人への憎悪につながる危険を指摘する(Nussbaum 2013: 212)。これとは対照的に「愛のまなざし」を注ぐ愛国は、対象を冷静に理解する姿勢を備えているのである。

　したがって、ヴェイユのいう、惨めな祖国への共感としての愛国とは、祖国の偉大なところも批判に値するところも共に正確に把握する。その国の「偉大さ」だけでなく、「不正、残虐さ、誤謬、虚言、犯罪、恥辱」をもそれとして真正面から受け止めるために、その国への愛は苦悩の度合いを増す。真実の愛は手放しの礼賛ではない。愛の対象とともに苦しみ耐えるのである。(17)現代パトリオティズム論においては、愛国を「愛」として理解することが少ないことは前述したが、このように、ヴェイユの提唱する、祖国への憐れみとしての愛国は、祖国への「愛」について他には見られない洞察を含んでいる点で注目に値するものである。

4　現代における愛国の深層

以上、愛国的であることとはどういうことなのか、特に現代のパトリオティズム論に沿って、三つの側面に絞って検討してきた。多岐にわたる論点を要約すれば次のようになろう。

忠誠関係のあり方はネイサンスンの類型化モデルに従えば、多種多様なものが考えうるが、最も重要な分類基準は、忠誠関係の根拠である。忠誠対象を何らかの規範的基準に照らして評価した結果、忠誠に値すると判断するのか、それとも、何らかの個人的な関係性に基づいて忠誠関係を結ぶのか、という点である。前者によれば、対象が評価基準を満たせば、これに忠誠心を抱き、さもなければ、その限りではない。後者によれば、対象が何らかの意味で「私のもの」であるから、それに忠誠心を抱くというわけである。この分類によれば、「私のもの」という意識はアイデンティティを対象に見出すことを意味し、特別な感情、とりわけ対象に関する誇りの感情を喚起する。これとは対照的に、何らかの規範的基準に適合する限りの忠誠関係は、アイデンティティの契機を欠いており、忠誠対象の劣化に応じて忠誠関係はたやすく解消されてしまうようなものである。

ネイサンスンの分類枠組みとは異なる、忠誠対象との関係性についての法思想史的な分類によれば、対象がマイェスタスとしての性格を有する場合、忠誠関係は、無条件的かつ片務的になる一方、契約関係に基づく場合は、忠誠関係は条件的かつ双務的になるというものであった。これによれば、忠誠対象がマイェスタスとしての性格を具有するなら、聖なるものとして立ち現れるために、忠誠を誓う者に単なる誇りの感情を超えた尊崇感情を喚起し、それはさらに、他者に対する優越感や軽蔑へと容易に転化する。しかも、忠誠の対象の計り知れない偉大さは、忠誠を誓う主体から最大限の献身を引き出すことを可能とするから、忠誠を誓う者は、自分の生命を犠牲にすることすらありうる。その上、自己犠牲的行為はそれ自体、聖性を帯び、社会的紐帯を強化する機能を有していることも検討した。

以上のようにまとめてみれば、本章の考察は、忠誠関係におけるアイデンティティの役割と意義、および、忠誠対象の聖性とその政治社会的機能をめぐるものであったと要約できよう。すなわち、愛国的である主体が、アイデンティティを忠誠対象に見出す場合、そのアイデンティティは忠誠関係をどのように性格づけるのか。そして、愛国的忠誠の対象が聖性を帯びるならば、愛国的である主体にどのような忠誠を要求するのか。これらの問題が「愛国的であること」の深層に横たわっていると結論できよう。

第4章

愛国的である理由

愛国的であること、愛国心を抱くのは、一体なぜだろうか。愛国的であることには理由など必要ではなく「自然なこと」というのが、一般に広く流布する考え方だが、これが全く妥当しないことはすでに第1章で論じた通りである。すなわち、愛国的態度は教育や社会化のプロセスを通じて、知らず識らずのうちに習慣化するものでもあるからである。フランス革命以降、多くの近代国家においては何らかの形でネイション形成のプロジェクトが常に進行している。それは公教育を通じてだけでなく、メディアなどを通じての社会化によって日常的に行われており、マイケル・ビリグが「凡庸なナショナリズム」という概念によって明らかにしたものである(Billig 1995)。したがって、愛国的であるのが自然だと思われるのは、そのように教育され社会化された結果であるが、そうしたプロセスが自覚されていないにすぎないという側面がある。

とはいえ、我々は愛国的たらざるをえないように教育・社会化される、全く受動的な存在ではない。我々は各人、自覚的に愛国的であるべきかどうかを問うことができ、また、愛国という問題に肯定または否定の立場を自分の意思で選択することも可能である。

本章の目的は、現代パトリオティズム論が、愛国的であることの倫理的正当性とその根拠をどのように論じているかを検討することである。すなわち、ある人がある特定の国に忠誠心を抱くなら、それはどのような理由によるのか、という問題である。あるいは、愛国的であるべきだという主張はどのような道徳的根拠に基づくのか、ということである。

この問題は、いささか不可思議なことであるが、戦後日本の愛国論ではほとんど本格的な検討の対象となっていない。清水幾太郎でさえも、その著書『愛国心』の末尾で「愛国者の条件」を論じているが、そもそも愛国者であるべきなのかどうかについては触れないで終わっている。

愛国的であることの道徳的基礎という問題が戦後日本でほとんど関心を呼んでいないのとは対照的に、現代欧米ではパトリオティズムをめぐる理論的研究において中心的な争点となっている。それは通常、コスモポリタニズムのような普遍主義と、コミュニタリアニズムのような個別主義との対立のコンテクストにおいて検討されることが多い。本章の論述から容易に看取できるように、この問題をめぐる論考はおびただしい数が公刊されている。錯綜する争点と主張を整理するために、以下の議論においてはネイサンスンの忠誠理論を基本枠組みとして採用したい。

これまで縷説《るせつ》したように、ネイサンスンによれば、愛国の対象（すなわち「祖国」）を特別視してこれに忠誠心を抱く理由は大別して二つあるとされる。一つは、祖国に内在する特性・特徴に積極的な価値を見出すからであり、もう一つは、祖国に対して自分がある関係性を見出すからである（Nathanson 2009: 402）。換言すれば、前者は、祖国が何らかの意味で積極的評価に値するからということであり、後者は、祖国が自分のものだからだということである。これら二つの理由づけにはそれぞれ多彩な変種がある。以下においては、それらを分類・整理しつつ批判的に検討することを通じて、現代パトリオティズム論の深層に伏在する暗黙の前提を明らかにしたいと考える。それは、現代という歴史的地点において愛国的であることを道徳的に正当化する上で当然視されている事柄であり、それに光をあてることは、現代パトリオティズムの歴史的性格（および固有の限界）を明確にすることであると考える。

しかし、現代パトリオティズム論の全てが愛国的であることを道徳的に正当であると主張しているわけではない。したがって、そもそも愛国的であるべきではないという主張の代表的なものを検討することから始めたい。

1 愛国的であるべきではないという主張

愛国的であるべきではないという議論はナショナリズムの高揚期にあっても根強く存在した。一九〇四年、フランスの歴史家アルフォンス・オラールはフランス革命以来のパトリオティズムを論じて述べている。「国民(ネイション)のために行いうる最大の奉仕とは、パトリオティズムという虚偽の概念を批判することである」(Aulard 1904: 12)。同様に、近代日本でも幸徳秋水が『二十世紀の怪物帝国主義』(一九〇一年)において、愛国心を野獣的天性であり、迷信や狂熱、虚栄心であり、好戦的な態度であるとして断罪している(幸徳一九八四)。さらに、キリスト教思想家でジャーナリストだった木下尚江は、日露戦争の頃、日本人の愛国心に「国家崇拝」を見出し、国家に至高の権威を見出す愛国的態度を断固として拒否した(木下一九九七a、一九九七b、清水二〇〇二:二三四—二七六)。一九世紀から二〇世紀にかけてナショナリズムが大いに高揚したにもかかわらず、愛国的であるべきではないという主張も少なからず見られたのである。

ここでは現代パトリオティズム論においてしばしば言及される愛国批判の三つを検討したい。その第一は、普遍的な倫理的観点からの批判であり、第二は、愛国を自己欺瞞であるとみなす立場である。そして、第三の立場は、パトリオティズムが究極的には偶像崇拝であるとする立場である。

まず、普遍的な倫理的観点からの愛国批判であるが、その主張の要諦は、自国をただ単にそれが自分の国だという理由で他国より優先することは普遍的公正の立場から支持できないという一点に要約できる。こうした主張の古典的なものに、トルストイの見解がよく知られている。

トルストイによるパトリオティズム批判は激越を極めるが、彼の攻撃対象はいうなれば極端なパトリオティズムであって、パトリオティズム一般ではないことに注意を要する。前章で愛国的であることの諸側面を論じたが、特に忠誠の諸相を検討した際、狂信的な忠誠から普遍主義的で極めて弱い忠誠まで様々な形態があることを確認した。トルストイの理解するパトリオティズムとは、自国の優越性に関する信念や他国に対する支配欲、自国の福利に対する独占的関心と自国の利益の無制限な追求、そして自国の政策への無批判的な追認などによって特徴づけられるものである(Nathanson 2007: 76, Tolstoy 1968a, 1968b)。こうした極端なパトリオティズムを真っ向から否定する根拠は、万民を平等に尊重することを要求する普遍主義的な道徳観である。愛国的であることは自国の利益のためには他国を犠牲にするとして、普遍的平等の立場から、その道徳性の欠如を非難する。しかも、自国の利益を独占的に追求する態度こそはトルストイによれば戦争の根源であり、その意味で、パトリオティズムは必然的に好戦的であると彼は断罪する。

トルストイによるパトリオティズム批判は、コスモポリタニズムの見地からの批判の先駆である。しかし、その批判の矛先が極端なパトリオティズムに向けられている点で、たとえば、ネイサンスンが提案する穏健なパトリオティズムと矛盾しないと論じることは可能である。

さらに指摘すべきは、トルストイのパトリオティズム批判は、のちにアラスデア・マッキンタイアが論じたように、普遍的平等主義と個別主義との相克を明確にする点で有用であるということである。マッキンタイアによれば、普遍主義的な傾向の強いリベラル的な道徳哲学の見地に立てば、パトリオティズムはネイションとの絆を合理的な批判の対象から除外してしまう点で、「道徳的危険の永続的源泉」であると批判されうる。しかし、パトリオティズムの立場からすれば、リベラルな普遍主義的道徳観は、我々の社会的道徳的絆を合理的な批判に晒すことによって解体に追いやる可能性をはらんでいる点で、これまた「道徳的危険の永続的源泉」であることを免れていない、という(MacIntyre 2002: 56)。

つまり、マッキンタイアのパトリオティズム論において明確にされた争点とは、リベラリズムの道徳的公平性の立場と、パトリオティズムにおける個別主義的な道徳哲学とは原理的に相容れない、というものであった。リベラリズムは道徳的に普遍的な不偏不党性を主張する一方、パトリオティズムは必然的にある固有の社会の伝統や慣習に根ざした道徳観に基礎を持つ以上、両者は根本的に相互排除的であるということである。しかし、この両者の立場は、本当に両立しえないのか、という問題が、一九八〇年代の後半以降、パトリオティズムの哲学的考察における一大争点となっている。この論点こそは本章で検討する課題である。

トルストイから時代を下り、現代では、マーサ・ヌスバウムがコスモポリタニズムの立場からのパトリオティズム批判の論陣を張ったことが広く知られている。しかし、彼女の批判は、パトリオティズムがコスモポリタニズムと全く両立しえないという極端な立場ではない。前章でも触れたように、リチャード・ローティがパトリオティズムを称揚したことに対抗して、全人類からなる道徳的共同体への忠誠を優先することの重要性を説いた点で、ヌスバウムは、紛れもなくコスモポリタニズムの見地に立っている。しかし、そうすることで、ヌスバウムは極端な普遍主義・平等主義を主張したのではない。彼女はこう明言している。「コスモポリタニズムは、いずれにせよ、世界の全ての部分に平等な注意を払うことを我々に要求しない」(Nussbaum 1996b: 135)。さらに、より最近の論考では、愛国的教育のあり方について、批判的精神と結びついた、政治的感情としての愛を重視する具体的提案を行っている(Nussbaum 2013: Ch. 8)。したがって、ヌスバウムを、パトリオティズムを拒絶するグループに分類するのは妥当ではないといえよう。さらに付言すれば、コスモポリタニズムの極端な主張、すなわち、個別主義的なコミットメントを全否定するケースは皆無といってよい(Tan 2004: 139)。ネイサンスンも指摘するように、普遍的平等主義を主張しつつも、何らかの意味で、ある特定の集団に愛着を覚える特別な関係性にも道徳性を見出すのが一般的である(Nathanson 2009: 406)。

次に、第二の視点としてここに取り上げるパトリオティズム批判は、愛国的であることが自己欺瞞であるから悪徳であると主張するものである。この見解を展開するサイモン・ケラーによれば、パトリオティズムとは、自分の国に見出す特別なアイデンティティである。その国が自分の国であることに重要な意義を見出すために、自分の物事に関する観点は、その国が自分のものであるということによって（少なくとも部分的には）規定される。しかも自分の国は何らかの点で良い国であると考え、自分の国との関係を重要視するため、愛国的であることが、自分の価値観における優先順位を定め、自分が国のためにどのような犠牲や妥協をすべきかをも決定する、とケラーはいう（Keller 2007: Ch. 3, 2015: 59）。

ケラーによれば、以上のように自国にアイデンティティを見出すことは、自分自身と自分の国、ひいては世界に対する見方を左右する。自国との自己同一化の結果、自分の国を肯定的に判断し、その国の特徴を裏書きするものである。自分の国が何らかの美徳を備えているということが自分のアイデンティティの前提となるというのである。したがって、愛国的である人に向かって、その人の国が本当に美徳を備えているかどうかと問うことは、当の人物が本当に自分自身であると思っている人物であるかどうかと問うことと等しい、という。愛国的であることは、その人自身のアイデンティティの一つの表現だからである（Keller 2015: 62–63）。

こうして、自国に関するある人の理解が、愛国者としての自分の理解と食い違うならば、自分自身の理解を保持することに躍起になるのである。なぜなら、自分自身の自国についての理解は、自分のアイデンティティの一部だからである。理解が正しいかどうかは問題にならず、ただ単にそれが自分のものであるという理由から、自身の理解にしがみつくわけである。このように、愛国はサルトルのいう「悪しき信念」、すなわち自己欺瞞に帰着するとケラーは結論づけるのである[1]（Keller 2007: Ch. 4, 2015: 63–64）。

しかし、この議論に対しては、ケラーの主張は、愛国心を抱くものが必ず自己欺瞞に陥るというのではなく、自己欺瞞に陥る傾向があることを示しているのであって、その限りでは、パトリオティズムに伴う道徳的危険（moral hazard）を指摘しているにすぎないという反論がある（Kleinig 2015b: 115）。すなわち、愛国者が、自己欺瞞に陥らず素直に自国のあり方を直視するケースがありうるわけである。

ケラーによる批判がこのように潜在的「道徳的危険」の警告にとどまるのに比べて、より苛烈なパトリオティズム批判の代表例として特筆に値するのが、ジョージ・ケイテブによるものである。ケイテブによれば、パトリオティズムは「深刻な道徳的誤謬であり、かつ、その源泉は通常、精神的混乱状態である」とされる（Kateb 2006: 3）。ケイテブは、まず、愛国の対象が想像上の産物でしかないことを指摘する。パトリオティズムとは自国のために死んだり殺人を犯したりする用意のあることであると述べ、「パトリオティズムと軍事的な死の必然的な結びつき」が往々にして看過されていることに注意を喚起する。ただ、その「自国（one's country）」が意味するところは、人々の集団だけでなく土地や景観、歴史や社会的紐帯など、あまりにも多様である。したがって、愛国的な主体がそのために自己犠牲になったり、殺人を犯したりするものとは「ある抽象物（an abstraction）」でしかないと論じる（Kateb 2006: 7-8）。しかも、パトリオティズムは、単なる「抽象物」であるだけでなく一つの「理想」でもある。しかし、その実態は「自己理想化」つまり「自分のものだと人が感じる実体——国——を理想化する」ものであり、「集団ナルシシズム」である。

ケイテブの批判は、ヴィローリのパトリオティズム擁護論に触発されたものである。ケイテブは、ヴィローリの主張の要諦を、パトリオティズムは自由への愛である点で一つの道徳的原則であるが、「自由は自国と絡み合った形でなければ愛することができない」というものだとしている。つまり、自由という普遍的原則は、自国という個別的なものを通してでなければ愛することができないという主張であるとケイテブは理解している。ケイテブは、こうした愛国的態度をカトリック的な聖像崇拝に類比し、プロテスタント的な聖像破壊こそが正しいと断じている（Kateb

2006: 10-11)。このアナロジーに基づく批判的主張は、煎じ詰めれば、パトリオティズムが「自己崇拝」であるという点にある。自分がアイデンティティを見出す「国」という想像上の産物を実体化かつ理想化し、しかも、その国に自己同一化しているために自己崇拝に陥るというわけである(Kateb 2006: 15-16)。しかも、その自己崇拝は、自己犠牲までも要求しうるものであり、ケイテブは、パトリオティズムを「偶像崇拝」であると結論づけている(Kateb 2006: 19)。

ケイテブの見解は決してキリスト教的観点に立脚するものではないにもかかわらず、その結論は、前章で検討したシモーヌ・ヴェイユのそれや、日露戦争の時期に愛国心を「国家崇拝」であると批判した木下尚江の立場に近接している点で興味深い。しかし、それに劣らず重要なのは、ケイテブのパトリオティズム批判が、「自国」という概念の抽象性と曖昧さ、および、その自国への自己同一化、すなわち自国にアイデンティティを見出すことの二点に着眼した点である。「自国」という概念についていえば、カントリー概念の歴史的背景を第２章で検討した通りであり、たしかに「国」という概念は抽象的で曖昧かつ多義的である。しかし、抽象的で曖昧ではなく具体的で明確な対象だけが愛の対象たりうると主張するならば、それはいささか勇み足の感を否めないであろう。実際、哲学や歴史などの学問分野や音楽のような芸術は抽象的で実体として存在するわけではないが、哲学を愛したり、音楽を愛したりすることが常に偶像崇拝的であると批判されるべきだとしたら、奇妙であるといえまいか。何を愛するかという問題とその対象をどのように愛するかとは区別する必要があろうが、その点にはケイテブは考察の筆を進めていない(2)(Callan 2006: 531-532)。

一方、ケイテブによるパトリオティズム批判が、自国にアイデンティティを見出す点に着目することに関して付言すれば、この論点の意義を考察するために、先ほど紹介したケラーによるパトリオティズム批判に立ち返ってみたい。ケラーは、国に対する忠誠のあり方には、愛国的でないものもありうると主張している。すなわち、ある国に忠誠心を抱くのは、その国が自分の国だからではなく、その国が忠誠心を捧げるに値すると判断する場合に限るならば、愛国的ではない忠誠が成り立つ、というのである。これを裏返せば、ケラーの理解するパトリオティズムとは、ある国が自分の国であるからという理由によってその国に忠誠心を抱く場合を意味するということである。ここには、ケイテブによる批判と同じ視点を見出すことができる。すなわち、その国が自分の国であること、自国にアイデンティティを見出すことが、ケラーとケイテブのパトリオティズム理解に共通する点である。すなわち、彼ら二人によるパトリオティズム批判はともに、自国にアイデンティティを見出すことを問題視しているわけである。

ネイサンスンの忠誠理論に照らしていえば、愛国的であることを正当化する根拠は大別して二つあるとされ、一つは、ある国が何らかの評価基準を満たすからというものであり、もう一つは、その国が自分の国だからというものである。ケラーとケイテブが共通して問題視するのは、後者の根拠である。すでに第3章で論じたように、前者の立場に傾斜すると、普遍主義的でコスモポリタニズムの主張に接近する一方、後者に傾くと、自国に関する規範的判断を放棄した狂信的な愛国の主張に近くなるから、自国に自己同一化する視点には危険な要素が潜んでいることは明らかである。

ただし、これら二つの根拠は、必ずどちらか一方を選択しなければならないわけではない。だが、両方ともに有効な場合でも、どちらの基準が優先されるかで判断は異なってくる。たとえば、自国がある評価基準を満たす場合は自国に忠誠心を抱くが、しかし、そうでない場合、それが自国であるにもかかわらず、見限ってしまうならば、客観的評価基準をより重視していることになろう。これはオルデンキストのいう「不偏不党のパトリオティズム」に近接した立場である(Oldenquist 2002: 33-34)。一方、ある評価基準を満たさない場合でも、その国を見捨てることがないならば、それは、その国が自分の国だからであろう。ただし、この場合、自国をあるがままに肯定するのではない。客観的評価基準も考察の射程内に入っているために、評価基準を満たす水準にまで自国を改善しようという動機が生じ、自国を批判する態度に帰結することもありえる。

以下の論述では、これら二つの根拠をそれぞれ独立に論じる。いずれの場合も、それぞれの根拠づけの多様な形態に着目する。

2　「その国が評価基準を満たすから」という理由

何らかの評価基準にその国が見合うからその国に忠誠心を抱くという議論は、ネイサンスンが普遍主義的忠誠の特徴の一つとして挙げるものであるが、こうした愛国の根拠は、ヴィローリが強調した共和主義的な伝統を受け継ぐものと見てよい。すでに縷説したように、共和主義的パトリオティズムは、共同の自由、共通善という政治的理想を防衛する思想であった。すなわち、防衛すべき祖国がこうした自由であり共通善である以上、不正や汚職の絶えない政治的状況では「祖国」は危殆に瀕していることを意味する。このような政治的判断がパトリオティズムの主軸となっている場合、不正にまみれた自国に見切りをつけ、理想とする自由がより理想に近い形で実現している外国に自分の「祖国」を見出すことがありうる。実際、一七世紀イングランドの共和主義的パトリオティズムには、このような傾向が見られたこともすでに論じた通りである。

近現代のパトリオティズム論には、普遍的な道徳的観点からの規範的評価を重視するものが少なくない。たとえば、モンテスキューは、「祖国愛」が正義による制限を受けることを明言している。すなわち、正義の諸原則を犯すならば、「祖国愛」は最悪の犯罪の源となる。しかし、正義の諸原則によって矯正を受けるならば、ネイションの名誉となる、というわけである（Viroli 1995：69＝二〇〇七：一一四）。

さらに、ジュゼッペ・マッツィーニの人類愛に基づくパトリオティズムも言及に値する。前述したように、マッツィーニは熱烈にパトリオティズムを説いたが、その愛国的態度を人類愛の枠組みの中に位置づけることで相対化することを忘れなかった。「人類を愛してください。祖国や家族のレベルで何かするときには、必ず「自分のやろうとしていることは、もしそれを万人が万人に対してした場合に、人類にとって役に立つだろうか、それとも害になるだろうか」と自問するようにしてください。そしてもし良心の答えが「害になる」なら、思いとどまってください。たとえその行動が祖国や家族にすぐ利益をもたらすように見えても、思いとどまるのです」(マッツィーニ二〇一〇:八二)。このように、祖国のための行動も、人類愛の観点から制限を受けることをマッツィーニは明確にしている。

しかし、採用すべき評価基準は前もって自明ではない。実際、モンテスキューのいわゆる「正義」にせよ、マッツィーニのいう「人類愛」にせよ、それが採用すべき評価基準として、あらゆる人々によって共有される必然性はない。しかも、人によっては、評価基準は必ずしも普遍的価値である必要がないと主張する場合もある。実際、ヴォルテールは私益を評価基準に据える考え方を示し、「祖国」とは自分にとって利益になる限り有意義なものであって、もはや自分に利益をもたらさなくなれば、退去しても構わないような存在であった(Viroli 1995: 78＝二〇〇七:一三五)。

前章で論じたアルバート・ハーシュマンの忠誠理論も、それが経済理論である以上、想定される主体は、私益とコストをできるだけ合理的に計算する存在であって、普遍的価値を望ましいとする主体ではない。ただ、この場合、考察の対象となる組織を企業体ではなく国家とするとき、興味深い結論に到達する。すなわち、国家の場合は、忠誠心は大抵の場合ほとんど必要がないというのである。なぜなら、自分の国は通常よその国と比べて十分に異なっており、自国に代わる国を見つけるのは困難だからである。換言すれば、自国が他国とあまりに異なりすぎるということは、自国を「離脱」するコストが高すぎるということである。ただし、コミュニケーションの発達や近代化の結果として、自国が他の国と似通ってくると自国に対する忠誠の有用性は増大してくる、とハーシュマンは付け加えている。しかも、その国が、よその国と歴史や言語・文化を何らかの意味で共有するなら、それらの国々はいっそう相似するのであり、そうした国では、たとえば、頭脳流出を防止するために自国への忠誠が必要視されることになろう[3](Hirschman 1970: 81)。

一方、ある国を「評価」するとはいえ、その評価が肯定的なものに偏る場合もないわけではない。すなわち、評価の対象となる国を尊崇に値するほど卓越していると評価する場合がそれにあたる。

前章で、法思想史的見地による忠誠の二つの根拠を紹介した。すなわち、忠誠の対象を尊崇する(つまり対象がマイエスタスである)場合と、その対象に双務的契約関係性を見出す場合である。後者の場合、忠誠の対象が、客観的基準としての契約に違反する場合、忠誠心を抱く主体の忠誠義務は解除されるという意味で、忠誠は制限つきのものであった。他方、前者の場合、忠誠心を抱く主体は、もっぱら一方的にその対象を尊崇するのであるから、言い換えれば、無条件かつ常に、その対象に高評価を与えるということを意味する。つまり、これを愛国の文脈に置き換えれば、ある国が他の国より卓越しているという評価を無条件的に下すという状態に相当する(Nathanson 1993: 5)。こうした考え方は通常、他国に関してではなく自分の国について生じるものであろう。その場合、愛国の対象が「自分の国である」と同時に「その国が優れていると評価される」からという二重の根拠に基づいていると見ることができよう。

しかも、このような場合、その国に対する高評価は無条件的に妥当するものである点で、客観的基準の観点からその国の現状について規範的判断を下したものではなく、むしろそうした判断の停止状態であり、一つの信念となっているというべきであろう。この場合、ケラーのいう「自己欺瞞」やケイテブのいう「偶像崇拝」の状態に限りなく近接することになるが、こうしたケースは、歴史上に少なからず見受けられるものである。

たとえば、自国民が「選ばれた民」であるという意識は比較的広く見られる。アンソニー・スミスが論じたように、こうした「選民思想」はユダヤ・キリスト教に淵源があり、古代のユダヤ人から近代のアメリカ人に至るまで見受けられる考え方である(Smith 2003, McKenna 2007)。さらに、これに類似した考え方として、自国をある聖地に類比するものもある。一八世紀には、イギリスを「新たなイスラエル」とみなす傾向が見られ、フランスも自国を「新たなローマ」とみなして、ヨーロッパ文明を最もよく体現する国民であると考える風潮が見られた(Colley 1992, Bell 2001)。自国が他国より卓越しているという意識は日本人の間でも広く見られるものである(清水二〇一三:一三三)。近代日本から一例をとれば、加藤弘之も『真政大意』の中で「皇国」は幾億万年の今日に至るまで、「皇統一姓けっして他姓を仰ぎて君となすことのない」点で万国と比べて卓越する点であると述べている(加藤一九八四a:三五五)。

以上のように、ある国を何らかの規範的基準に照らして評価する立場には極めて多様なものがある。翻って、現代パトリオティズム論において、規範的評価の普遍性にこだわる立場としては、憲法パトリオティズムにまず指を屈するべきであろう。憲法パトリオティズムは、公正なリベラル・デモクラシーの価値観や諸手続きを普遍的規範として要求する点で特に際立っている。

憲法パトリオティズムが愛国的忠誠の対象とするのは、第2章で論じたように、公正な条件のもとで政治空間を共有しようという市民の信念や態度そのものであり、そうした信念を継続的に実践する結果生まれる「憲法文化」をも愛国の対象に含める。しかし、その「憲法文化」は常に現在進行形のプロジェクトであって、決して完成することはない動的なものとして理解されている。その意味で、憲法パトリオティズムは、その愛国の対象としての「憲法文化」を、公正なリベラル・デモクラシーの価値観や諸手続きの観点から批判的に評価することに主眼があるということができる。

憲法パトリオティズムにおける愛国の対象が、こうした普遍的規範や価値観そして形式的手続きであることから、理論上はともかく、実践的には、市民の忠誠心を喚起し政治参加を促すには、あまりにも抽象的で浅薄すぎるのではないかという批判が絶えない(Viroli 1995: 175=二〇〇七:三〇三―三〇四、Poole 2007)。リベラルな民主的政治原則や諸手続き（及びそれに付随する政治文化）への忠誠として憲法パトリオティズムは構想されているが、その反面、自分たちが運営する政治的諸制度が、何らかの意味において「自分のもの」であると思わせる感情的動機づけやアイデンティティを欠いているため、憲法パトリオティズムの構想する政治共同体は脆弱たらざるをえない、というのである（Laborde 2002: 601）。言い換えれば、政治的諸制度がある評価基準を満たす（リベラル・デモクラシーの政治的価値を体現する）から、その政治制度に対し忠誠心を抱くというなら、そのような政治制度が、自分がすでに属する国だけでなく他にも存在する場合、なぜ自分の国に忠誠心を抱きその他の国に対してそうではないのか。この問いに対する解答は明らかではない。

そうした批判に対して、ミュラーが強調するのは、普遍的規範への忠誠を市民が実践する結果、生み出される「憲法文化」の意義である。公共的空間において政治討議を行うに際し、普遍的規範と手続きにこだわり続けることで形成される「憲法文化」とは、ミュラーによれば、そうした政治的対話に参加する市民たちが共有する歴史的政治的背景と必然的に結びつく。すなわち、普遍的な規範や手続きは、個別的な歴史的政治的条件に沿って読み解かれる一方、個別的な歴史的政治的条件に関する市民たちの政治的判断は、普遍的規範と手続きに照らして下される。このように、純粋に普遍的な規範や手続きと、具体的な歴史的政治的文脈の間の「循環的なプロセス」の中から「憲法文化」は形成される、とミュラーは指摘する。したがって、「憲法文化」とは、個別的な歴史的政治的文脈を反映しているという意味で特殊性を帯びており、参加する市民たちが「我々のもの」であるという意識を抱くことのできる対象だ、と主張する（Müller 2007a: 58–60＝二〇一七：七八–八一）。つまり、愛国の対象が「我々のものだから」という意識は、まず、市民たちが普遍的な規範に忠実に政治的対話に取り組むプロセスの中から生まれてくるものであって、もともと存在するものではない。「憲法文化」をも愛国的忠誠の対象に含めるとしても、それは「我々」という集団や「我々の」文化だからではなく、あくまでも普遍的規範と手続きへの忠誠から生じたものだからである。その意味で、憲法パトリオティズムは、究極的には、普遍的規範としての政治原理への忠誠を最優先する愛国的立場であって、個別性（「それが私・我々のものだから」）は愛国的忠誠の根拠ではない。

しかし、そもそも、そうした普遍的規範としての政治原理に市民たちがコミットするように動機づけることはどのようにして可能なのか。そのようなコミットメントについて憲法パトリオティズムは「無から創り出すことはできない」とミュラーは認めている（Müller 2007a: 79＝二〇一七：一〇七）。

したがって、ネイサンスンが指摘した二つの忠誠の根拠のうちのもう一つ、すなわち、忠誠の対象に関して特別な関係性がある場合を検討する必要がある。愛国的であることの根拠として、その対象が「自分の国だから」という主張が看過しえない所以である。

3 「自分の国だから」という理由

共和主義的な伝統では「祖国」概念が、地理的・空間的にも、社会的・集団的意味においても具体性・特定性を欠いていたことは第2章で指摘した。しかも、政治的美徳を持つ人が少なければ少ないほど、「祖国」は存在しなくなるようなものとして観念されていた。そうであるなら、その「祖国」とは、すでにそこにあるものではない。したがって、その「祖国」に関して「私のもの」であるという想念を抱くことがあるとすれば、それは「私の」政治的理想や理念である限りにとどまる。そうした理想が法体系として成立しているのはありうることであり、その法制度を「祖国」という概念で捉えることはできる。しかし、そのような理想は、共和主義的伝統では普遍的であり、コスモポリタンな色彩をも伴うものであった。

しかし、その一方で、「自分のものだから」といいうる「祖国」が、何らかの形で現にそこにあるものと観念されている場合もある。ことにナショナリズムの洗礼を受けたあとでは、「自分のものだから」とされる対象は、ある法体系と制度だけにとどまらず、国家やネイションとそのシンボルや儀礼、言語やエスニシティ、宗教的ないし文化的なアイデンティティ、さらに、「国」というやや雑駁な概念の視覚イメージを代表する景観や自然現象など、各種多様なものを意味することがありうる。

愛国的忠誠の対象の多様さについては第2章で論じたからここでは再説しない。むしろ、ここでの主要関心は、それが「自分の国だから」という理由づけには様々なヴァリエーションがあるということである。主なものだけを列挙しても、①自国に対して恩義を感じるから、②自国に道徳的感覚と理解を負っているから、③自国は、自分の家族同様、自分の宿命であるから、④同国人である事実により特別な義務が生じるから、⑤自国にアイデンティティを見出すから、という五つの根拠づけがありうる。これらを以下においてそれぞれ検討してみよう。

自国に対する恩義

中世末期から近代初期にかけてのパトリオティズムの議論を、現代のそれと比較したときに気づく一つの相違点は、そもそもなぜ愛国的であるべきなのかという問題が現代の論者にとって主要関心事であるのに対して、中世末期から近代初期においては、それは必ずしも本格的に論じられなかったという点である。一七世紀以前であれば、とりわけ愛国の対象としての共通善が地上の生活において最も重要な善であることは、一般的にいって当然のことと理解されていた。それは現代自由主義世界において、共通善を見出す術を失ったとしばしば論じられる現状と対照的である（Lilla 2018）。

しかし、中世末期から近代初期にかけてのパトリオティズムで主張され、現代でも用いられる正当化の議論がないわけではない。それは、我々自身の国に対して道徳的義務を負うのは、我々が自国に恩があるからだというものである。すなわち、我々は自国から、自分の生命や教育、言語や自由などを享受している。我々が道徳的でありたいのであれば、共通善への奉仕を通じて、自国から受けた恩を返すべきだというのである（Viroli 1995: 9＝二〇〇七：二二）。

自国に対する恩義に注目する議論は歴史が古く、政治的義務の問題に関連して提出されている例はソクラテスまで容易に遡ることができる（プラトン一九七五：一四〇―一四一）。パトリオティズムの文脈では、特に共和主義的パトリオティズムの伝統に自国に対する恩義を強調する例が見られることは、第1章ですでに見たとおりである。キケロは極めて明瞭に、市民と国との間の相互互恵関係について論じている。すなわち、「祖国が我々を産み教育を施すのは、その見返りに我々から何らかの糧を受け取ることを期待してのことである」（Cicero 1928b: 22–23, キケロ一九九九c：一一）。歴史的観点を踏まえてヴィローリはいう。もし自国が自由を自国民に与えないようになったら、自国が再び自由をもたらすようにすべきである。これに対して、なぜ自由をもたらすよその国に移住すべきではないのか、という異論があるかもしれない。しかし、「よその国では、最善の場合、市民的な、さらには政治的な自由も享受できるかもしれないが、我々自身の文化に従って生きることはできない。同胞の中にあって享受する自由はより甘い味わいがあるのである」（Viroli 1995: 10＝二〇〇七：二三）。

しかし、自国に対する恩義を根拠とする政治的義務の正当化に対しては、有力な反論がある（Horton 1992: 100–102）。A・ジョン・シモンズによれば、政治的義務の発生に要求されるのが何らかの便益を個人が受けたということだけであれば、不正な政府に対しても容易に政治的義務が生じることになる。むしろ、不正な統治が様々な腐敗や残虐な支配に帰結しているならば、それは、政治的義務がもはや解除されているという主張の十分な根拠となりうるはずである（Simmons 1979: 184）。

さらに、政府には市民に対して便益をもたらす義務や責任があり、市民はそうした便益を享受する権利を持つ。したがって、政府がその義務を果たしているにすぎないとき、市民がそれに恩義を感じる必要はない（Simmons 1979: 184–185）。この論点は、近代日本の場合、福沢諭吉がすでに主張したものである。福沢曰く「抑も御国恩とは何事を指すや」。一般庶民が法の保護を受けて平穏に暮らすことができるのは、単に政府が本来なすべきことをなした結果にすぎない。もしこれを「御恩」だというなら、福沢は逆に問い返す。一般庶民が納めた「年貢」すなわち税金を政府は「御恩」とみなさねばならない。つまり、ここには政府と納税者の間に相互互恵関係があるにすぎず、一方的に庶民が政府に対して恩義を感じなければならない理由はない、と福沢は断定する。したがって、国に対する恩義という考え方を福沢は「悪風俗」であるとして切り捨てている（福沢一九五九 a）。

このような議論は、倫理学的には、次のミリャード・シューメーカーの言葉で表現できよう。

他人が義務を果たし、負債を支払ったからといって、我々はさほど感謝したりしない。そうではなく、他人の成すことが超義務［supererogation］として再記述し得るから（少なくとも可能性としてはそうし得るから）我々は感謝する。義務と超義務との間の境界線が不明瞭であるから、他人の行為がただ義務を果たすものであるか、あるいは事実上義務を超えるものであるのかを決める立場に我々がないことはしばしばである。不完全義務の遂行が義務を超えるようであることが明らかであるレベルに向かうにつれ、我々の感謝の念は自然に増加する。同様に、我々は、不完全義務を果たすための最小限の努力には、ただ気のない賛辞を与えるだけである（シューメーカー二〇〇一：一七〇）。

国に対して恩義を感じるとすれば、ちょうど親が子供に対して義務以上の愛情を注ぐのと同様に、国が自分に対して特別な愛情を抱いてくれたからであるとか、何らかの自己犠牲を払ってくれたからということであるはずである

(シューメーカー二〇〇一：一七〇、Oldenquist 2002: 35)。しかし、それは「国父」たるカリスマ的指導者に対して抱く(ように誘導・教化された)感情としては可能であっても、リベラル・デモクラシーにおいては、政府が個々の市民に関してそのような特別な配慮をすることはおよそありえないであろう。政府のような集団や制度においては、その成員は各々が担う役割の責任を果たすにすぎない。ある特定の政治家が特別な自己犠牲を払うことがあるとしても、その犠牲的行為に対して市民が抱く恩義はその政治家個人に対するものでありこそすれ、政府や国家という制度や集団に対するものではないはずである。したがって、過去の様々な偉人たちの自己犠牲的な行為に関してそれらの個人に恩義を感じるというならともかく、そうした歴史的事例を一般化してネイションや国家に恩義を感じるべきだというのは、妥当とはいいがたいであろう(Simmons 1979: 188-189)。

コミュニタリアンな議論とそれへの反論

右のように「国に対する恩義」を強調する立場は、個人が自国に何か貴重なものを負っているという認識に基礎づけられている。マッキンタイアのコミュニタリアンな議論もそれと軌を一にするものである。

マッキンタイアによれば、人はその道徳規範についての理解をその人が属する共同体に負っている。この世の中に「倫理それ自体」「道徳そのもの」を特定の共同体から切り離して普遍的な形で獲得する人は誰もいない。ある特定の共同体に固有の規範としてでなければ、人は道徳規範を学ぶことはできない。だから、自分がある国に属しているということは、それ自体として倫理的に有意義であり、その意味で愛国的立場は正当化されるという(MacIntyre 2002: 48-51)。自国に偏らないパトリオティズム(たとえば、オルデンキストのいう「不偏不党のパトリオティズム」)は、マッキンタイアにとって「去勢されたパトリオティズム(emasculated patriotism)」として愛国的であるとはいえない代物である(MacIntyre 2002: 46)。実際、マッキンタイアは、自国の利益の追求が人類全体の利益に反する場合でも、愛国はそうした自国のプロジェクトへの支持を要求することがありえると論じている。これは、自国一国の利益を普遍的な人類全体の利益よりも優先する点で、マッキンタイアの愛国論は極端な愛国的立場に転化する可能性を示している。

本章でトルストイを論じた際に記したことだが、マッキンタイアの主張は、普遍的道徳観と個別主義的道徳観の相克という争点を浮き彫りにしている点で極めて重要である。これまで縷説したように、この問題は現代パトリオティズム論の一大争点をなしており、マッキンタイアの主張はリベラルな立場から繰り返し批判に晒されている。

マッキンタイアへのリベラリズムからの有名な批判として、マーシャ・バロンによる論考がある。バロンによれば、「それが私の国だから」という理由づけが意味することは、ちょうど私が「愛の名において」することが許されているように、他の誰に関しても「愛の名において」することが平等に許されているということを意味するにすぎない。つまり、私が「それが私の国だから愛国的なのだ」と主張するとき、その含意するところは、「したがって、他の人は各々自分の国に関して愛国的であることは許されているのだ」という立場を表明しているということである（Baron 2002: 70-71. Cf. Nathanson 2002a: 94）。自分が自分の国を愛するということが全ての人に平等に許されているというのは、個別的な選択の可能性が普遍的かつ公正に与えられていることを意味しており、この意味において個別選好性と普遍的公正という二つの視点は矛盾しない、というわけである。

さらに、道徳的規範をめぐる争点に関して、バロンによれば、パトリオティズムが不偏不党の公正な道徳とは両立できないとするならば、その重要な帰結の一つとは、愛国的である限り、自国にとっての善とそれ以外の善とを斟酌する可能性をはじめから排除してしまうということである。つまり、ある国が自分のものである以上、その国の道徳規範によって判断を下さざるをえず、したがって、普遍的に公正な判断などできないと主張するならば、必然的にあらゆる判断は自国に偏頗することになる。しかし、実際には、自国にとって「外側」の立場から、自国以外の国々の事情や利益を考慮しつつ、自国の利益に関する主張を吟味することは可能であり、しかもそれはまぎれもなく公正なものであるとバロンは主張する(Baron 2002: 68)。

バロンの主張は、たとえば、マッツィーニの人類愛に基づくパトリオティズムの主張と軌を一にする。マッツィーニは熱烈にパトリオティズムを説いたが、その愛国的態度を人類愛の枠組みの中に位置づけることで相対化することを忘れなかった。前出のように、「人類を愛してください。祖国や家族のレベルで何かするときには、必ず「自分のやろうとしていることは、もしそれを万人が万人に対してした場合に、人類にとって役に立つだろうか、それとも害になるだろうか」と自問するようにしてください。そしてもし良心の答えが「害になる」なら、思いとどまってください。たとえその行動が祖国や家族にすぐ利益をもたらすように見えても、思いとどまるのです」(マッツィーニ二〇一〇：八二)。

このような、何らかの意味で客観性に基づく判断の可能性は、ネイサンスンによっても提示されている。彼によれば、穏健なパトリオティズムは、自国に対する特別な愛情を持ち、自国の繁栄を望みつつも、自国への配慮が他国への適切な配慮を伴い、自国の利益の追求も倫理的に規制され、自国の政策に批判的視座を保ちつつ条件つきで支持する、という(Nathanson 1993: 123. Cf. Primoratz 2015: 83)。したがって自国と他国が紛争関係に入る場合、「外側」から自国の立場を相対的に見つめ直す視点は、自国と他国の紛争に対して中立的であることを必ずしも意味しない。仮に他国に非があると客観的に判断できるならば(たとえば、他国によって自国が侵略を受ける場合)、自国を支持することを妨げないのである(Nathanson 2002a: 96)。

しかし、このような客観的な視点の可能性をバロンやネイサンスンが主張することは、当然のことながら、マッキンタイアの視点からすれば大いに問題をはらんでいる。なぜなら、以上のような主張は、「道徳そのもの」という純粋に客観的なものではないにせよ、人が帰属する共同体固有の道徳規範から離れた判断が可能だという前提に立っている。しかし、マッキンタイアにいわせれば、そのようなことは不可能である。

人が学び取る道徳的規範が必然的に個別的たらざるをえないというマッキンタイアの主張に対しては、ネイサンスンによる反論が興味深い。彼による批判の勘所は、マッキンタイアが想定するほど、ある共同体の道徳規範は明示的で一枚岩ではないという点である。そもそも、人々の道徳規範の源泉はネイションであるとは限らない。それは家庭であるかもしれないし、学校や、地域社会、あるいは何らかの宗教かもしれない (Nathanson 1993: 94-95, 2002a: 100)。どのネイションや国家にも、その内部に多様な道徳規範が共存するのである。

この点では、リベラル・ナショナリズムの議論も同様の問題をはらんでいると指摘しておくことは無駄ではなかろう(4)。リベラル・ナショナリズムの暗黙の前提は、我々はある一つのナショナルな文化からのみ、自分の道徳的価値観を学んでいることを想定しているが、それでは、我々の子供時代に複数の国々において教育を受けた場合、そうした人々は、首尾一貫した道徳的価値観を持ちえないのであろうか。また、複数の国に住んだ経験がなくとも、両親が異なるナショナルな文化背景を有する場合はどうであろうか。さらに譲って、複数のナショナルな文化に接触する機会がない場合でも、ある共同体から倫理的規範を個人が個別的なものとして学び取るということが必然的事実だとしても、前述したように、その共同体が国民国家であるという必然性はない。それは、家庭や学校、地域社会や宗教的共同体などでもありうるからである。

リベラル・ナショナリズムの論者たちが「ナショナルな文化」を持ち出すのは総じて二つの理由に基づいている。一つは、リベラリズムの議論はある特定の政治共同体に関するものであることを暗黙の前提としており、その前提を正当化しうるには、ナショナルな文化が理論的に必要とされるからである。そこではナショナルな文化は、それ自体として独立の道徳的価値であると想定されている。もう一つの議論は、経験的にナショナルな文化がすでにそこに存在していることが確認され、しかも、ナショナルな文化は実際に民主的国家が連帯を保つ上での唯一の根拠であるというものである (Stilz 2009: Ch. 6)。前者においては、ナショナルな文化は理論的要請であり、後者においては、ナショナルな文化はすでに機能している事実である。

しかし、ナショナルな文化は、すでに見たようにフランス革命期以降、諸国において人為的に形成されたものであり、ルソーによれば、そうした文化の形成は、たとえ他国の支配を受けようとも屈しない「心の中の共和国」を打ち立てるための手段であった(ルソー一九七三)。ナショナルな歴史も、そうした国家の内面化のための手段として構想され機能したのである。しかし、そうした「心の中の共和国」がひとたび形成されてしまうと、もともと手段にすぎなかったナショナルな文化が、むしろそこからその国に忠誠心を抱く義務感やその国の文化に根ざした道徳観、ひいてはその国の国民として生きる個人が世界において占める場所と意味を汲み出す源泉であるかのように理解されるようになる(Smith 1991: 17)。その源泉がもともと存在したものであると認知されるようになると、それは「自然」であり、人為的に創造されたという歴史的事実は忘れ去られてしまうのである。

こうして見れば、ある国が「自分の国であるから」愛国的であるべきだと主張するために、ネイションなどの自分が帰属する政治共同体を道徳的規範の唯一無二の源とみなすのは、いささか無理があるように思われる。たしかに、現代国家においては、ナショナルな意識は様々なメカニズムを通じて人々の意識に上らない形で拡大再生産されている(マイケル・ビリグのいう「凡庸なナショナリズム」)という事情を踏まえれば、人々の道徳規範感覚の養成に際してネイションが果たす役割の重要性を疑うことは難しい。しかし、あるネイションにおける道徳的規範がほぼ均質で、誰もが共通に理解するようなものでは必ずしもないというネイサンスンの指摘は、妥当なものというべきであろう。

「その国が自分にとっての宿命だから」という理由

ベネディクト・アンダーソンによれば、政治的愛の対象には、血族関係に関するものであれ、「家」についてであれ、自然的な絆として言語的に表現されるものがある。これらが自然であると観念されるのは、それらが選ぶことのできない事柄だからである。肌の色や性別、両親や生まれた時代などは選ぶことができない。そして、自分が帰属する共同体、ひいては自分の国のために死ぬのは、それらを自分が選ぶことができないが故に、加入が自由な集団のために死ぬのとは比べものにならないほど価値があるとされる。このような意味で、自然な絆は宿命(fatality)的であるとアンダーソンは指摘する。その宿命性は、純粋さ(purity)と公平無私さ(disinterestedness)の聖なる輝きを帯びると指摘している(Anderson 1991: 143-145)。

リベラル・ナショナリズムの立場を代表する論者のデイヴィッド・ミラーも、ナショナル・アイデンティティが選びえないものであることを強調する。人がある国に生まれ育つのは、たまたま救命ボートに同乗することになったのとは異なり、言語や社会習慣など生活様式の全体が歴史的に定められている。それは自ら熟考の上選びとるようなものではなく、否応もなく与えられるものである(Miller 1995: 121. Cf. Tamir 1993: 121)。自分の肉親や子供を人は選ぶことができない。その宿命を人は引き受けざるをえない。それと同様に、自分が生まれ育つ国は自分で選ぶことができない。自国という存在もまた、通常(亡命や外国への帰化のような例を除けば)、人は宿命として引き受けざるをえないのである。

その国が自分の国であるのは私の宿命であるという理解はしばしば、家族関係のアナロジーを用いて展開される。その場合、宿命性を前提としつつ、家族関係を中心的基本概念として、そこから同心円的に多様な集団への帰属関係が類似性を持つものとして論じられる。「我々の愛着感はごく身近なところから始まり、そこからのみ外側へと成長する」(Barber 1996: 34)。このように、忠誠関係が同心円的に中心から周辺へと展開することをオルデンキストは「入れ子状態の忠誠(nested loyalties)」と呼び、家族関係をモデルとして愛国的立場を弁証している(Oldenquist 2002: 31, 36)。

歴史的にも古代以来、家族メタファーは愛国的言説においてしばしば用いられてきた。フランス革命期におけるネイション概念は、支配者と被治者のタテの関係を表現するものではなく、市民たちのヨコの結束を表現するものであり、こうした意味において、当時のフランス人はネイションを自分の家族とみなすメタファーをしばしば用いた(ハント一九九九)。同様に、「祖国」も市民的兄弟愛によって結びつけられた大きな家族として表象された(Bell 2001: 19)。近代日本においても、家族国家観は極めて大きな影響力を有し、父母を敬愛するという自然的感情をもって「忠君愛国」が基礎づけられたことは広く知られている(石田一九五四)。

しかし、家族関係に典型的に見られる特別な関係の宿命性は、どのような道徳的意義を持つのか。宿命的であるということは自由に選べないということであるが、自由意思による選択でなければ道徳的意義はないという論拠に立つ、パトリオティズム擁護論への反論が存在する。

イゴール・プリモラッツによれば、そもそも家族関係は、全く宿命的なものではない。子供がある家庭に生まれるのは子供の選択ではないのは確かである。しかし、家族関係が生じる発端は、配偶者同士の自由で自発的な同意に基づくものであり、子供をもうけるのも、その両親となる二人の自由な選択に基づく。したがって、配偶者が子供に対して扶養義務を負うのは、全く自由な選択によっているのであって、宿命のような不可抗力的なものではない。さらに、配偶者同士の間に生じる義務関係が自発的意思に基づくものであることはいうまでもない(Primoratz 2002a: 194-195)。

一方、生まれた子供は、幼少期には両親に対して何ら義務を負わないが、年齢に応じて責任能力が生じるものとみなされ、親に対しても義務を負うことになる。その場合、子供が親に対して義務を負うのは、通常、子供が親に対して恩義を感じるからであろう。子供が成人すれば、親子関係は、概ね、大人同士の相互互恵関係に基づくものになるだろうが、家族であることで特別に個人的な意義を伴うとはいえ、親子関係に伴う義務関係も自由意思に基づくことになる(Primoratz 2002a: 195)。

しかし、国とその国の市民との関係はそうではない。国と市民との関係は通常個人的なものでも自由選択に基づくものでもない。家族関係の場合と異なり、宿命性の強いものである。自由意思によらない以上、関係性それ自体からは義務や責任は生じないと考えるべきである。見知らぬ市民たちに関して何か特別な義務が生じるとすれば、それは法的に制度化された結果であるにすぎない、といえよう(Habermas 1996: 511)。

このように、家族関係の宿命性と市民であることの宿命性には、いくつかの点でおよそ相似関係にあるとはいいがたい側面があるようである。しかし、だからといって、自由に選択した政治的アイデンティティ以外は受け入れがたいという主張は、ミラーの見るところでは、人がアイデンティティを見出す過程に関する誤った理解に発するものである(Miller 1995: 44)。すなわち、ナショナリティを個人の自由意思に基づくものと想定し、ネイションを自発的結社とみなすことは、ナショナル・アイデンティティが歴史的共同体の一員であるという意識に根ざすことを看過しているからである(Miller 1995: 59)。ただし、このように論じる際、ミラーの議論は、宿命性を中心とするものではなく、アイデンティティ概念に重心を移している。アイデンティティ概念を軸とする議論については後段に譲ることとしたい。

家族関係のメタファーに基づく議論についていえば、ロックの『統治二論』以来、政治的義務の根拠として疑義が表明されてきている。パトリオティズム批判の文脈では、たとえば、フェミニズムの観点に立つものがある。そもそも、パトリオティズムという語と深い関連がある「祖国(パトリア)」概念は、家父長的イメージを伴うものであり、そのこと自体、問題として取り上げることができよう。一方、現実の家族生活を観察しても、ジェンダーによって活動領域が家族内においても差異があり、それは子供のケアに関して顕著な傾向がある。そうした意味で家族関係は、道徳的に理想化されたモデルとして採用しうるほど公正さを必ずしも実現しているとはいえない。だとすれば、理念型としての家族を推し広げたものとして、自分の国に対する愛国的態度を正当化することは、道徳的に必ずしも正当性を主張しうるものではないというのである(Townley 2007)。

また、歴史的に見て、家族メタファーはレトリックの手段として直感に訴えやすい点で説得力があるとしても、必ずしも論理的精査に耐えるものではない。たとえば、フランス革命期において、家族をタテの支配と服従の関係ではなくヨコのつながりにおいて理解した上で、ネイションを「大きな家族」として把握する傾向が見られたことを記したが、その場合家族の成員は平等なものとして理解されている。しかし、近代日本の家族国家観の場合、父母に対する子供というタテの関係が強調される点で、フランス革命における家族のメタファーと意味内容を大きく異にする。したがって、家族メタファーが喚起する基本的なイメージは普遍的に共通なものではない。アメリカの場合、愛国的であることを競い合う政治家たちの間で、国家を家族に喩えるレトリックは一般的だが、同時に常に論争を呼ぶ傾向がある(ウォルツァー二〇〇六:三八)。実際、ジョージ・レイコフの認知言語学的研究によれば、共和党支持者と民主党支持者とでは、彼らが国民国家を理想的家族に見立てて抱くイメージは際立って対照的なのである。すなわち、レイコフによれば、民主党支持者が政府に対して抱くイメージは、子供を慈しむ親のような存在であるのに対し、共和党支持者の場合、政府を何よりも勤労を重んじる厳格な父親のようなイメージにおいて捉えている(Lakoff 2002)。したがって、家族関係のメタファーによる愛国的立場の正当化は、家族関係に関する普遍的な共通了解に基づくものではなく、しかも、弁証される愛国的立場の内容も、いかなる家族関係をモデルに取るかによって大きく異なってくるといえよう。

「私の」という言葉の魔術

人間は誰しも誰かの子供であり、誰かにとっての親戚である。ある市や村の住人であり、ある国の国民であり市民である。さらに、社会生活を送る上で、職業やそのほかの公的活動において何らかの役割を担うのが一般的であろう。

そうした意味で、人間はたいてい「私の」家族や「私の」同郷人、「私の」国、そして「私の」学校や「私の」会社というものを持っている。このように個人が何らかの意味で社会的関係性・結びつき（ミラーのいう関係的事実（relational facts））を持つとき、その個人は「私の」ものと呼ぶことができる何かを持っている。だが、ある個人が何か「私の」関係性を持つということは、「私の」ものではない関係性と比べたとき、「私の」ものを特別扱いすることが正当である根拠があるのだろうか。

この問題は、かつてイギリスの急進的政治思想家ウィリアム・ゴドウィンが「〈私の〉という（所有）代名詞に潜む魔術（magic in the pronoun 'my'）」と命名したものである。ゴドウィンは、'my' という所有代名詞には、真理の決定をひっくり返すことを正当化できるだけの「魔術」の力はないと論じて、普遍的公正さを説いた。公平さという主張を展開するにあたって、ゴドウィンは次のような有名な喩えを用いた。すなわち、ある屋敷が火災になり、私はまだその家の中にいる二人を救い出したいが、屋根が焼け落ちるまでに救い出せるのはそのうちの一人だけである。その二人のうちの一人は大司教フェヌロン、もう一人は私自身の母である。このような状況下で、二人のどちらを救うべきか、という問いに対して、ゴドウィンは完全な公平性の立場から、母を救出すべきだという見解を否定する。むしろ、大司教フェヌロンを救出した方が、結果から判断して、私だけでなく社会一般にとって、より多くの便益をもたらすと論じた（Goodin 2002: 143）。

これほどまで極端に公平さを主張し、個人的関係性の価値を一切拒絶する議論は、日常的な道徳的判断からかけ離れていて、いささか馬鹿げていると考えるのが一般的であろう。しかし、こうした観点は、自由と平等にコミットするリベラリズムの観点と親和的な関係にあるのも事実である。すなわち、「私の」ものを特別扱いせず全てを平等に扱うことは、「私の」ものに対して生じるとされる特別な義務の存在を否定することであり、その限りで、私という個人の自由を確保することをも意味するからである。

現在の議論の焦点は、ゴドウィンのような普遍的公正さを主張する立場と個人的関係性が特別な道徳的価値と義務を生むとする立場のどちらを選ぶか、ということではない。むしろ、特にリベラリズムを念頭において、普遍的公正さを主張する立場が、個人的関係性から生じる価値や義務に道徳的正当性を認めることはどのようにして可能か、という問題が議論の対象となっている。その回答の方法はまちまちであるが、普遍的公正さという人間一般に対する普遍的義務と、我々が何らかの形で特定の関係を結んでいる人々の集団に対する「特別義務」の両方を、道徳理論が同時に包括することは可能であるという見解が有力である(Miller 2005. Cf. Bader 2005)。

そこで、同国人(compatriots)を特別扱いすることの道徳的意義について、ロバート・グディンの論考に即して考えてみたい(Goodin 2002. Cf. Waldron 1993, Simmons 1996, Mason 1997, Nathanson 2009)。

同国人は特別なのか

同国人に対して特別な義務が生じるのは、自分と同国人とはお互いに便益をもたらす義務と権利の関係にあるからだ、という議論が一般的に知られている。これに対して、グディンが提案する考え方によれば、私自身を含む全ての同国人がお互いに特別な義務を負うのは、その義務を効果的に遂行するための便宜的な処置にすぎず、そうした義務は全ての人間にとっての一般的な義務から導出されたものであるとされる。

この点を論証するのに、グディンは次のようなたとえ話を持ち出す。ある人が溺れかかっている状況で、その人を救助することができるのが私一人だけであるとしよう。そのとき、溺れかかっているその人を救助すべきだという倫理的要請は、当然のことながら、私だけに適用されることになる。

しかし、ある人が溺れかかっているとき、それを目撃し救助に向かうことができる人が数百人いたとしよう。ただし、その目撃者全員にとって、溺れかかっている人が見知らぬ他人であるならどうであろう。すなわち、溺れかかっている人は、どの目撃者にもいかなる個人的関係（たとえば家族や友人など）がなく、誰か特定の人を救助に当たらせる特別な理由がない場合には、数百人の目撃者全員に等しく救助する義務が生じることになる。しかし、だからといって、これらの人々全員が救助に向かったらどうであろうか。救助は不必要に大規模になり、大勢が一人に殺到する結果、救助に向かった人の何人かが溺れてしまう事態にもなりかねない。

そこで、このように溺れかかっている人が、目撃者全員にとって赤の他人である場合、目撃者のうちの誰かが救助員として社会的に任命されているならどうであろう。全員が救助に向かう必要はなく、まずは、その救助員だけに救命義務が生じるであろう。無論、そのような状況でも、そのほかの人々が救助に行くことは必ずしも禁止されるわけではないし、単なる傍観者になるのではなく自発的に救助に向かうことは倫理的に称賛に値する行為であろう。しかし、ここでの勘所は、人命救助という一般的な義務を、社会的な役割配分によってより効果的に果たすことができる点である。すなわち、多くの一般的な義務は、全員に一様にその履行を義務づけるよりは、その中の特定のグループにとっての特別な義務として課した方がより効果的であるということである。

これと同様のことが、国家を単位とする国際社会にもいえるとグディンは主張する。つまり、ある国家は、一般的な義務をその国家に帰属する同国人だけに特別な義務として課するというわけである。自国民を特別扱いする必要とは、このように万民に共通する義務をより効果的に行うために、自国民だけに特別の責任を便宜的に付与する結果にすぎない。このような功利主義的な議論からすれば、同国人に特別の配慮をするという意味での愛国とは、国際社会の安寧のための一つの便宜的手段にすぎず、それ自体として特別な意義を主張しうるものではない。同国人とは、世界の万民に対して道徳的責任を果たす上で、たまたま便利な受益者として存在するにすぎないものだからである。このような功利主義的な理解に基づく愛国とは、全世界の利益に奉仕するという究極目的のための手段として位置づけられ、愛国それ自体は積極的価値を有するものではない。つまり、端的にいって、（グディン本人も認めるように）同国人はそれほど特別な存在ではないことになる(Goodin 2002)。

連合的義務の道徳的正当性

このように「私の」という特別な関係性を問題とする際、グディンは、ある個人が特別な関係を結ぶ対象を「同国人」とみなしている。個人や複数の個人からなる集団が「同国人」であるというような、諸個人間の特別な関係性にどのような道徳的意義があるのかという問題の立て方をする点に特徴がある。

ある特定の関係性は特別な義務を生み出すという考え方については、少なくともエドマンド・バーク以来(Burke 1866: 164-167)、多くの論者が重要な議論を展開している。近年では、たとえば、サミュエル・シェフラーが、いかなる連合関係(association)が彼のいう「連合的義務(associative duty)」を生むのか、という問題と取り組んでいる(Scheffler 2001. Cf. Dworkin 1986: 206)。具体的にいえば、連合関係には様々なものがあり、家族や友人関係、隣近所の人々から、市町村、ひいては国民にまで広く及ぶだけでなく、クラスメートであったり、組合のメンバーであったり、宗教的なグループや人種・エスニシティのグループに属したりすることもある。特別な連合関係が特別な義務を生むという点では、家族関係から生じる義務とある政治的共同体に属することから生じる義務との間には相似関係が見られるという議論もあり(Horton 1992: 146, 150, Simmons 1996: 251)、それは先に見た家族国家観とほぼ同一といってよい。

問題は、ある特定の連合関係からは何らかの特別な義務が生じることを当然視する一方で、別の連合関係からは何ら特別な義務が生じないと主張することが少なくないということである。たとえば、家族や友人関係から何か特別な義務が生じることを否定することは、常識的道徳観としてまずあり得ないであろうが、その一方で、同国民に対して特別な義務(たとえば、愛国的な義務)が生じることについては、懐疑的である人は少なくない。家族や友人関係も同国民であることも等しく連合関係であるにもかかわらず、それらの関係から生じる義務についての理解や判断が人によって異なるのはなぜなのか。

連合的義務がどのようにして生じるのかをめぐっては議論が分かれている。古典的な立場は、ある個人が他の人々と何らかの関係を結んでいるという事実それだけで連合的義務が生じるとするものである。すなわち、当事者の同意に基づくものではなく、連合的義務は特別な関係性に内在するものとみなす非主意主義的見解である。この主張は、我々の実感に訴えやすい。我々はたいていの場合、日本という国の一員になることに同意したわけではなく、たまたまその国に生まれたにすぎない。しかも、同一国に生まれたことで、同国人は道徳的経験を共有することから様々な義務を負うことになるというわけである(Simmons 1996: 249)。

では、特別に同意したわけではない関係性から何らかの特別な義務が生じるのはなぜなのか。コミュニタリアン的な立場からすれば、そのような特別な義務を否定するならば、それは社会的道徳的に構成された我々自身のアイデンティティを否定することに等しいからだ、ということになる(Simmons 1996: 261)。しかし、コミュニタリアンな議論の問題点は先に指摘したが、そもそもアイデンティティは一枚岩的なものでも宿命的に定まっているものではなく、アマルティア・センも指摘するように、一人の個人に多種多様なアイデンティティがあり、その中からその都度「選択」するものであるという側面を持つ(セン二〇一一：第二章)。したがって、同国人という、同意に基づかない関係性が、そのほかの(同様に同意に基づかない)関係性に基づくアイデンティティよりも必ず優先されるとは限らない。

非主意主義的立場に対抗して、連合的義務は、その関係性に基づく責任を引き受けることにその人物が同意することによって初めて生じるとする(主意主義的)見解がある(Scheffler 2001: Chs. 3-4)。この立場によれば、人は自分がある国に帰属するというだけで連合的義務を引き受けなければならないわけではなく、その国に帰属することから生じる責任を自ら引き受けることに何らかの形で同意して初めて、連合的義務が生じることになる。逆にいえば、ある国に帰属しようとも、連合的義務に同意しなければ、そのような責任は生じないことになる。これは、リベラリズムにおける個人の自由と自律性を重んじる立場と調和的である。しかし、たとえば、肉親に対する連合的義務も自分が同意しなければその責任を引き受ける必要がないと結論づけるとすれば、常識的な道徳判断から大きく逸脱していると考えるのが自然であろう。

ところが、その一方で、リベラリズムの議論には暗黙のうちに、ある特定の共同体への政治的義務という考え方が前提されていることも指摘されている。すなわち、自分が属さない共同体や、自分の共同体に属さない人々に対する義務に対して、自分が属する共同体への義務を特別視する観点がリベラリズムには当然視されている（シモンズのいわゆる「個別性の前提（particularity assumption）」である）以上（Simmons 1979：31）、リベラリズムが普遍主義、平等主義をいかに標榜しようとも、その点では不徹底であることを指摘することは可能である。このような普遍主義的批判から見ると、リベラリズムには連合的義務の存在が暗黙の前提とされている側面があることが明らかになる。そうであればこそ、ヤエル・タミールのように、むしろ連合的義務をリベラリズムの枠組みにおいて中心的存在として積極的に位置づけようとする論者が現れていることも理解できる（Scheffler 2001：70）。しかし、タミールの場合、そのような特別扱いが単に許されるだけなのか、それとも特別扱いしなければならない（すなわち連合的義務）のか、という点で曖昧なままにとどまっている、とシェフラーは観察する（Scheffler 2001：79）。

つまるところ、シェフラーの考察によれば、リベラリズムが普遍的平等主義を標榜することを真剣に受け止めるならば、ある特定共同体のメンバーをなぜ特別扱いする義務があるといえるのか、その正当化は容易ではない。なぜなら、リベラリズムは三つの価値の間の緊張をその内部に抱えているからだ、というのがシェフラーの診断である。その三つの価値とは、すなわち、自律性、忠誠、そして、道徳的平等性である（Scheffler 2001：80）。個人が自由であることによって享受する自律性と、人が特別な関係性に基づく責任を引き受ける忠誠と、全ての個人が平等の価値を有し、等しく尊重されるべきであるという道徳の三つをどのように同時に成立させることができるか。パトリオティズムとの関連では、特に、特別な関係性に基づく忠誠と普遍平等主義的な道徳との両立可能性が問題として残る。

アイデンティティ

ある集団の一員であること、すなわち、メンバーシップはただ単にメンバーであることの事実の表現にとどまらず、何らかの道徳的意義を主張できるのか。ある国家に生まれ育ったという事実に基づくシティズンシップは、それ自体として道徳的意義を主張できるのか（Stilz 2009: 13）。「それが私の国だから」という理由づけを、その国との自己同一化、つまり、その国にアイデンティティを見出すことの道徳的意義という問題として提示し直すのが最も一般的かつ有力な見解であるように思われる。

戦後日本の愛国心論においても事情は似通っている。清水幾太郎は、人間には自分を超える存在としての国家と同一化したいという願望があることを指摘しており、それが愛国心のいわば「下からの」心理的基盤となっていると論じている（清水二〇一三：六〇、九四）。丸山眞男も「もっとも抽象的一般的意味においては愛国心とは人がその属する政治的社会に自己を同一化 identify するところから生ずる感情や態度の複合体にたいして名づけられた言葉である」と解説している（丸山一九九五：七五）。姜尚中と佐伯啓思においては、愛国心の問題とナショナル・アイデンティティの問題は切り離せないことが自明視されており、佐伯は「愛国心」を「自分自身のナショナル・アイデンティティの動揺の果てに自問自答する中でたち現れるナショナルな意識というほどのもの」だと記している（佐伯二〇〇八：八）。ただ、戦後日本の愛国心論に共通するのは、そうした自国への自己同一化の感覚、あるいは自国にアイデンティティを見出すことがどのような道徳的意義を有するのかという問題設定をしない点である。この問題こそが、以下において論じるテーマである。

国への自己同一化、すなわち、これは私の国、私の政府という感覚こそが、愛国的な情緒や、政府の行動に関して「私の」責任感覚の基礎となるという考え方は、現代政治理論で広く受け入れられているようである(Brubaker 2004)。アンドリュー・オルデンキストは、その古典的な論考の中で曰く「私が何かに対して忠誠心を抱く時、私は何らかの仕方で、それを「私のもの」とみなすようになっているのである」(Oldenquist 2002: 27)。このように、ある国が「自分のもの」であるという理由によりその国に忠誠心を抱く場合を、オルデンキストは「忠誠パトリオティズム(loyalty patriotism)」と呼び、「不偏不党のパトリオティズム(impartial patriotism)」と対比している。彼は、「忠誠パトリオティズム」こそがパトリオティズムと称されるにふさわしい、と主張する(Oldenquist 2002: 34-37)。[5]

アイデンティティの概念が、パトリオティズムやナショナリズムに関する議論に頻出することは周知の事実である。しかし、その一方で、アイデンティティという概念には曖昧さがつきまとうから、アイデンティティ概念を分析道具概念としてパトリオティズムやナショナリズムの理論化を試みることには懐疑的な向きも存在する(Billig 1995: 7-8, エリアス一九九六：一七八)。[6] 一方、ミュラーが構想する憲法パトリオティズムは、それが政治的アイデンティティであることを否定している(Müller 2007a: 79＝二〇一七：一〇七)。先にも述べたように、憲法パトリオティズムは、普遍的規範としての政治原理への忠誠であって、何らかの個別的な集団や価値への忠誠ではない。ただ、普遍的規範へのコミットメントの結果として生じる「憲法文化」は、市民たちが共有する歴史的政治的文脈において形成される点で、個別的であるが、それもまた忠誠の対象に含められるのは、「自分のものであるから」ではなく、それが普遍的規範への忠誠の結果として生じたものであるからにすぎない。このように共同のアイデンティティを持つことを憲法パトリオティズムは拒否するが、一方で、特定の政策問題や進行中のプロジェクトに応じて、たとえば、欧州連合と諸国家の間で相互に承認し合うようなアイデンティティが可能であるとも指摘しており、その点で、複雑なアイデンティティ構造を持つものとして政治共同体を構想しているといえる(Müller 2007a: 136＝二〇一七：一八二―一八三)。このように、憲法パトリオティズムはアイデンティティ形成に寄与することを否定するのではないが、アイデンティティを固定化かつ一元化するのではなく、むしろ流動化かつ多元化することを目指す点に特徴があるといえよう。

以上のように、現代パトリオティズム論には、いくつかの立場からアイデンティティ概念を問題視する傾向があることは事実である。しかし、にもかかわらず、アイデンティティを鍵概念として論じるのが有力な見方の一つであることは否定できない。マウリツィオ・ヴィローリは、共和主義的パトリオティズムの立場からナショナリズムに対抗してゆく中で、「ナショナル・アイデンティティの必要性という問題に一つの回答を持たねばならない」と述べている（Viroli 1995: 15–16＝二〇〇七：三〇）。共和主義的パトリオティズムにとって、ナショナル・アイデンティティの問題は不可避なのである。さらに、先に指摘したように、ケラーとケイテブは、自国にアイデンティティを見出すことに愛国的であることの一つの特徴を見出し、愛国的であるべきではないという立場を主張する。愛国的立場に批判的であるとはいえ、自国にアイデンティティを見出すことを愛国的であることの一大特徴として彼らが前提していることは、すなわち、自国に自己同一化すること、つまり「自分の国だから」という根拠に基づいて愛国的であることを主張するのがいかに一般的であるかを裏側から証するものといってよいであろう。

憲法パトリオティズムを主唱するミュラーがアイデンティティ概念に対する両義性を示すのとは対照的に、チャールズ・テイラーは、パトリオティズムを基本的に「政体との自己同一化（アイデンティフィケーション）の強い感覚、そしてその政体のために自己犠牲を辞さないこと」とみなしている（Taylor 1999: 228）。テイラーは別のところで、パトリオティズムを「ある価値観に基礎づけられた歴史的共同体との自己同一化」であると定義している（Taylor 1995: 199）。いずれにせよ、個人が自分の属する政治共同体と自己同一化すること、すなわち、集合的アイデンティティこそがパトリオティズムの中核的位置を占めているというのである。

パトリオティズムを自分の帰属する政治共同体、とりわけネイションに関するアイデンティティとして理解するのは、テイラーに特有のものではなく、広く支持されている考え方であるといってよい。クレイニッグとケラー、そしてプリモラッツの三人は、我々は自国と自己同一化すべきかという問題をめぐって意見を異にするが、しかし、パトリオティズムを自国との自己同一化、すなわち自国にアイデンティティを見出すこと、として理解する点では共通の立場に立っている（Kleinig, Keller, and Primoratz 2015: 5, 11）。しかも、ジョージ・フレッチャーによれば、忠誠関係をめぐる道徳的論議の中心的問題とは、ある関係性が、個人のアイデンティティの感覚に侵入することである。すなわち、「我々は、我々自身が誰であるかという感覚（つまり、アイデンティティの感覚）に入り込んでくる集団や諸個人に対して忠誠を示して行動する必要があるのか」という問題である（Fletcher 1993: 15–16）。そうであれば、パトリオティズムを忠誠関係として理解する立場（たとえば、マッキンタイア）も、アイデンティティに関する議論として読み替えることが可能になろう。実際、忠誠概念を軸に穏健なパトリオティズムを提唱したネイサンスンも、すべての愛国者が共有する属性として、「自国への特別な愛情」「自国の福祉への特別な配慮」「自国の善を促進するためにすすんで犠牲になること」に加えて「自国との個人的な自己同一化の感覚（a sense of personal identification with the country）」を挙げている（Nathanson 1993: 34–35）。さらに、アイデンティティ概念を用いて愛国を検討することに懐疑的だったノルベルト・エリアスでさえこう述べている。「どちらの概念（すなわち、「愛国心とナショナリズム」）も、自国に対する個人の結びつきやアイデンティティや帰属の感情を表し、苦境では自分の命を含めてあらゆる犠牲を払って守らねばならないものが価値の優れたものであるという確固たる信念や、それぞれの国が各個人に課す外的な義務との関連を表している」（エリアス 1996: 392）。

ただし、ナショナル・アイデンティティのような集合的アイデンティティが、パトリオティズムにおいてどのような位置づけになるかという問題に関しては見解が分かれる。前述したテイラーの場合、パトリオティズムを「政体との自己同一化（アイデンティフィケーション）の強い感覚、そしてその政体のために自己犠牲を辞さないこと」あるいは

「ある価値観に基礎づけられた歴史的共同体との自己同一化」と定義していることから明らかなように、アイデンティティをある共同体に見出すことがパトリオティズムの中核をなすと見ている。これに対し、リベラリズムの立場からパトリオティズムを擁護する場合、ある共同体にアイデンティティを見出すことは必要条件ではなく十分条件にすぎない。すなわち、愛国的である根拠は、ある国が何らかの評価基準を満たしており、かつ、それが自分の国であるからだ、というわけである。リベラリズム的な普遍的公平性を目指す立場に、ナショナルな文化を必要な「付加物」とみなすことで、ある一国への忠誠を正当化するのである(Mason 2000: 117, Stilz 2009: 142)。自国に対して倫理的な義務感を抱くとはいっても、リベラリズムの観点から問題となるのは、まずある共同体がある評価基準を満たすということであって、それが自分の国であるということではない。したがって、自分の国がアイデンティティの構成要素となっていることと、その人がその国に対して倫理的な義務感を抱くことは切り離しうるという主張にも帰着しうる(Simmons 1996: 262-265, Primoratz 2015: 86-87)。しかし、その一方で、自国に対するアイデンティティは愛国的な態度を生み出すための十分条件であることを認めるなら、リベラル・ナショナリズムの立場においては、ナショナルな文化こそが、自国に対して何らかの責任感を惹起する「バッテリー」だという(Canovan 2000: 80)。あるいは、ある一国の文化が多文化的である場合は、ナショナル・アイデンティティこそが、自国に関する倫理的な行動の動機づけの役割を果たすという(Miller 1995: 96)。

アイデンティティという概念は人文社会科学において広く用いられているが、その意味内容は極めて多様である。ピーター・J・バークとジャン・E・ステッツによれば、アイデンティティには大別して、①個人的アイデンティティ、②役割アイデンティティ、③社会的アイデンティティの三種がある。個人的アイデンティティは、ある個人が他ならぬその人であって、それ以外ではないことを意味する。したがって、個人的アイデンティティは個人を唯一無二の存在として捉え、他の一切の個人から区別する。役割アイデンティティは、ある個人をある役割と結びつけるものであり、人間社会を構成する多様な役割の中の一つを担う者として位置づける点で、他の役割に対して役割としての自分を補完的な存在として捉える。社会的アイデンティティは、個人をある社会的集団の一員として捉えるものであり、したがって、個人をユニークな存在として浮き立たせるのではなく、逆に社会集団の中に解消する働きをする。そこでは、個人は、同一集団に帰属する他の構成員と共通の存在として把握される(Burke and Stets 2009: Ch. 6)。

ある個人がアイデンティティを持つと一口に言っても、これら三つの概念それぞれに対応して、アイデンティティが心理的にもたらすものは異なっている。個人的アイデンティティは、自分がほかならぬ正真正銘の自分であるという真正性(authenticity)に帰結する。役割アイデンティティの場合は、自分がある役割を十分に果たしたという充足感(self-efficacy)である。そして社会的アイデンティティがもたらすのは、自分が、その集団の一員としてひとかどのものであるという自尊心(self-worth)であるという(Burke and Stets 2009: 121)。ただし、このように截然とした分類には異論がありうるであろう。たとえば、個人としてのアイデンティティにも、何らかの自尊心の根拠を認めることは可能なように思われる。

クリスティーン・コースガードは、道徳的要求の正当化に必要な要素の一つとして、「自分が誰であるかについての感覚、すなわち自分のアイデンティティの感覚に深く訴える」ことを挙げている。道徳的判断を迫る究極的な状況では、自分の生命を犠牲にする覚悟を要求する場合がある。自分がある道徳的要求に服さないのであれば、それは自分が死んでしまうことにも劣らず悪いことと思われる場合である。自分が死ぬということは、もはや自分が自分ではなくなることと同然である。自分が年老いて、性格が変わり、知能も衰え、家族や友人も見分けがつかなくなってしまうようになったまま生きながらえるよりは、さっさと死んでしまった方がよい、と考える人は少なくないだろう。これは結局、自分が老年期に入って自分自身ではなくなってしまうことよりも死を選ぶということにほかならない(コースガード二〇〇五：二〇)。実際、アイデンティティが道徳的判断と密接な関係があることは、実証的研究によっても示されている。クリステン・レンウィック・モンローは、自尊心としてのアイデンティティ（自分は道徳的に何がしかの存在であるという自負）が道徳的決定を下す上で極めて重要な役割を果たすことを実証的研究に基づいて明らかにしている（Monroe 2004）。コースガードにせよ、モンローにせよ、彼らのいうアイデンティティは、個人的なものであって、社会的なものではない。

しかし、ここで重要な点は、個人的なものであろうと集合的なものであろうと、アイデンティティは自尊心や誇りの感情と密接な関係があるということである。この点は、たとえば、トマス・シェフによるエスニック・ナショナリズムにおけるアイデンティティと感情の研究において特筆大書されているし、ノルベルト・エリアスに至っては、各国民の集団的イメージや帰属意識の問題を論じるには「国民的自尊心の問題と対決を迫られる」と述べて、特に注意を喚起している（Scheff 1994, エリアス一九九六：一九）。アイデンティティを自尊心との関係において理解するならば、コースガードやモンローの見解を参照するとき、社会的（あるいは集合的）アイデンティティと道徳の関係が問題として浮上してくることになろう。

クワメ・アンソニー・アッピアは、この問題と取り組むにあたって、まず、前述の連合的義務の問題を取り上げている（Appiah 2005: 25）。シェフラーにとっての難問とは次のように要約できるものであった。すなわち、連合的義務とは、自分と連合的関係にある人にとっての利益を優先することが許されているというにとどまらず、そうすることが要求されるということである。その場合、全ての人々が平等な価値と重要性を有するのならば、私が自分と連合的関係にある人の利益を、そのほかの人々の利益よりも優先しなければならないという根拠とは何か、という問題であった。

これに対するアッピアの回答は、まず、リベラリズムが道徳的平等性を重視するとはいっても、それは、各個人が全ての人々を平等に扱うことを要求するものではなく、全ての人々を平等に扱うことが要求される主体は国家であることを意味する(Appiah 2005：228)。この意味で、リベラリズムの平等性の主張は政治的なものであって、個人的なものではない、とアッピアは強調する。

第二点として、アッピアによれば、あらゆる人をしかるべく尊重した上で、なお友人を厚遇することは何ら問題をはらんでいない。全ての人を平等(equal)に尊重することは全ての人を全く同一(identical)に扱うことを意味するのではないからである(Appiah 2005：228)。

この論点は、前章で言及した「愛のまなざし」の概念を用いてもよく理解できよう。たとえば、映画愛を持つ人は、どの映画に接するに際しても、その映画をよく理解し、その優れている点を見出そうとする点で、「愛のまなざし」を個々の映画に向けるであろう。しかし、そうだからといって、すべての映画を同程度に愛するわけでない。繰り返し見ても飽きないほど大好きな映画が一方であれば、どうしても好きになれない作品や、嫌いではないが失敗作のように思える映画もあろう。にもかかわらず、映画愛を持つことには変わりがないのである(Wolf 2014：385)。世界の国々についても同様のことがいえるのであって、世界への愛とは、すべての国や国民を全く同一な仕方で愛することではない。むしろ、自分が見聞したり、実際に訪問したり、そこで生活したりする国々に「愛のまなざし」を向けることが、世界愛というべきであろう。

こうして見れば、「愛のまなざし」によって結ばれる特別な関係性とは、一夫一婦制をモデルとする男女の愛や、唯一絶対神に対する愛の関係と相似関係にあるのではない。むしろ、それは、親が「愛のまなざし」を複数の子供たちに注ぐ場合に似ているというべきであろう。(7) 理想は、複数の子供を全く平等に愛することであろうが、現実には、特定の子供が特に気に入る一方、特定の子供の欠点がしばしば目に入ることは現実にあり得よう。しかし、にもかかわらず、自分の子供たちである限り、各人をそれぞれ正確に理解し、できるだけ良いところを見ようとする限りにおいては、愛のまなざしを等しく全ての子供に注ぐことは可能であり、かつ、望ましいことであろう。つまり、愛の対象が他の潜在的な愛の対象を必然的に排除するものではなく、愛のまなざしはあるカテゴリーに属する複数の対象に等しく注ぐことができるのである。しかし、それと同時に、ある特定の子供に対する愛は、その子供に関して個別的なものでもある。なぜなら、その対象がその特定の子供だからである。友情についても同じことがいえる。友人というカテゴリーに収まる人々を全て同一に扱うというのは実践的に奇妙なことである。全て友人である以上、平等に重要であり尊重するが、ある特定の友人との関係は、全くユニークでかけがえのないものである。このように、愛や友情それ自体は普遍的善であるが、その具体的な実践は全く個別的なものである。

この論点を、アッピアはさらに義務の概念に即して敷衍し、義務には二種類あると指摘する。一つは、ある個人が一人の人間として負う義務である。この場合、その個人は、具体的な個人的社会的環境を捨象された抽象的存在（つまり人間であること（personhood））であり、したがって浅薄な（thin）普遍的道徳（morality）に服するものとされる。もう一つは、ある個人が、実際に置かれている具体的な個人的社会的関係の中で担う義務である。この場合、その人がアイデンティティを抱く対象との関係において義務が生じるのであり、その義務は具体的なコンテクストに依存する。このような義務をアッピアは、濃厚な（thick）関係性に基づく倫理（ethics）と呼んで、普遍的な道徳と区別している（Appiah 2005：230–232）。

これら二つの義務の間の相違点として重要なのは、浅薄な普遍的道徳は、個人の動機を全く問題としない一方、濃厚な関係性に基づく倫理は、個人の動機を重視するという点である。前者は、普遍的規範であるから特別な社会的関係のような状況を問わず妥当するために、個人の動機は問題にならない（Appiah 2005：235）。しかし、後者は、まさにそうした個別関係性が、個人にとってどのような動機づけとなるか、を問題とする。これら二種類の義務の間の関係について、アッピアは、浅薄な普遍的道徳が濃厚な関係性に基づく倫理よりも常に優先するとはいえないという。たとえば、ある人が何か一生に一度しかないような素晴らしい機会を提供されたが、その機会を手にするには、ある人との約束を反故にしなければならないような状況を考えてみよう。普遍的道徳に従えば、約束は守らなければならないが、そのためには必ず、滅多にない機会でさえもフイにしなければならない、というなら、あまりにも単純かつ自動的にすぎる道徳判断というべきであろう（Appiah 2005：233-234）。また、普遍的道徳は無条件に人間を拘束するが、関係性に基づく倫理は自由選択の対象であるという見解もあたらないとする。なぜなら、関係性それ自体は、必ずしもその個人が自由に選択したものとは限らないからである。ある両親の間の子供として生まれることや、ある国の国民として生まれ育つことなどがそのようなケースにあたる（Appiah 2005：233-234）。この論点は、先に、宿命としての「自分のもの」という問題としてすでに論じた。

以上の議論を、アイデンティティという概念に沿って要約すれば、個別関係性に基づくアイデンティティには倫理的義務が組み込まれている。自分が誰であるかということ（アイデンティティ）は、自分が大事にしたいと思う（care about）事柄によって部分的には構成されている。そのような大事にしたいと思う事柄についてもはや大事にしなくなるならば、それは、自分がもはや自分ではなくなることを意味する。それと同様に、一つの倫理的共同体は、その成員の間の特別な義務によって、部分的には構成されている。その特別な義務を誰も重要と思わなくなったら、もはやその倫理的共同体は存在しない（Appiah 2005：236）。

以上のような考察に基づき、アッピアは、ナショナル・アイデンティティの倫理性を弁論する。確かに、ナショナル・アイデンティティに基づく関係性は、身内や友人関係とは異なり、顔の見えるものではなく、より抽象的で「想像の共同体」にすぎない。にもかかわらず、あるネイションにアイデンティティを見出すならば、それが、自分という個人が誰であるかを少なからず規定しているという事実を看過することはできない。そして、自分が誰であるか、ということは、自分が大事に思う事柄を決定するものである。このように、ナショナル・アイデンティティへのこだわりは、そのネイションを大事にしようとする配慮を生み、それは関係性に基づく倫理性を伴うものである、というわけである(Appiah 2005：242)。

ただし、このように論じるアッピアは、ナショナル・アイデンティティを必ず両親、ひいては先祖から相続するものであるとは限らないと指摘している。すなわち、たとえば、アラビアのロレンスのように、自分の生まれ育った国とは異なる国にアイデンティティを見出すケースもありうるとしている。さらに、アンダーソンのいう「想像の共同体」の「想像」性を強調することにより、アッピアは、ナショナル・アイデンティティを閉鎖的なものとしてではなく、自分の属するネイションから外側に向けて(潜在的に)開放的なものとして把握していることに注意を喚起しておきたい(Appiah 2005：242)。

4　愛国とアイデンティティ

以上、「それが自分の国だから」という愛国的であることの根拠をめぐって、多様な見解を批判的に検討してみた。現代パトリオティズム論の根底には、アイデンティティの問題が横たわっているということになろう。アイデンティティを持つ対象が、ネイションなのか、それとも国家なのか、あるいは特定の政体なのか、または「国」なのか、厳密にいえば、論者によって見解は異なる。しかし、いずれにせよ、何らかの政治共同体に対するアイデンティティの問題として現代パトリオティズムが論じられていることを看過することはできない。そして、現代国家は何らかの形においてネイション形成を経てきているという意味では、自分のネイションに対するアイデンティティ、すなわち、自分のナショナル・アイデンティティの問題として、現代のパトリオティズムは理解され、また、その前提に基づいて道徳的に正当化されるものであるといって大過はないであろう。

この結論は、人によっては当然視している傾向があるが、にもかかわらず、自国に対してアイデンティティを見出すことが現代パトリオティズムにおいて中核的位置を占めるということの重要性は、いくら強調してもしすぎることはない。なぜなら、中世末期から近代初期におけるパトリオティズムにおいては、自国にアイデンティティを見出すことは愛国的であることの核心ではなかったからである。第1章と第2章において検討したように、中世末期から近代初期におけるパトリオティズムは、自由を中心とする共通善を愛国の対象とし、それが実現している限りにおいて「祖国」は存立するものと理解されていた。その意味で、共通善が実現していると主張するフィレンツェ市民だけでなく外国人にとっても「祖国」であり、共和主義的な政治的理想からかけ離れたイングランドは年老いたミルトンにとってもはや自分の「祖国」ではなかった。自国に対するアイデンティティという問題はおおよそのところフランス革命以後に立ち現れたものであって、すぐれて近代的であり歴史的には偶然的なものにすぎない。しかし、にもかかわらず、それが自明視されるということを現代パトリオティズム論の一つの歴史的特徴として指摘できるわけである。

その結果、共通善の追求という目的自体が旧来のパトリオティズムの道徳的正当性を保証していたのにとって代わって、現代パトリオティズムにおいては、集団的アイデンティティがその道徳的正当性の根拠となった。アイデンティティを持つことは、その同一化する対象としての、自分が帰属する集団を大切に思うことである。すなわち、そのように自己同一化しうる対象を大切に思うことは、自分が自分であることを支える一つの要素であるかぎり、それが傷つけられたり否定されたりすることは道徳的に許されないのである。

こうしたアイデンティティは情緒的には自尊心や誇りの感情として現れ、それは自己の尊厳の感覚にも通じるものである。しかし、その自尊心が集団的自己崇拝に転化しうるものであることは、前章において論じたとおりである。その場合、アイデンティティの主張は、自尊心ではなく傲慢さと結びつき、ひいては他国人を軽視するどころか軽蔑するようになりかねない点で、道徳的に危殆に瀕する。このように自尊心と自己崇拝の間にはある連続関係があるが、しかし、自尊心は自己崇拝へと必然的に変化するわけではない。パトリオティズム論の文脈において、そうした変化を防止する論理はすでに先人たちによって構想されている。それは、パトリオティズムをより大きな目的のための手段として位置づけるものである。

ジュゼッペ・マッツィーニのパトリオティズムがその好例である。彼によれば、愛国的であることは何よりも優先されるべき義務ではなかった。あらゆる義務が神に由来すると論じるマッツィーニにとって、究極的には、神に対する義務が最優先されるべきであるが、それに次ぐのが、人類に対する義務である。「市民」としての義務や「息子、夫、父」としての義務を神聖にしているのは、それが人間としての属性に由来するからだという。したがって、マッツィーニは言う。「要するに、君たち仲間の第一の義務は人類に対するものであり、それを遂行することなしには祖国や家族に対する義務も果たせる望みがないことを、義務としても自らの利益のためにも決して忘れないようにしてください」（マッツィーニ二〇一〇：八一）。人類に対する義務とはマッツィーニにとって次のようなことを意味した。「人類という家族を君たちの愛で抱擁しない限り――神の一体性の結果である人類の一体性と、それを実現する様々な国の人々の間の友愛を信じない限り――、どこかで同じ人間が苦痛を訴え嘘や暴政によって人間としての尊厳を侵害されているのに、できることがあってもその恵まれない人たちを助けようとはせず、騙され虐げられている者たちを立ち上がらせるために闘うべきだと感じないのだとすれば、君たちは存在の法を裏切り、将来を祝福してくれる信仰を理解していないことになります」（マッツィーニ二〇一〇：八四）。

とはいえ、一人でできることはあまりにも微小であることをマッツィーニも認める。「個人はあまりに微力であり、人類はあまりに大規模だから」である（マッツィーニ二〇一〇：八五）。しかし、神は一人ひとりが人類のための義務を遂行する手段を与えてくれたとマッツィーニは論じる。すなわち、ちょうど「賢明な労働監督がそれぞれの能力に合わせて仕事を配分するように」神が人類を分類して、それぞれのグループに「祖国」つまり「国民国家《ナツィオーニ》の萌芽を用意し」たというのである。マッツィーニにとって「祖国」とは一つの「仕事場」であって、「そこから全世界に利益をもたら」すものである（マッツィーニ二〇一〇：八五、八九）。イタリア人にはイタリア人に課された使命があり、その使命を果たすことで全世界の諸国民と結束するようなものとして構想されているのである。

　アッピアは、以上のようなマッツィーニの主張を、自らの構想する「根を下ろしたコスモポリタニズム（rooted cosmopolitanism）」ないし「コスモポリタンなパトリオティズム」のモデルとして紹介している（Appiah 2005: 241. Cf. Audi 2009: 372）。それと同時に、個別主義的な傾向が顕著なエドマンド・バークですら、マッツィーニと基本的に同じ主張をしていることも指摘している。つまり、バーク曰く「ちいさな部分に愛着をもつこと、社会のなかでわれわれが所属するちいさな群を愛することは、公共的愛情の第一原理である。それは、われわれの国および人類にたいする愛へとわれわれがすすむときの、連鎖の第一環である」（バーク一九八〇：一〇六）。

　こうした観点は近代日本でも見られたものであり、たとえば、内村鑑三の有名な墓碑銘“I for Japan, Japan for the World, the World for Christ, And All for God”を挙げることができる。すなわち、「私は日本のために、日本は世界のために、世界はキリストのために、そして全ては神のために」である。これら全てに共通する論点は、世界全体の善のために貢献するのに、まずローカルな一部分に貢献することから始めるということである。それは、祖国への貢献は、全世界への貢献の手段であるということを意味する。愛国的であることは、それが世界全体に何らかの形で貢献する限りにおいて道徳的に正当化されるということになる。これは現代世界で広まりつつある「自国第一主義」とちょうど対照的な愛国のあり方である。

　手段としての愛国をめぐるこのような議論は、ある普遍的な評価基準に照らして愛国的であることの成否を問うものの一種であるともいえよう。実際、このように、「それが自分の国だから」愛国的であることを、世界全体の善にとっての手段として位置づけることは、愛国的態度が自己目的化することを防止する。それによって、自国にアイデンティティを見出すことが自然な自尊心にとどまらず傲慢さに転化することへの歯止めとすることができよう。あれほど激烈な批判をパトリオティズムに加えたケイテブですら、パトリオティズムに何らかの善性を見出すことができるとすれば、それは手段としてのみであると記している（Kateb 2006：12）。

しかし、愛国的であることを目的ではなく手段として捉える努力がこれまでなされてきているところに、愛国的であることはそれ自体として、無条件に道徳性を主張しうるものではないことを看取できる。いわんや、愛国的であることは道徳的義務ではありえない。そのことは、パトリオティズムを祖国への愛として理解する場合、特に明白である。パトリオティズムが道徳的に望ましいのか、それとも義務なのかについて見通しをつけるには、自由意思に基づいて選択された行為としての側面に注目する必要がある（Primoratz 2002a：191）。しかし、愛するという感情は自由意思が自由に選択するものではない。それはやむにやまれず生じる内的衝動だからである。

愛国的であることが無条件に道徳的であるとはいえないとしても、その一方で、愛国的である方が愛国的でないよりも道徳的に優れている場合がないわけではない。たとえば、日本が私の国であるという意識は、私が日本人としてのアイデンティティを持つことを意味するが、その場合、日本人としてのアイデンティティは、日本人としての自尊心を生み出す。したがって、自分が日本人として恥ずかしくないよう道徳的に自己規律する動機づけとなるのであり、その限りでは、日本人としてのアイデンティティは道徳的に正当化できるであろう(8)。しかし、その一方で、そのような道徳的判断を支えるアイデンティティがナショナル・アイデンティティでなければならないという必然性はない。自分の職業にアイデンティティを見出すなら、たとえば、医師として、あるいは教師としての自尊心を持つこともあろう。さらに、そのような集合的アイデンティティではなく個人的なアイデンティティ、すなわち、自分が他ならぬ自分であること、が自尊心の根拠であることも当然ありうる。したがって、道徳的な自己規律を動機づける自尊心は何らかのアイデンティティに基づくものであり、ナショナル・アイデンティティもそうした道徳的意義を持ちうるといえるが、しかし、ナショナル・アイデンティティによらなければ、道徳的な自己規律はありえないというわけではない。

さらに、愛国的であることが自分の国に対しての規範的判断を含むのであれば、愛国的であることの道徳性の主張にはさらに制限が加わることになる。先に見たように、愛国的であることを手段とみなす立場は、何らかの究極的目的に照らして愛国的であることの是非を問う点で、ある種の規範的判断を下している。採用する判断規範が普遍的正義や人類愛などの場合、自国がそれに反するにもかかわらずその政府に追従するなら、その人は道徳的に疑わしい状態に陥らざるをえない。この場合、愛国的でありながら、かつ道徳的正当性を主張するには、異議申し立てのような抵抗の手段に訴えるほかはなくなるであろう。異議申し立てが現実的選択ではないなら、自国への忠誠心を放擲して、普遍的理想をよりよく実現している国に脱出することも必要となるかもしれない。

また、愛国的であることを「祖国への愛」と読み換えるならば、その「愛」は盲目なものであってはならず「愛のまなざし」という観点が重要であることは前章で触れたとおりである。自国に「愛のまなざし」を注ぐということは、「私の国」に対してあらゆる規範的な判断を停止することではない。誇るべき長所だけでなく、恥ずべき欠点も含めて正確に「私の国」を理解することが、「愛のまなざし」に含まれる。一方で、愛する自国に長所を見出すことを喜ぶが、他方で、様々な過失や過誤を見出して、そのことに悩み苦しみ、欠点を改めようと努力するのである。このような「愛のまなざし」に基礎づけられた愛国的態度であってはじめて、それは道徳的義務ではないにせよ、望ましいものでありうると結論づけられるであろう。

このように、愛国的であるということは、無条件に道徳的正当性を主張できるものではない。にもかかわらず、愛国的であることが国民としての当然の義務であるかのような主張を巷間で目にすることは少なくない。愛国的であることが義務であるとする認識が広く共有されるならば、それはどのような帰結をもたらすのか。それが次章の課題である。

第5章

愛国的ではないということ

前章において、現代パトリオティズム論はその道徳的正当化に際し、愛国の対象が自分の国であることを重視する傾向があることを確認した。それは自国にアイデンティティを見出すことであり、そのアイデンティティは、多くの場合、ナショナル・アイデンティティであった。このように、愛国的言説がナショナル・アイデンティティの観点と結びつくのはフランス革命以後のことであって、中世末期から近代初期のパトリオティズムには見られなかった、すぐれて近代的な特徴である。

このように自国のアイデンティティに基礎づけられた愛国は、極端な場合、排外的で外国人を忌み嫌ったり見下したりする態度に結びつきやすい。他方、自国民であっても愛国的ではないと判定される人々は、愛国者たちによって公的な非難や攻撃にさらされることが少なくない。

本章の目的は、愛国が外国人や「非国民」排除の論理に転化するメカニズムを分析することである。

愛国が熱狂化すればするほど、文化や人種、宗教的背景を共有する同一国民の間においてさえ、思想信条を異にする一部の人々を「非国民」「売国奴」であると排撃する傾向が増大することは広く認識されていると思われる。しかし、現代パトリオティズム論では、一般的にいって、パトリオティズムがこのような社会的排除を惹起するのはなぜかという問題を、本格的検討の対象としていない。たとえば、マーシャ・バロンは、非愛国的な人とはどういう人かと自問していう。「十分に憎悪(ヘイト)しない人々である。精密な検討をどうしても行わねばならないような政府や社会政策を勇敢に批判する人々である」(Baron 2002: 60)。しかし、「愛国的」「非愛国的」というレッテルは「疑わしい政治的目的のためにしばしば用いられる」と述べるにとどまっており(Baron 2002: 61)、なぜ、またどのようにしてパトリオティズムがある特定の人々を排除する論理として作用するのかにまで、バロンは踏み込んで考察していない。

しかし、この問題こそは、愛国的であることのいわば「暗黒」面を構成するのであって、これを放置したまま愛国的であることの道徳的正当性を主張するのは、パトリオティズム擁護論としては大きな不備を抱えているというべきであろう。

とはいえ、現代パトリオティズム論がこの問題を不問に付してきたのは決して不思議なことではない。なぜなら、これまでも度々論じてきたように、現代パトリオティズム論においては、ナショナリズムを文化的あるいはエスニックな統一性の主張とみなす一方、パトリオティズムを共通善、あるいは何らかの政治的な生の様式を善とみなす立場と定義づけることで、排除の論理を内包するのは、パトリオティズムではなくナショナリズムであるとしばしば論じられてきているからである。ところが、このような主張が無視して顧みないのは、いくらナショナリズムだけに排除の論理を見出そうとしても、実際のところ「非愛国的だ」という表現は「非国民」「売国奴」「国賊」といった非難の意味を伴うレッテルとほぼ互換的に広く用いられている事実である。すなわち、愛国的ではないことは公的な非難の対象となっているのであり、このことを政治に関する日常的な言語使用の問題としてみれば、パトリオティズムが排除の論理の一翼を担っていることは否定できないであろう。

その点、清水幾太郎は愛国的態度がしばしば陥る「非寛容性」をしっかりと見据えている点で注目に値する。その愛国的「非寛容性」の本質を「集団的主体の自己純粋化の現れ」すなわち「自己を一切の夾雑物、不純の要素から解放する努力」と清水は捉えている(清水二〇一三：一六七)。そうした「内部の敵」は往々にして外来的要素であり、その代表例としては、カトリック教徒、ユダヤ人、そして社会主義者が挙げられると清水は指摘する。

このように、外部的要素を除去することで内部の純粋化を図る非寛容性を愛国的態度の一つの特徴として指摘するにあたり、そのようなメカニズムがどのようにして発生するのかについて、清水は次のようにいう。「疑うことを許さぬ固定的な価値体系があって、これを実現する方針もまた現存の権力によって確定せられている。根本の価値は固《もと》より、その実現の方法についても、反対の立場からの議論は許されない。万一これを敢えてするものがあれば、直ちに非国民となり国賊となる」(清水二〇一三:一三〇)。逆に、固定的な価値体系に不信感を抱くことこそが寛容であることであり、寛容であることにより愛国心を独占しない(自分だけを愛国心の持ち主だとは考えない)ことの重要性を力説している(清水二〇一三:一一二)。

では、その固定的な価値体系はどのようにして出現するのだろうか。この問題について清水は、祖国ないし国家が神として立ち現れていると指摘している(清水二〇一三:八七―九二)。祖国崇拝が近代国家に等しく見られる現象であり、それは、元々、人間には集団に埋没したいという原始的欲求がある一方、ジャーナリズムの発展が、国家という巨大なものをなにがしか可視化してきたことや、民主主義の発展の結果、国民が国家をわがものとしたことの帰結であると清水は主張している。清水曰く「祖国は神であるとともに、また吾がものである。祖国は自分の精神と肉体を捧げる神でありながら、しかもまたそれは自分の精神と肉体の延長であり拡大である」(清水二〇一三:九二―九七)。ここには、前章までにおいて指摘した「自国にアイデンティティを見出すこと」の重要性を、清水もまた認識していたことを看取することができる。だが、国家が神として立ち現れるというのは一体どういうことなのか。

本章では、以上のように清水が論じた愛国的態度に見られる非寛容性の問題を、別の角度から再検討してみたい。特に前章における観察を踏まえ、アイデンティティをキーワードの一つとして排除の論理の構造を明らかにしたいと考える。やや具体的にいえば、まず外国人を自国民と識別するカテゴリーとして重要視されたのが、ネイションとしてのアイデンティティが積極的に形成された近代であることを、最近の歴史的研究成果に基づきつつ論じる。一方、ナショナル・アイデンティティは国民国家における、いわば正統信仰として機能し、それと呼応して、愛国的でないことは、ちょうどキリスト教会において異端が排除されるのと同じメカニズムで排除されるということを、宗教社会学的な見地から明らかにしたい。

このようなアプローチは、既存研究においてナショナリズムを宗教のアナロジーで理解する方法と通底する側面があろうが、本章ではさらに一歩踏み込んで、近代国家は教会に代わって聖性を独占する機関であると主張する。国家が聖性を帯びる存在であるために、その成員が担うナショナル・アイデンティティもまた聖性を帯びるのである。このように愛国的でないことが排除の論理として機能することの背後には、国家が広い意味で宗教的な制度である事実が伏在している。国家が聖性を帯びた存在である限り、異端としての非国民や国賊は存在せざるをえないことを示すのが本章の狙いである。

１　外国人

レオナルド・ブルーニは、一五世紀フィレンツェが外国人にとっても祖国であると論じたことを前述したが、現代では、ある人が外国に居住しながら、その国の愛国者になるということは通常ないものと考えられている。愛国者でありうるのは自国民だけであり、外国人には滞在する外国で愛国者であることは想定されていないし、いわんやそうなることは全く期待されていない。

その「外国人」という概念カテゴリーが注目を浴びるようになったのは、フランス革命期のことである。革命下のフランスがオーストリアと戦争状態になって以来、フランス「国民（ネイション）」に対する他者としての「外国」を強く意識するようになった。そうであればこそ、一七九二年から翌年にかけて外国人をアイデンティファイ（同定）する政策が次々と採られた。国民公会から「外国人」が追放されたのもその一環である（長井二〇一二：二二二―二二三）。とはいえ、当時「外国人」という概念カテゴリーは、「同国人以外の人々」を必ずしも意味していたのではなかった。むしろ、同国内の別の地方の人々をも意味しており、たとえば、パリ市民にとって、フランス王国内のパリ以外のところからやってきた人々は「外国人」であった。この「異郷人」という意味で「外国人」という語が用いられることの方が多かったのである。これは、国境が、諸地方を分かつ境界に比べて圧倒的に重要視されていたわけではなかったことの反映である。換言すれば、ロジャース・ブルーベイカーが指摘するように、アンシャン・レジームにおいては「成員資格もしくは所属を決定する単位は、国家よりも下位のレベルにあった」という側面があったということである(ブルーベイカー二〇〇五:六七)。ある人の権利と義務について確定する際、ある人がフランス人であるか外国人であるかということだけでなく、その人がある領主の領地に所属しているということ、あるいは自由都市の市民であること、また、貴族や聖職者であるということ、プロテスタントかユダヤ人であること、ギルドのメンバーであることなどといったことも劣らず重要と考えられていたのである(1)。

その結果、一八世紀のフランスにおいては、社会的文化的多様性が、今日では想像もつかないほど大きなものだった。フランスの領域内で話されていた言語にしても、オック語、ブルトン語、(各種)オイル語、アルピタン語などといった今日では絶滅しつつある言語の他にも、現在ドイツ語、バスク語、イタリア語として知られている諸言語(の方言)が使用されていたのであって、共通のフランス語が全土を通じて話されていたわけではなかった。したがって、ネイション形成のための焦眉の課題は、外国人の処置ではなく、むしろ、国内統合であった。そうであればこそ、自国人ではない存在としての「外国人」は、アンシャン・レジーム下のフランスでは、必ずしも警戒・監視の対象になっていなかったわけである(2)(ブルーベイカー二〇〇五:二二一)。

自国民の反対概念としての外国人に対する処置が大きな変化を見たのはようやく一九世紀後半に入ってからのことである。それまでには国内統合が進み、不完全な形とはいえ、国内で使用されていた内地パスポート(国内移動用のもの)は廃止された一方、外国人に対する規制が強まった。そうした行政管理の整備は、外国人管理課が一八八〇年代に内務省公安局に設置されたことによく象徴される(3)（ブルーベイカー二〇〇五：二二四―二二五、Bell 2001: 44）。このようにネイションという概念は、「他国民」すなわち「外国人」が政治的に強く意識され、彼らを対象とする法整備が進むことを通じて、よりいっそう明確化された。こうしてみれば、自国民と外国人との峻別は、すぐれて近代的な現象である。第４章で、「同国人はなぜ特別扱いに値するのか」という問題をめぐる道徳哲学的検討を紹介したが、歴史社会学的観点からすれば、同国人が特別である理由は、フランス革命以来の近代国家によるアイデンティティの制度化に由来するというべきであろう。この点を以下に敷衍しよう。

アイデンティティという概念には大別して二つの側面があり、一つは、たとえば身元証明書（ＩＤカード）に見られるようなある人のユニークな個人性を意味し、もう一つは、ある個人をある集団に帰属させる共通項を意味し、ナショナル・アイデンティティや、ジェンダー、階級、エスニシティなどのカテゴリーはこの意味のアイデンティティに属する（Wahrman 2004: xii）。ある個人のユニークさを規定するアイデンティティ（個人的アイデンティティ）は、その個人とそのほかのすべての他者との差異を際立たせるが、これとは対照的に、個人をある集団に帰属させる共通項としてのアイデンティティ（集団的アイデンティティ）は、その個人とその集団に属するほかの個人との差異を消去する作用を持つ。ナショナル・アイデンティティが国民・ネイションに基礎づけられていることは当然だとしても、個人的アイデンティティは、その個人固有のものであって、ほかの何ものにも依存しないかのように思われがちである。しかし、個人的アイデンティティですら、その実、国家に依存しなければ確定されない側面があることに気づくことが重要である。

ジョン・トーピーによれば、過去数世紀の間に、国家は、そのほかの競合する組織（たとえば、教会や私的組織）の主張を打ち破り、「正当な移動手段の占有」に成功した（Torpey 2000: 1）。マックス・ウェーバーによれば、近代国家は、正当な暴力行使を占有するところに特徴があるが、これと同様のことが、人的移動についてもいえるというわけである。その結果、国家は人々が移動する自由を奪ったが、それは、見方を変えれば、人々は自分の個人的アイデンティティを国家に依らなければ持ちえないということでもあった（Torpey 2000: 4）。実際、国民一人ひとりの住民登録を義務化し、住民全ての氏名、住所、生年月日、性別などの情報を市町村が把握することが広く実行されている。それは、不備のない正式な身分証明書を持って国家の領域内を移動する者が、国家の保護の対象となることを保証したが、それは裏を返せば、住民登録のない者、そして登録情報に不備のある者を、不穏分子として特定することにほかならない（4）（Torpey 2000: 34-35）。国家は人々のアイデンティティを独占的に管理する制度でもあるのである。（5）

国家がアイデンティティを独占的に管理するということについては、マッツィーニが明確に指摘している。「祖国なしには、君たちは、名もしるしも選挙の投票も権利もなく、諸国民から同胞としての洗礼を受けることができません。君たちは人類のみなしごです。旗のない兵士、国ならさしずめイスラエルの民で、信用も加護も得られず、したがって、身元を保証してくれる者がいないのです」（マッツィーニ二〇一〇：八八）。ここでマッツィーニのいう「祖国」とはいまだ勝ち取られていないイタリアという（国民）国家であった。これから築かれようとしていた近代国家としてのイタリアの役割の一つとは、マッツィーニにとって、アイデンティティの保証にほかならなかったのである。しかし、国家が独占的にアイデンティティを管理することは、歴史的には比較的新しい。中世ヨーロッパでは、新しく生まれた子供は、教会における洗礼式の一環として名づけられた（Heywood 2001: 53, Hamilton 2003: 88）。中世キリスト教社会では、子供は洗礼を受けることで、名前を持つ教会の一員となることができ、教会法の対象となる。したがって、中世ヨーロッパでは、個人のアイデンティティを保証したのは教会であって、国家ではなかった。

世俗権力による個人のアイデンティティ管理における重要な第一歩は、イングランドの場合、トマス・クロムウェルが一五三八年に、全ての受洗した新生児を公式に記録するよう全ての教区に義務づけたときに記された（Szreter 2012）。以後、急速に教区による個人のアイデンティティ登録システムの整備が進み、近代初期を通じて個人の出生についての記録は教会が管理したが、一九世紀以降、世俗国家がその任を独占することになった(6)(Caplan 2001)。

しばしばアイデンティティとは、「私は誰なのか」という問いに対する解答、つまり自己理解という主観的な問題として取り上げられる。しかし、これまで論じたようにアイデンティティには制度的側面があり、それによって客観性・真正性が保証される。しかも、客観的保証を要するという意味では、アイデンティティは他者によって与えられるという側面があることに注意を要する。カスパール・ヒルシが論じるように、あるネイションのアイデンティティは、近代初期において「他者」によって与えられた。一口にドイツ語といっても多種多様な方言が存在した中世において、ドイツ人の間に自分たちがドイツ人だという意識が生じたのは、同じドイツ語を使用するという理由によるのではなかった。全く異なる言語を話すイタリア人が、どの方言にせよ同じドイツ語という「雑音」を話す人々に対してドイツ人という呼称を用いた結果、ドイツ人自身がその呼称を自己に言及するために採用したというわけである(Hirschi 2012: 106)。同様に、アジアという呼称は、ヨーロッパから導入されるまでアジアには存在しなかったし、オーストラリア人をはじめとする外国人が用いた呼称である「キウイ」を、ニュージーランド人が自称するようになった例もある。さらに、日本という国号は「日《ひ》の本《もと》」つまり太陽が昇るところという自己認識の表明であるが、それは、中国大陸から見たものである点で、網野善彦が指摘するように、あきらかに「中国大陸の帝国を強烈に意識した国号である」(網野二〇〇八：八六―八九)。

こうした一連の例は、他者の視点がアイデンティティに不可欠の要素であることを如実に示している。チャールズ・テイラー曰く、

アイデンティティと対話との緊密なつながりは、名前が人間生活において占める位置にも現れる。私の名前とは、私が「呼ばれる」(called)ところのものである。人は名前をもたざるをえない。なぜならその人は呼ばれねばなら

ない、つまり呼びかけられねばならないからである。会話の中に呼び入れられることは、人間のアイデンティティの発達の前提条件であり、それゆえ私の名前は、(通常は)私の最初の対話者たちによって与えられる。例えば収容所にいる収容者がもはや名前をもたず番号しかもたないというような、サイエンス・フィクションの悪夢のシナリオが迫力をもつのは、この事実に由来する[7](テイラー二〇一〇：注九―一〇(第二章(13))。傍線、引用者)。

我々の名前は、通常、両親によって与えられる点でやはり他称的である。しかし、本章の議論の関連で強調したいのは、たとえ両親がその子供を命名しようとも、最終的にその名前を真正なものとして保証するのは国家であるという点である。

ロバート・ラドラム原作の映画シリーズ『ジェイソン・ボーン』で描かれているのは、一面において、記憶喪失に陥った主人公ジェイソン・ボーンが自分の過去の記憶という主観的アイデンティティを取り戻す過程における苦悩である。しかし、その反面、見落とすべきでないのは、主人公が国家によってデイヴィッド・ウェッブという本名を放棄させられ、ジェイソン・ボーンという名前で新たな人生を始めさせられたという点である。無論、前述の議論から明らかなように(この作品がフィクションであることはともかく)、デイヴィッド・ウェッブという本名も国家によって保証されたからこそ存在した。しかし、特に興味深いのは、主人公の過去の記憶としての主観的アイデンティティが、国家によって新たに与えられたアイデンティティと齟齬をきたしたところに生じた悲劇を描いている点である。そうすることで、この作品は、個人のアイデンティティさえ国家に依存していることに光を当てているわけである。

以上のように、個人のアイデンティティ管理によって国家は、その構成員としての国民についての情報を把握し、原則として国境内にとどめておき、国境を越える移動を管理するのである。こうした事態にトーピーは、国家が国民を「包容する(embrace)」機能を見出している。

しかし、そもそも国家が、その国家に属する諸個人を「包容し」、囲い込むことによって、「国民」として確定したのはなぜだろうか。それは、究極的には、そうして囲い込まれた諸個人から、様々な資源を国家が吸収することで、国家の存続を可能とするためであり、その一環として国民としての利益を享受する資格のない者を除外することであった(Torpey 2000: 12)。ちなみに近代日本において戸籍制度が「日本国民」を登録する制度として整備されたのも、「軍事や課税の目的から国民を動員すべき資源として把握するための手段」として有効だったからであり、つまるところは、「国民のためにではなく国家のために利益をもたらす」ためであった(遠藤二〇一七：一九)。

外国人というカテゴリーが自国民に対するものとして確定されたのは、歴史的にいえばフランス革命以後であったことに鑑みれば、愛国的であることがネイション概念と密接な関係を持ち始めたのが同時期だったことも首肯できる。本来、愛国的であるということは共通善という普遍的理想の追求とそれへの愛着を意味したのであって、ある特定の領土やネイションと必然的に結びついてはいなかったことは縷説した通りである。ところが、フランス革命を境として、外国人は異国の地において愛国的である資格を奪われたわけである。ミルトンが、共和主義的理想としての共通善の実現している国が自分の「祖国」だと喝破したのとは全く異なる考え方が、フランス革命を機に誕生したのである。

2　非国民・売国奴・国賊

前節では、フランス革命期以降、外国人というカテゴリーが重要な役割を担うようになったことを検討した。愛国的であることが外国人を排除する態度と結びつくのは、「自国民」対「外国人」というカテゴリー分けを重視することを前提とするが、それが歴史的に新しい現象であることを指摘した。

しかし、その一方で、愛国的態度は、外国人を排除するだけにとどまらず、自国民さえも、しばしば「非国民」「売国奴」「国賊」などという呼称を用いて排撃することにつながるものである。この自国民排除の問題は、パトリオティズムを扱う論者にとって一つの難問である。マウリツィオ・ヴィローリの場合、パトリオティズムを共同の自由の防衛のためのシティズンシップとして把握する一方、ナショナリズムを文化的あるいはエスニックな統一性への積極的関与として理解したことは縷説した。したがって、彼にとって排除の問題への応答は、いかに祖国への愛を、文化的・宗教的あるいはエスニックな統一性への愛着ではなく、共同の自由への愛へと転換するか、という方策の模索という形をとって現れた(Viroli 1995: 12＝二〇〇七：二六)。このように論じることで、自由という共通善の追求としてのパトリオティズムは寛容で包容力を持つと主張し、文化的・宗教的あるいはエスニックな統一性を目指すナショナリズムの排他性から区別することを試みている。しかし、実際には「愛国」の旗印のもと「非国民」に対する攻撃が行われるのは洋の東西を問わず見聞されるところである。現代日本においては、「反日」という表現がそうした排除のレッテルとして広く用いられている。もともと「反日」という形容句は、「親日」に対するものとして外国人を形容する際に用いられていたのが、一九九〇年代中頃から日本人に対する非難の言葉として使用されるようになったという(市川二〇一一：五三)。

愛国的態度は、なぜある特定の人々に「非国民」や「国賊」というレッテルを貼ることで排除しようとするのか。その解明の方法として、以下の論述では、中世ヨーロッパにおける異端理論、およびエミール・デュルケムの宗教社会学の方法を参照枠組みとしたい。すなわち、愛国的言説の排除の構造を分析するにあたり、パトリオティズムを宗教との類似関係において理解するアプローチを採用する。(8)

パトリオティズムではなく、ことナショナリズムに関する限り、宗教との関係については、近年、極めて多くの論考が発表されてきている。ロジャース・ブルーベイカーは、この問題に対する四つのアプローチがあると指摘している。一つ目は、宗教がナショナリズムの様々な側面(たとえば、その起源やその性格)についてどのように説明するかを探求するものである。二つ目は、宗教をナショナリズムの一部分であると捉え、宗教とナショナリズムがどのように相互に絡み合っているかを解きほぐすものである。三つ目は、ナショナリズムの中に特に宗教的なナショナリズムという形態があることに光をあてるものである。そして、最後に四つ目であるが、宗教とナショナリズムを類比的な関係において捉える研究である(Brubaker 2012)。

この第四のアプローチに関連して、リア・グリーンフェルドは、「ナショナリズムが近代的宗教であるということは今では陳腐な文句になった」と述べて、ナショナリズムを宗教として理解することの問題点を指摘した(Greenfeld 1996)。グリーンフェルドの警句にもかかわらず、非国民や売国奴を排除するメカニズムを理解する上で、宗教における異端の排除をモデルとして参照することは、決して無意味ではないと考える。なぜなら、そのようなアプローチによってはじめて、愛国的な排除の論理が、まさしくデュルケムによる宗教の機能主義的定義と接点を持つことを示すことができるからである。

中世ヨーロッパの異端理論

ヨーロッパ中世盛期から末期における異端理論によれば、異端であることは、教会権威による決定を「頑迷固陋(pertinacity)」に拒否することである。伝統的な見解に従えば、本来従うべき「教会権威」とは、教皇や司教などといった教会官職の権威である。こうした制度的な教会権威が信仰に関して定める事柄を執拗に繰り返し拒絶する場合、「頑迷固陋」であるとみなされ、異端であると判定される。これとは異なり、教会権威の定めるところを一旦は拒絶するが、すぐ後にその決定に従う場合、「頑迷固陋」であるとはみなされず、単なる過誤として比較的穏便に処理さ

れる。このように「頑迷固陋」とみなされるかどうかという点が異端であるかどうかの分岐点をなしている。(9)

ここで重要なのは、この「頑迷固陋」という概念が、権威による決定によって義務が生じることを含意するという点である。頑迷固陋である異端者とは、権威による決定によって生じた義務を承認しない人のことを意味する。教会権威の決定を一旦は否定しても、すぐにそれを撤回し服従するならば、教会権威の決定内容に対して内心では異を唱えているとしても、少なくとも教会権威の決定が義務を発生させていることを承認したことを意味する。一方、教会権威による決定を執拗に否定し続けることは、その決定内容に異を唱えることで過誤に陥っている(とみなされる)だけでなく、その決定が義務としての拘束力を有していることをも否定していることを意味するわけである。

さらにひとこと付言しておけば、「異端」という言葉は、中世ヨーロッパのようなキリスト教信仰が公的生活にとって決定的に重要な意味を持っていた社会では、非難する意味において用いられ、またそのように理解された。しかし、現代のように宗教的に多元的な自由主義世界では、「異端」にはもはや公的非難としての意味合いはほとんどないといってよい。むしろ、「異端」であることは、個性的であること、独自性を主張するものとして推奨される傾向さえある。なぜそうなるかといえば、異端であるか否かを定める基準がもはや義務を生じさせるものとして社会構成員によって認識されていないからである。ある事柄を信じなければならないという義務があるところで、その義務を果たすことは「正統(orthodoxy)」として推奨され、その義務を果たすことに失敗したり、あえてその義務を果たさなかったりする場合は、「異端」の嫌疑をかけられ非難の対象となる。しかし、ある事柄を信ずることが事実として、多くの人々によって実践されていても、それを信じる義務が公的に認知されていなければ、その事柄を信じることはただ単に多数派に迎合しているにすぎず、むしろ、その事柄を拒絶し新たな信念を提示することには、個性的で独自性があるとみなされる。

ここで、中世ヨーロッパの異端理論に特別に注目しているのは、いうまでもなく公的な非難および排除の論理としての側面に注目しているからである。したがって、現代の我々の語法における「異端」という概念はここでは関心対象の外であることを一応注意しておきたい。

しかしその一方で、語源的にいえば、「異端」という概念には元来、否定的なニュアンスはなく、単なる「(何らかの意見の)選択」を意味したにすぎなかった。すなわち、新約聖書に見られるギリシャ語のhairesis(異端)には公的な非難の含意はなかったのである(McGrath 2009: 36–37)。古代には「異端」が単なる「選択」を意味したとは歴史の皮肉というべきであろう。なぜなら、中世ヨーロッパ教会においては、異端とは、ある選択をすることを教会が禁じた結果として生じるものとして理解されたからである。教会官職がある決定を下すならば、当然、その決定に反することは禁じられる。異端とは、その禁じられていることに頑迷固陋に固執することである。ルイス・コーザーもいうように「異端者とは、その人が所属する集団が他の選択肢が存在することを望まないときに選択肢を提案する人である」[10](Coser 1964: 70)。逆にいえば、ある「選択」をすることが禁じられていることを承認し、かつ、実際にその「選択」をしないことが、教会の正統な(orthodox)メンバー(信徒)であることを証するのである。

ややくだけた言い方をすれば、正統であるということは、教会において誰しも当然であると思って疑わないことを素直に当然であると承認することである。これに対し、当たり前であるはずのことを当然として認めず疑ったり、異論を唱えたりすることが異端なのである。「当たり前であること」は関係者全てによって承認されなければならないからである。

以上のような中世ヨーロッパにおける異端の概念を踏まえるならば、エミール・デュルケムによる宗教的現象の定義は興味深い。「宗教的であると把握される現象は、義務づけられた信念に存し、そうした信念についての所与の対象に関連して明確に定義づけられた実践と結びついている。〔中略〕宗教的信念と実践を特徴づけるのは、それらが義務づけられているということである」(Durkheim 1975: 93. 傍点、原文ではイタリック)。このように定義される宗教的現象は、やや広い意味で宗教を理解している。実際、デュルケムもいうように「科学と宗教的信仰の中間に位置する信念というものが存在するのは事実である。国旗や祖国、政治的組織形態や英雄たち、あるいは歴史的事件など一見したところ世俗的であるような事物に関するあらゆる種類の信念がそうである。それらは、共通に保持されているというまさにその理由により、ある意味で義務づけられている。共同体はそうした信念が公然と否定されることに決して黙ってはいないのである。〔中略〕実際、そうした信念は宗教的信仰と識別し難いものである。祖国やフランス革命、ジャンヌ・ダルクなどは我々全てにとって聖なるものであり、それに人が容喙することを断じて拒絶するのである」(Durkheim 1975: 91)。このように、正統な信念を権威によって義務づけ、その必然的帰結として、正統な信念に矛盾する事柄を禁じることが宗教的現象の特徴なのである。

ここで注目したいのは、「祖国やフランス革命、ジャンヌ・ダルクなど」の宗教的というべき信念の対象が「聖なるもの」であって、人が容喙することを禁じるものだというデュルケムの指摘である。この論点について、デュルケムは別の著作で次のように述べている。「一つの信念が一民族によって一致して分有されると、前に述べたような理由から、それに触れること、いいかえれば、それを否定しまたは抗議することが禁忌される。そして、批判を禁忌することは、他のそれと同じく禁忌であって、人が聖なる何ものかに直面していることを証する」(デュルケム一九七五：三八四—三八五)。このように義務づけられた信仰の対象は、それを否定したりそれに疑念を唱えたりすることを禁止するのであり、そうした信仰の対象は「聖なるもの」なのである。

中世キリスト教の場合、そうした義務的信仰の対象は「明示的信仰(explicit faith)」という用語で知られていた。多くの場合、「明示的信仰」とは、信仰箇条(「我信ず」というクレド)のような、キリスト教徒が信じ、公の場で声に出して告白しなければならない命題群のことをいう。これに対して、「暗黙の信仰(implicit faith)」とは、教会権威によって信じるよう義務づけられることなら何でも信じる用意がある姿勢を意味する。この場合、特定の命題を信じる必要はなく、命じられれば信じる準備があることが義務づけられているにすぎない[11]。しかし、いずれにせよ、何かを義務づけられるということが「信仰」すなわち「宗教的」信念の特徴なのである。

さらに興味深いのは、明示的信仰の場合、義務づけられている信念が文字通り「明示的に」命題として示されているという点である。すなわち、明示的信仰は、何人たりともこれに触れることが許されない「聖なるもの」である。そうであればこそ、神学者の中には、明示的信仰に違反したり、これに疑義を呈したりするならば、ただちに「頑迷固陋」であると主張する者もいたのである。すなわち、明示的信仰が義務づけられていることはどの信徒も実際に知っているはずだから、明示的信仰の内容に一回でも違反したり異論を唱えたりすることは、無知や軽率さなどによる単なる過誤ではなく、意図的にその真理性を否定し、かつ、その義務的拘束力を拒絶しているとみなすべきであり、したがって、異端であると宣告すべきである、というわけである[12]。

異端は「聖なるもの」を侵害するから非難の対象となるという論理は、異端が中世ヨーロッパの教会法学や神学において反逆罪として理解されたことからも看取できる(Ullmann 1965, Maisonneuve 1965)。反逆罪の概念は、もともと君主(とりわけ国王)個人に危害を加える背信行為であったが、後年、王権に反抗する発言やその他の行動、すなわち、体制に対する不忠を意味するようになった。王権とはある特定の国王個人を超越する王としての威厳を意味する。したがって、王権への反逆は、ある特定の国王を攻撃するにとどまらず、王権の威厳をも損なうものである(Kelly and Thiranagama 2010: 4)。

このような議論の背景をなすのは、第3章で既述したマイェスタスというローマ法概念である。ローマ法学的伝統では、反逆罪は laesa majestas(損害を受けた威厳)というラテン語で表現され、反逆罪とは、本来、無条件に一方的に忠誠の対象であるべき政治的支配権力に対して、しかるべき忠誠心を示さず、かえってこれに危害を加える行為と定義される。しかも、マイェスタスは、神々の属性でもあるから、その概念が刑法に転用されることで、処罰が神による復讐としての意味をも帯びることとなった(Lear 1965: 51-52)。このように、マイェスタスとは、聖なる権威にほかならない。こうした考え方が、中世ヨーロッパにおいて継承された結果、反逆罪とは、国王や教皇個人への攻撃ではなく、彼らが有する権力の聖性を犯すものと理解されることとなった。公的秩序が、究極的には、そうした権力の聖性に依存していると考えられた以上、反逆行為を罪に問うこととは、個人的な復讐ではなく、公的秩序を維持することであり、またその正当性を主張することにほかならなかったというわけである(Cuttler 1981: 15)。

「異端」と「非国民」の相似性

以上のような中世ヨーロッパにおける異端への非難と、近現代社会における「非国民」「国賊」などへの非難は、論理的に全く同型である。すなわち、愛国的であること、愛国心を何らかの形で表明することが、すべての国民に義務づけられるとき、それを否定したり異論を唱えたりすることは禁じられる。したがって、愛国的であることに疑義を呈したり、愛国心を表明するにしても、その仕方が不適切であったりする場合、「非国民」であるとして非難の対象となる。その場合、愛国的であること、愛国心を表明することはほかならぬ「聖なる」行為となっているのである。フランス革命の文脈で、「祖国や革命、ジャンヌ・ダルクなど」が「聖なるもの」となったということは、それらに疑義を呈したり、異論を呈することは禁じられたということである。したがって、そうした行為を行う者は、公的に非難の対象となる。

近代日本の歴史的事例としては内村鑑三の不敬事件が好例である。一八九一(明治二四)年、第一高等学校の始業式において、教育勅語の奉拝式が行われ、教員六〇人と生徒一二〇〇人が参加した。校長代理による勅語の奉読に続いて、教員と生徒それぞれ数名が一人ずつ教育勅語に向かって奉拝する儀式である。内村鑑三は始業式で奉拝することを校長代理から儀式の直前に命じられた。奉拝が「礼拝」にあたるのかどうか、キリスト教徒としての立場からためらわれたため、壇上でちょっと頭を下げたにとどまった。内村のそうした身振りに、生徒たちの間から直ちに非難の声が上がり、学内の騒動に発展し、内村が退職のやむなきに至った事件である。この事件は当時の日本における一連のキリスト教攻撃の中の一エピソードであるが、内村を含むキリスト教徒に対する非難は、愛国的でなく不敬であるとするものであった（赤江二〇一三）。

この事件に見られるように、教育勅語奉拝式において深々と拝礼することを通じて愛国的であることを公に示すことが義務づけられるに際し、その義務内容は必ずしも明示的に文書化されている必要はない。要は、関係者の間である事柄が義務であるという共通了解が成立しているだけで十分である。しかも、そうした共通了解とは、先にも述べたように「当たり前」であり、疑義の対象たりえないものである。

第1章で触れたように、一八九〇年代は日本人が愛国思想に急速に染まった時代である。一八九〇年に発布された教育勅語は、日本の愛国における正統（orthodoxy）を定めた。全ての日本臣民が「一旦緩急あれば」、「祖国のために死ぬこと」が要求されたのである。井上哲次郎の『釈明教育勅語衍義』は、教育勅語について最も権威があるとされた解説書であるが、その中で「愛国の心なきもの」は、たとえ国法を犯さないとしても「徳義上」義務を果たしていないという点で批判を免れないと論じている（井上一九四二）。教育勅語を根拠にして、愛国的であることは道徳的義務となったと宣言しているのである。

そうした事情を背景として、キリスト教が日本の愛国的観点からは異端として排撃の対象となった。井上哲次郎が『教育と宗教の衝突』でキリスト教攻撃の戦端を開き、キリスト教陣営と反キリスト教陣営の間で激しいつば迫り合いが起こったことは有名である（関編一九八八a、一九八八b）。そこでの議論の焦点の一つも愛国という問題であった。反キリスト教陣営はキリスト教が愛国的でないことを非難するのに対し、キリスト教陣営は、結局のところ、自分たちこそが愛国的であるということの弁証に努めた。すなわち、いずれも愛国的であることが正統であること、愛国心を抱くことが「徳義上」の義務となったことをはっきり承認していたわけである(13)。

このような論争のパターンは、異端をめぐる紛争と構造的に相似するものである。異端という宗教的現象をめぐるパラドックスとは、異端宣告を下された人物は、自分が異端であるとは決して認めないということである。先に記したように、そもそも中世ヨーロッパの文脈において異端であることは「頑迷固陋」である(と判定される)以前に「誤謬」を犯している(と判定される)ものである。自分が「異端」であると自ら認めることは、自分が「誤謬」を信じていることを認めることを意味する。しかし、ある命題を、それが誤謬であることを知りつつ信じることは心理的に不可能である。誰にとっても自分が信じることはその人にとって真理だからである。したがって、異端であると判定される人が、自分が異端であると認めることはありえない(Shogimen 2007: 99)。

ここで重要なのは、異端であると宣告された人が、自分が異端であると認めないのは、その人が、自分がキリスト教徒であると信じているという前提である。そのことは、自分にとってキリスト教徒であることが義務であることを承認していることを示唆する。自分がもはやキリスト教徒でないと信じているならば、異端であると宣告されようがされまいが、大した意義を持たないはずである。これと同様に、愛国的ではないと非難の対象になったキリスト教徒たちが愛国的であることの弁証に躍起になったことは、「愛国的であること」が道徳的義務であるとキリスト教徒たちもまた認識していたことを示唆する。自分たちは愛国的であると主張することによって、自分たちこそが愛国という「正統信仰」を持っていることを暗に主張していたわけである。

愛国心が高揚するにつれて、「非国民」という非難のレッテルも頻繁に使用されるようになった。一八九七(明治三〇)年には小説家広津柳浪《りゅうろう》が『非国民』という小説を発表した。この小説の主人公、箱崎兼吉は、トルストイから思想的影響を受けた平和主義者であり、忠君愛国思想が神の前の平等によって克服されることを信じる人物であった。これに対して、箱崎の恋人の兄はトルストイの思想を空理空論として退け、忠君愛国の立場から、箱崎を「非国民」

であると断じた。

この主人公のモデルは、小説家でキリスト教伝道者でもあった宮崎湖処子《こしょし》であった。伊藤整によれば、柳浪が湖処子をこのように（小説というフィクション形式に仮託して）攻撃したのは、一つには、柳浪が同人の一人だった硯友社の文学を湖処子が批判したという事情があった。しかし、本論の文脈でさらに重要なのは、伊藤が指摘するもう一つの動機である。すなわち、当時世界の文豪の一人としてその名を馳せていたトルストイが原始キリスト教的な絶対平和主義を信奉しており、湖処子がトルストイに共鳴していたという事情があった。柳浪は明らかに絶対平和主義に批判的であり、そうした彼の立場は、日清戦争の勝利でますます沸き立っていた軍事色の濃厚な愛国ムードと同調するものであった（伊藤一九九五：二三一－二三三）。前章でパトリオティズムに反対する古典的主張としてトルストイの見解を紹介したが、彼のコスモポリタニズムは、その絶対平和主義と相まって、非愛国的な主張として敵視されていたわけである。

このように非国民に対する非難は、愛国的であることが「聖なるもの」となり、触れることが憚られる存在となっていることを意味するのである。

ナショナル・アイデンティティという「世俗的聖性」

ところで、前章において、現代パトリオティズム論の中核には、それが自分の国であるという論拠づけがあり、それはすなわち自国に対してアイデンティティを見出すことであることを明らかにした。したがって、愛国的であることが「聖なるもの」となるならば、自国に関するアイデンティティ（特にナショナル・アイデンティティ）もまた「聖なるもの」となることを示唆する。ウルフ・ヘデトフトのいわゆる「ナショナル・アイデンティティの世俗的聖性（profane sacrality）」がそれである（Hedetoft 2009）。

アイデンティティと「聖なるもの」ないし宗教的現象との関係について考察する際、ハンス・モルの理論が極めて有用である。そこで彼の理論の要諦を以下に若干敷衍しよう。

モルは、宗教を極めて簡潔に「アイデンティティの聖化(the sacralization of identity)」であると定義する(Mol 1976: 1)。アイデンティティとは何か。モルにとってアイデンティティとは物理的・シンボル的体系における場を意味するが、さらに進んでその概念を彼独自のものとして特徴づけるのは、古代中国の陰陽思想に似て、アイデンティティを適応(adaptation)ないし差異化(differentiation)という概念との対比的組み合わせにおいて理解する点である。アイデンティティとは、変化への適応に対して安定化、固定化を指向し、差異化に対して同一化、均質化を指向するものと把握されているのである(Mol 1976: 3)。

モルが、アイデンティティをこのように適応・差異化との連関において理解するのは、一つには、アイデンティティを一つのプロセスとして理解しようとするからである。すなわち、アイデンティティとは安定化・同一化していることやものではなく、安定化・同一化というプロセスであり、それはその逆作用である変化への適応というプロセスの存在をも前提とする。そこでモル理論の二つ目の特徴として指摘できるのは、アイデンティティと適応・差異化の両者は弁証法的な関係にあるということである。アイデンティティは安定化・同一化を指向する以上、常に変化への適応と差異化の脅威にさらされるものとして把握される。しかも、あるアイデンティティから別のアイデンティティへの変化は、そうした差異化への指向性との弁証法的な対立関係のプロセスとして理解されることになる(Mol 1976: 3. Powell 2017: 4-7)。

一方、「聖化」という概念は、モルによれば、「現実や規則、正当化に関する秩序立った解釈の複合体を防衛し強化するプロセス」である。これは、「シンボル体系において常に流動的で制御されていない適応への反作用」でもあるから、「聖化」の対象となるのは安定化・固着化したアイデンティティである。「聖化」を経たアイデンティティは、ただ単にその安定性が強化されるだけでなく、「触れることを憚られる感情」の中に包み込まれるとしている(Mol 1976: 202)。しかも、それは「聖化(sacralization)」であって「聖なるもの(the sacred)」ではないが、モルの理論を特徴づける点である。すなわち、デュルケムが聖なるものを俗なるものと截然と区別したのに対し、モルは「聖」と「俗」の関係を動的なプロセスとして理解しようとするわけである(Powell 2017: 8)。

それでは「聖化」とはより具体的にはどのように作動するプロセスなのか。モルによれば、そのプロセスは大別して四つあり、①実体化(objectification)、②神話(myth)、③積極的参加(commitment)、④儀礼(ritual)に分かれる。

実体化とは、ある信念をそれと競合する要素によって傷つかないよう保護することを意味し、そうすることでその信念の安定化と同一化(すなわちアイデンティティ)に寄与することである。しばしばそうした競合勢力から信念を保護することは、その信念が何らかの超越的事柄と結びつけられることで、触れるのが憚られる形をとるものであるという(Mol 1976: 202–215)。

そのようにある信念と競合する信念との葛藤を防止する上で役立つのが神話であるとモルは論じる。神話こそは、ある信念と他の信念との競合を中和することで安定化し、その信念を超越的事柄と結びつけることで一つの言説を形作る。したがって、神話と実体化はセットとして把握されるものである(Mol 1976: 246–261, Powell 2017: 9)。

しかし、このような神話的シンボル体系は、常に普及されていなければ、ともすれば変化にさらされるアイデンティティを安定的に維持することはできない。しかも、神話を恒常的にかつ広範に普及させるには、組織的な努力を要する。そうした集団的な努力への献身や内的衝動を、積極的参加とモルは名づけている(Mol 1976: 216–232)。そして、そうした内的衝動は、儀礼を通じて繰り返されることで徐々に形成されるものとされる。モルによる儀礼の定義は極めて一般的なものであり「意味の人間的システムの反復的行動化」である。儀礼を通じて、人は以前に参加していた意味のシステムから引き離され、新たな意味のシステムへと参加させられる。ちょうど実体化と神話が一組として把握されたのと同様に、積極的参加と儀礼もまた一セットとして理解されるプロセスである（Mol 1976：233-245, Powell 2017：10）。

神話による実体化と儀礼による積極的参加を通じて、アイデンティティはただ単に安定的であるだけでなく、触れることが憚られる「聖なるもの」へと変貌させられる。このようなモルの宗教社会学的見地から見れば、第1章で瞥見したネイション形成のプロセスはまさに「アイデンティティの聖化」にほかならない。フランス革命は、「偉大なるフランス人」の歴史やフランスの「国民的性格」についての「神話」を作り上げ、様々な祝祭という儀礼や教育活動を通じて、フランス人についての新たな信念を人々の内面に刷り込んでいった。ネイションについてのアイデンティティの実体化とそれへの積極的参加という「聖化」である。こうしてナショナル・アイデンティティは聖なるものへと変貌したわけであり、それはまさしく宗教的な現象であった。

このように、ナショナル・アイデンティティが聖化されることで宗教現象として立ち現れるならば、先に論じた異端排除の論理もまた、ナショナル・アイデンティティのコンテクストにおいて発生しうることも容易に推定できる。日本人であることに関して何らかの信念が義務的拘束力をもって生じるならば、それに疑念を呈することさえ（いわんやそれを否定することは）「異端」に相当するとして排除の対象となりうる。儀礼はそのための手段として最も有効であることは、前出の内村鑑三不敬事件の例を見ても明らかである。なぜならその場に居合わせる全ての人が同じ身体的動きを通じてある信念や感情を表現しなければならないとき、それと同じ行動をしないことは誰の目にも明らかであるからである。しかも、誰の目にも明らかであるということは、アイデンティティの安定化・同一化、および、そのための「異端」の排除の要求は、当局からだけでなく最も身近な家族や友人、隣近所からも発生しうるということである。こうして、「異端」の排除は「上から」のプロセスとは限らず「下から」も生じうることになる。

『反逆者たち』と題する論文集の編者たちは、その序文において次のように指摘している。「反逆（treason）の罪に問うことは、自分に権力があることの主張であり、政策上の許容範囲の境界を警備することであり、常に変化してやまない帰属意識に対して権威を行使することに他ならない」(Kelly and Thiranagama 2010: 3. 傍点、引用者)。これは、アイデンティティという概念を軸として捉えなおせば、反逆の罪に問うことは、常に浮動するアイデンティティをある許容範囲内に安定化させる権威を主張し行使することなのである。アイデンティティが聖なるものとして立ち現れ、それに付帯する公的義務が広く認知されているところでは、そのアイデンティティという「正統」を防衛する「権威」や「権力」を、そのアイデンティティを共有する人々全てが潜在的には主張するようになるわけである。

ここまでの考察をひとまず要約すれば、前節で論じた外国人の排除は、中世キリスト教のモデルでいえば、異教徒(と背教者)を排斥することに相当する。異教徒(pagan)とは、キリスト教徒でない者、偶像崇拝を行う者を意味し、背教者(apostate)とは、キリスト教信仰を捨て異教信仰を取る者のことである。いずれも、排除される時点でキリスト教信仰を有していない立場を自ら明確にしている点で共通である。しかし、本節で論じた異端者の場合、自分が正統なキリスト教信仰を有すると主張する点で、異教徒や背教者と決定的に異なる。その点で、あるネイションの一員でありながら、そのネイションに義務づけられる事柄に違反したと判断される「非国民」と相似関係にあるのである。こうした相似関係の妥当性を主張しうるのは、ナショナル・アイデンティティの神話と儀礼化を通じての「聖化」が、一つの宗教的現象にほかならないからである。ナショナル・アイデンティティに基礎づけられる愛国的態度も、このように宗教現象化するならば、非愛国的であることは「異端」として排除の対象となりうるのである。

3 「聖性の移転」と宗教概念の問題性

以上のような「非国民」排除の論理は宗教と類似的関係にあるように見える。しかし、第3章ですでに紹介したが、ナショナリズムとパトリオティズムを宗教として理解するマーヴィンとイングルは、ナショナリズムが宗教に類似していることは明々白々であるにもかかわらず、その事実が否定され続けているのは一体なぜか、と問いかけている。彼らの回答はこうである。「グループの構成員にとって義務づけられている事柄は、聖なるものがそうであるように、議論の余地がある事柄から切り離されていなければならない。ナショナリズムが宗教であることを認めることは、宗派と同様にナショナリズムを挑戦に晒すことになる。ナショナルなシンボルや義務が聖なるものであることを明示的に否定することによって、我々はそれを宗派的シンボルとの競争から守っている」(Marvin and Ingle 1996: 770)。

これは非常に重要な指摘であるが、同時に誤解を招きやすい論点でもある。要するに、ナショナリズムこそが真に「聖なるもの」であるから、諸宗教との競合からナショナリズムを隔離することでその聖性を保護しているのだ、ということである。この指摘は、先ほど検討したモルのアイデンティティの聖化に関する論と全く同型の論理に基づいている。このように論じることで、マーヴィンとイングルは、ナショナリズムも実のところ宗教の一つであると主張したいのであるが、実は、そのように主張したのでは、決定的に重要な問題の所在を明らかにすることにはならない。ここで注目すべきは、ナショナリズムが、他から隔離されなければならない「聖なるもの」であるという点である。このことが含意するのは、逆説的に聞こえるかもしれないが、他の諸宗教は「聖なるもの」ではないのである。

この論点を理解するための補助線として、「宗教」概念について、若干敷衍する必要がある。

一九九〇年代以降、「宗教」概念が本格的な懐疑に晒されている。西洋世界が大航海時代を経て、非西洋世界の諸宗教と接触した結果、それらを包含する概念として「宗教」が理解されるようになった。ただし、諸宗教を含む概念としての「宗教」はキリスト教を最上位に位置づける西洋中心的な概念であった。このように、世界の全ての諸宗教を包含する普遍的な概念としての、いわば「宗教そのもの」の西洋中心主義的な性格が過去三〇年近くにわたって論議されてきている（磯前二〇一二）。

しかし、その一方で、「宗教」概念が持つもう一つ別の問題的な側面も明らかになってきている。すなわち、諸宗教を包含する普遍的概念としての「宗教」の成立とともに、「宗教」的ではない領域、すなわち「世俗」もまた普遍的な概念として成立した、ということである。「世俗」は政治や経済、社会など公共的な事柄にかかわる一方、「宗教」は各個人の内面世界に閉じ込められ、公共的な意義を喪失した。ウィリアム・キャヴァノーによれば「西洋においては、宗教は、人間の心に座している超歴史的かつ超文化的な衝動として発明され、政府や経済生活という公的な事柄とは本質的に区別されることとなった」(Cavanaugh 2009: 120)。

しかし、そもそも、「宗教」は歴史的に現代の我々が理解するような、個人の内面にしかかかわらない存在であり続けてきたのであろうか。

「宗教」とはいうまでもなく英語にいう religion の訳語である。アウグスティヌスは、『神の国』において、ラテン語でいうレリギオ(religio)について、次のようにいう。

まさしく「レリギオ」という言葉は、何か任意のものの崇拝ではなく、〔これまで取り上げた他の言葉に比べれば〕より明確に神の崇拝を表わしているように一見考えられ、そのためわたしたちの同胞は、ギリシア語で「トレースケイア」と言われるものにこの語を当てて訳してはいる。だが、それでも、無学な人ばかりか、非常に学識のある人々にみられる慣用においてでさえ、「レリギオ」は、血縁や姻戚、さらに友人同士に及ぶ、およそあらゆる人間相互の関係においても示されるべきものだと言われているのであるから、神格の崇拝の問題に直面するとなると、この言葉を用いれば曖昧さは避けられないことになってくる。その結果、わたしたちは、確信をもってこの言葉がもっぱら神の崇拝のみを意味するとは言いきれないのである。なぜならば、そうしてしまうと、この語から人間同士の親近関係における敬意という意味が、慣用に反して取り去られることになるように思われるからである(アウグスティヌス一九八二：二九五)。

つまり、「レリギオ」という概念は、①特に神に対する崇拝を意味するが、②より一般的な用法としては、家族や友人などに対する敬意、をも意味した。ここで重要なのは、レリギオとは崇拝すること、あるいは畏敬の念を表することであり、したがって、問題は、その崇拝ないし畏敬の対象が何か、ということである。神をその対象とするのが最も適切な意味であるが、家族や友人を対象とする場合も慣用として認められるということである。このレリギオという語に「宗教」という訳語を与えてしまうと、先に引用した訳文は意味不明になってしまう。なぜなら「宗教」には家族や友人への敬意という意味はないからである。

さらに、もう一つ重要な点は、レリギオには色々な種類があるわけではない、ということである。どれも何らかの対象への崇拝または敬意を意味するのであって、それ以外ではない。選択の対象となりうるのは人が畏敬の念を表する対象だけである。しかし、我々が今日理解する「宗教」には、キリスト教、イスラム教、仏教、ヒンドゥー教など様々な種類が考えられる。ところが、レリギオというラテン語には、歴史的には、我々の理解する「宗教」という意味はなかったのであり、アウグスティヌスが論じたレリギオは「宗教」ではなく「(神の)崇拝」だったということである。

レリギオは、本来こうした意味を持っていたが、アウグスティヌスの用法を大きく逸脱して、今日の「宗教」の意味に接近したのは、宗教改革以後のことである。たとえば、グロティウスが『キリスト教の真理について』を記したとき、数ある宗教の中でキリスト教という宗教が最善であるという主張を展開している。つまり、レリギオは「崇拝または敬意」という意味を失い「ある教義の体系」を意味するようになったわけである[14](Nongbri 2013: 26–34)。ジョルダノ・ブルーノも同様に、「レリギオ」を「崇拝ないし畏敬」という意味ではなく、その同一カテゴリーに含まれるが、多種多様なものが考えられるという前提に立つ、現在の「宗教」概念に近い理解を示している。すなわち、キリスト教が真の「崇拝」であるという「レリギオ」概念から、キリスト教は「レリギオ」という同一カテゴリーに属する現象の一つにすぎなくなった。つまり、多種多様な「宗教」の中の一つとして理解されるようになったということである(Nongbri 2013: 86–96)。そのことは、レリギオという用語が中世には通常単数形で用いられたのに対し、近代初期に入ると複数形(religiones)で用いられるようになったことにも看取できる[15](Harrison 2015: 97–102)。

ここで注意したいのは、以上のような「宗教」概念の歴史的転換と並行して、世俗権力による諸キリスト教会のコントロールが進行したということである。ブラッド・グレゴリーによれば、宗教改革において最も成功を収めたルター派と改革派は、世俗権力からの政治的支持を取りつけた点で、そのほかのプロテスタント教派と対照的である(Gregory 2012: Ch. 3)。宗教改革以前においては、キリスト教徒であることは、現代のように人間生活を構成する様々な側面のうちの一面(「宗教」的側面)だけに限定されてはおらず、人間の生活様式を全面にわたって規制するものであった(Gregory 2012: 134)。しかし、宗教改革以後、教会が信徒の生活様式を規制することができたのは、主権的世俗支配者の意向に反しない限りにおいてという制約を受けるようになった。それは、プロテスタント教会(のちに全てのキリスト教会)が世俗権力の支持を取りつけた代償であったが、しかし、近代初期においては教会の公的影響力はまだ比較的広範囲に及んでいた。実際、宗教改革とカトリックによる反宗教改革の波には、各教会の支配の及ぶ勢力地域において信仰の規律化を図る試みが見られた。フィリップ・ゴースキによれば、カルヴァン派教会がその点で最も徹底的であり成功を収めたものであったが、程度や性格の差こそあれ、カトリック教会も含めて諸教会による信仰の規律化が試みられた。

こうした展開をゴースキは「規律革命」と呼んでその重要性を特筆大書しているが、なぜそれが重要かといえば、こうした信仰の社会的規律化の試みは近代国家の形成にとってのモデルとなったからである。カルヴァン派教会の規律は、軍隊や官僚制、学校の組織上のモデルとして採用されたことで近代国家の組織化に大きく貢献したとゴースキは論じている(Gorski 2003)。デイヴィッド・ベルも、ゴースキの見解とは独立に、反宗教改革におけるカトリック教会の信仰統制が、いささか逆説的であるが、フランス絶対主義国家の世俗化に際して新しい国家組織のモデルとなったと論じている(Bell 2001: 39)。

一九世紀に入ると、ナショナリズムと帝国主義を標榜する国家は、教会を国家内の一制度としてコントロールするにとどまらず、市民の究極的な忠誠の対象を国家自体に仕向けることに成功した。こうして、かつてジョン・ボッシーが「聖性の移転(migrations of the holy)」と呼んだ歴史的プロセスが一応の完結を見たのである(Bossy 1985: Ch. 8)。つまり、聖性は教会から剝奪され、近代国家がそれを独占するようになったわけである。かくして、グレゴリーがいうように「一八七〇年以前のイタリア中央部の教皇領、及び、ナポレオン時代以前のカトリック教会所領のいくつかを例外として、宗教改革以来、教会が国家の上に主権を行使したことはまったくない」。二一世紀の今日、国家と市場(マーケット)が人間生活の全領域を支配し、キリスト教会の影響力は皆無に等しい状態にある(Gregory 2012: 150–154)。

この「聖性の移転」において重要な役割を果たしたのが、新たに発明された「宗教」という近代的概念である。この新しい概念を定立することで、「非宗教的」である「世俗」という領域を確定し「国家」を後者に帰属させる以上、国家は定義上宗教的なものではありえないことになる。にもかかわらず、国家の活動に「宗教」的なものが指摘され続けているのは、「宗教」の属性である「聖なるもの」として国家も機能するからである。「聖性」を軸に世俗としての国家と教会の関係を見直すならば、国家も教会も、両者ともに「聖性」を主張する組織であるという意味で、全く同一地平の上に立っている。しかし、だからといって、国家も一つの「宗教的」組織・制度であるということは、議論の混乱の元になる。なぜなら国家は、近代的な「宗教」概念を創設することで、国家自身を宗教的ではない（すなわち世俗的である）と定義しているからである。

ただし、念のためにここで付言すれば、「世俗」に属する「国家」は決して「宗教」を廃絶しようとはしなかった。むしろ「国家」は「宗教」を内面世界に押し込めることで管理しようとしたということである（Josephson-Storm 2018: 5）。現代自由主義世界でも、「宗教」が個人のプライヴェートな信念や実践にとどまり、公共的な場において政治的に介入しない限り、全く国家は関知しない。時代を遡って、フランス革命においても、キリスト教は聖職者市民法を通じて国家の管理と監視のもとに置かれた。しかし、それは「宗教」を根絶するどころか、新たに「革命宗教」を樹立する企ての一環であった。古くはアルベール・マチエ、より最近ではモナ・オズーフといったフランス革命の専門家たちによって明らかにされているように、それはいわば世俗的な宗教であり、愛国的な態度を涵養し教化することを目的とするものであった（マチエ二〇一二、オズーフ一九八八、Ozouf 1988）。

こうして、キリスト教をはじめとする諸「宗教」は近代国家によって私的な事柄であると宣言された。そのことは、シモーヌ・ヴェイユが慧眼にも指摘するように「宗教が魂の秘奥に、各人の意識さえ入りこめないほど深く隠された場所に宿ることを意味しな」かった。むしろ、「宗教とはたんなる選択や見解や嗜好もしくは気まぐれにかかわる事柄であって」、ネクタイの選択とかわらぬものとなってしまった。したがって「公的な事象にのみ付与される義務的な側面を失い、その結果、忠誠を文句なく要請しうる権利を失った」[16]（ヴェイユ二〇一〇：一八二。傍点、引用者）。

まさしく宗教的信仰が「義務的な側面を失」ったために、異端概念も大きく変化を遂げた。すでに論じたように、中世ヨーロッパ社会において異端であると宣告されることは、公的な非難であり、キリスト者であれば異端であると判定されることに尋常ならざる恐怖感を抱いたはずである。しかし、今日では、異端であるという教会による宣告は、拡大した心理的圧迫にはなりえない。そもそも、一般社会において人が「異端児である」というなら、それは主流に押し流されないオリジナリティやユニークさを持った自主独立の人であるという称賛の意味すら持ちうる。実際、ピーター・バーガーが論じたように、現代社会は各人に異端であることを要求する時代なのである(Berger 1979)。このように、異端という概念から負のイメージが大方消滅してしまったことこそ、教会が聖性を失ったことの何よりの証左である。現代において、中世的な意味で異端に相当するものがあるとすれば、その一つは国家に対して反逆的であることであろう。国家の聖性を認知しない態度は、国家の観点からすれば「異端」にほかならない。

以上のように考えてくれば、先に紹介したマーヴィンとイングルの主張もより明確になるのではないだろうか。すなわち、ナショナリズム(ただし、本論の文脈では、ナショナル・アイデンティティ)が「宗教」であると認めるならば、それも数ある諸宗教のうちの一つにすぎなくなり、他の宗教との競合を免れない。ナショナリズムが宗教であることを認めれば、ナショナリズムは、キリスト教や仏教など様々な宗教が陳列される中から、あたかも「ネクタイの選択」と同様、私的消費財として選ばれるだけのものになってしまう。逆にいえば、ナショナリズムが宗教というカテゴリーから切り離されていることこそが、諸宗教がすでに失った聖性をナショナリズムが保持することを可能にする条件だ、ということである。

念のために付言すれば、本論における「聖なるもの」「聖性」という概念には、規範的に善であるという意味合いは含まれていない。「聖なるもの」はある信念と実践の義務化(およびそれに必然的に伴う禁忌)の結果生じるものである。そうした義務化と禁忌は規範的に善であることを根拠とするとは限らないため、聖なるものは規範的に善である必然性はなく、不正とも結びつきうるものである(Lynch 2012: 46–50)。

以上の議論は、ヨーロッパ思想史に基づいているが、近代日本と無縁なものではない。それどころか「宗教」概念は近代日本においても極めて重要な役割を担った。一八七〇年代には、日本の知識人たちも欧米から輸入・翻訳した「宗教」概念に親しんでいた。その結果、神道（の一部）は宗教ではないという結論が、政府関係者のみならず仏教や神道関係者の間でも広く支持された。そうした考えは一方で、神道の祭儀を日本国家の活動の一部として位置づけることを正当化し、他方で、信教の自由を保障することを可能にしたからである。(17) 何を宗教とみなすのかという問題は、近代国家を形成するにあたってどうしても回答しなければならないものであり、明治政府の指導者たちはそれを「最大の難問」として認識していたことが最新の研究で明らかにされている（Maxey 2014. Cf. Josephson 2012）。

現代においては国家が聖性を独占しているという事態は、国家は世俗的であって宗教的ではないとする世俗主義によって隠蔽されている。たとえば、ドミニク・シュナペルは次のようにいう。「特に世俗主義は近代国家の本質的な属性である。なぜなら、それは宗教的帰属の多様性を超え、信念と実践の私的内面化を聖化し、公共的な領域を、全ての市民が共通に共有する、宗教的に中立的な場所にすることを可能にするからである。〔中略〕この世俗主義こそは社会的紐帯がもはや宗教的ではなくネイション的（national）なものであり、したがって政治的であるという本質的な事実を指し示している」（Schnapper 1998: 35）。ここに「宗教的」とは、一七世紀以降に広まった近代的な宗教概念であり、それは「世俗」の対立概念として構想されたものである。したがって、個人のプライヴェートな領域こそが聖なる領域であって、国家や政治にはあたかも聖性が伴わないかのような主張に帰結しているが、それは、これまで論じたことから明らかなように、世俗主義と表裏一体の関係にある近代的宗教概念が国家の聖性を隠蔽する結果にすぎない。

こうした観察を踏まえれば、自国に関して我々が抱くアイデンティティをなぜ我々は重要視するのか（さらに、そのように重要視するのが当然だとなぜ我々は考えがちなのか）も明白になろう。国家が聖性を独占するがゆえに、自国に由来するアイデンティティもまた聖性を帯びるのである。

そもそも、自国についてのアイデンティティは、第1章ですでに見たように、国家の教育によって形成されるという意味で、国家に依存するものである。しかも、前述したように、自分の名前の真正性さえ国家による保証を必要とする。自分という固有の存在は、国家によって保証されなければ十全な形で存在しえない。逆にいえば、国家こそが、ある個人固有のアイデンティティを創造するのである。アヴィシャイ・マーガリットは、「無から何ものかを創造することは、義務を創造する。これは、生命を与えられたことに対する「存在論的」恩義（"ontological" gratitude）である」と述べている（Margalit 2017: 165）。一人の新たな個人を生物学的な意味で両親が創造する一方で、国家がその新たに生まれた個人の（法的）アイデンティティを創造することは、「存在論的」恩義を両親だけでなく国家に対してもその個人に抱かせるものであるといえよう。このような恩義は、互恵的関係にはなく、創造された個人が一方的に恩義に感じるものである。これはマイエスタスに基礎を置く関係性にほかならない。聖性を独占する国家は、そこに生まれる人々に固有の個人としてのアイデンティティを保証することで「存在論的」恩義を感じさせる。そのようなアイデンティティを、新たに生まれてくるすべての国民一人ひとりについて創造することにより、国家はそのマイエスタスとしての聖性を各個人との関係において確認し強化するのである。前章で、自国に対する恩義に基づく愛国的態度の正当化とそれへの反論を紹介したが、このようにアイデンティティ概念を媒介させれば、自国への恩義が愛国的態度を正当化する議論を新たな形で展開することは可能であろう。

国家の重要な機能の一つは、アイデンティティの独占的管理であると前述した。国家はアイデンティティを秩序づけ、安定化させることで自国民を支配する。そうであればこそ、テイラーが指摘するように「近代デモクラシーの一つの要は、近代市民のアイデンティティの内側でバランスのシフトを図ることにより、市民であるということが、たとえば、家族や階級、ジェンダー、さらに（おそらく「特に」というべきか）宗教といったそのほかの一切のアイデンティティの支柱よりも優先されるようにすることなのである」(Taylor 1999: 228)。そうしたアイデンティティの管理の一環として、外国人ではない「自国民」の領域を確定し、自国民の中にあって、そのカテゴリーにはふさわしくない人々を「非国民」として排除する。それは、異教徒あるいは背教者に対するものとしてキリスト教徒の領域を確定し、キリスト教徒の中にあって、正統信仰を持たない者を異端として排除する論理と同型である。

これは、自国に関連したアイデンティティが宗教的側面を有することを示唆する。前述の通り、ハンス・モルによれば、広義の宗教とは「アイデンティティの聖化」を意味する。聖化とは尊崇感情を惹起する制度化のことであり、アイデンティティとは、物理的・シンボル的空間における場のことを意味する。近代国家は、聖性を独占する結果として、近代国家のみがアイデンティティの正当性を保証できる。宗教さえも宗教的アイデンティティとして国家の保証を受けなければ、迷信として排除の対象となる(Josephson 2012)。国家は、様々なアイデンティティを制度化することで聖なるものに転化しうるのである。

多様なアイデンティティの一つひとつが新たに聖性を帯びるごとに、社会を分断する。各々のアイデンティティは、政治社会のうちでそのアイデンティティに依拠する部分を感情的に同一化させる傾向を生み出す。そうしたアイデンティティが国家によって聖化されると紛争の火種となるのである。しかし、だからといって、社会は、聖なるものを切り落とすことはできない。なぜなら、ゴードン・リンチが指摘するように、「聖なるもののコミュニケーション的構造は、人間社会の概念と実践と不可分に結びついているから」である。そこで、リンチが提言するのは、聖なるものの諸形態の規範的性格を所与として見たとき、聖なるものへの帰依を拒否することは非現実的であるから、むしろ重要なのは、「聖なるコミットメントが有する効果についての批判的考察」であるという(Lynch 2012: 136)。しかし、ここで暗黙の前提となっているのは、考察の対象となっている社会は、ある国家の内部の社会であって国境横断的な社会ではない、ということである。国家は多種多様なアイデンティティを生み出し、それらの間に紛争が生じるときその調停者として立ち現れるのもまた国家である。国家の聖性にコミットする限り、国家が生み出す様々なアイデンティティの間の紛争を調停するのもまた国家であるという循環構造から抜け出ることはできないのである。

4 現代パトリオティズム論における「愛国的ではないこと」

以上、愛国的ではないということがどのようにして排除の対象となるのか、その論理を分析してみた。翻って、現代パトリオティズム論は、愛国的でないことをどのように評価するであろうか。これまでの考察を踏まえて、この点を瞥見しておこう。

まず、伝統的な共和主義的パトリオティズムでは、愛国者に対抗する勢力とは、暴政や不正、腐敗の担い手たちであると考えられていた。彼らの特徴は、共通善ではなく自分の利益を追求する点である。一八世紀以前の共和主義的な愛国者たちは、とりわけ体制側に属する人々による私益の追求に目を光らせていたのである。したがって、ヴィローリが現代において蘇生させようと試みている共和主義的パトリオティズムにおいても同様な見方を取っている。その反面、ヴィローリは非寛容で排除的な論理をもっぱらナショナリズムに見出している。そのため、共和主義的パトリオティズムが排除の論理を内包するとか排除の論理に転化する可能性は示唆されていない。

一方、ネイサンスンが主張する穏健なパトリオティズムの場合、愛国的ではないことは理論的に把握しにくい対象である。第3章ですでに検討したように、彼の理論は、忠誠の類型学的分類に依拠しており、そこでは忠誠には狂信的なものから普遍主義的なものまで様々なパターンが考えられうる。普遍主義的な忠誠とは、忠誠の対象が無制限に多数であり、その対象は何らかの客観的評価に見合うものだけに限られ、さらに自分の忠誠の対象とは異なる対象をも積極的に評価するものとされている。こうした立場は日常的用語法からすれば、もはや「忠誠」とは呼びがたいほど極めて弱い忠誠であり、狂信的な立場から見れば、それこそが忠誠心を欠く立場にほかならないものである。

しかし、ネイサンスンの理論は、ほとんど忠誠とはいえないものでさえも忠誠の一形態として論じることで、それぞれの道徳的正当性根拠とその限界を探ることにその目的がある。その意味で、狂信的で偏狭な忠誠から普遍主義的な忠誠までの全てを忠誠の様々な類型の中に位置づけることはできても、他者の忠誠的態度をどう評価するか、すなわち、他者の愛国的ではないと判定される態度は、なぜどのようにして非難の対象となるのかという問題はネイサンスンのパトリオティズム論の射程から外れてしまっている。

ネイサンスンの理論は、現代パトリオティズム論が、愛国的であることの道徳的正当化を主要関心事とする論争であることを最もよく例証しており、その点では、マッキンタイアのコミュニタリアン・パトリオティズムも同様である。マッキンタイアの議論こそは愛国的であることの道徳的正当性を大上段に構えて主張したものであり、そうであればこそ、一九八〇年代以降の現代パトリオティズム論争の火つけ役でもありえたといえる。しかし、そうした理論的意図を有するために、愛国的でないことが道徳的に否定的に評価されることを含意するが、愛国的でないことがなぜ、どのようにして公的非難の対象となりうるのかについてまでは説き及んでいない。

以上の三種類の現代パトリオティズム論が排除の論理としての愛国について大した洞察をもたらさないのとは対照的に、憲法パトリオティズムをめぐる議論はそうした論点に目配せをしている点で注目に値する。

アンナ・スティルツによるハーバーマスの憲法パトリオティズムの解釈によれば、普遍的な立憲的原則として「何らかの最善の回答」あるいは「最終的真理」が存在するという立場に立っているという(Stilz 2009: 170-171)。それならば、前述した「明示的信仰」に相当するものが憲法パトリオティズムにも存在することになり、立憲的原則に関して解釈の幅が認められるとしても、その許容範囲を超える解釈については、これを非難の対象として排除する可能性が潜んでいるものと思われる。

実際、憲法パトリオティズムが何らかの意味で「愛国的ではない」ということを根拠に排除の論理に転化する可能性は指摘されてきている。ジグムント・バウマンは、憲法パトリオティズムもそうした潜在的危険性をはらんでいることに気づいていたようである。バウマンは、共通の敵が存在することは、ともすればバラバラになってしまいがちな諸個人の社会的統合の支えとなることを確認する。そうした「共通の敵」に対する需要は社会の中に常に存在すると述べて、「「憲法を基軸とする」愛国主義」もまた、激しい怒りを伴った暴力沙汰になる可能性がある」と指摘している（バウマン二〇〇七：一二八）。同様に、マーガレット・カノヴァンはこう指摘する。「分有される政治的諸原則が、現実に国家の統一的紐帯となるならば、その諸原則は、何らかの権威によって同意され、そうした諸原則を市民たちに教え込む努力が本格的になされなければならなくなる」。したがって、そうして出来上がる「愛国的政治体」とは「宗派的国家（confessional state）」であると批判する（Canovan 2002: 279）。カノヴァンの「宗派的国家」という表現は、これまで論じてきた国家の聖性という論点の一端を捉えており興味深い。

この点に関して、憲法パトリオティズムを高唱するヤン＝ヴェルナー・ミュラーも「実践において憲法パトリオティズムが非リベラルで排他的にならないと保証することはできない」（傍点、翻訳書原文）と述べている（Müller 2007a: 85＝二〇一七：一一四）。ただ、ここで重要なのは、ミュラーがその可能性の原因をはっきりと見据えていることである。すなわち、憲法パトリオティズムが、「もはや不動の政治的アイデンティティ」として表現されるならば、「市民宗教、またはある種のマッカーシズムのようなものに転じてしまう危険が実際にあり得る」という（Müller 2007a: 143-144＝二〇一七：一九一）。そうであればこそ、ミュラーは、憲法パトリオティズムによって構想される公共空間は、「単なる「道徳的共同体」との「同一化（identification）」」ではなく、「愛着を抱き、それを修正し、そして再び愛着を抱くという継続的批判的プロセス」でなければならないというのである（Müller 2007a: 142＝二〇一七：一八八）。

この指摘は、本章の議論に照らしてみても重要である。アイデンティティを流動的かつ動態的なものにすることでその固着化を防止するなら、アイデンティティの対象の聖化を未然に防ぐことにもなろう。このようにミュラーが構想する憲法パトリオティズムには、本章で論じた排除のメカニズムへの警戒心をはっきり読み取ることができる。

最後に、環境パトリオティズムについて付言すれば、この立場から見たとき愛国的でないこととは、いうまでもなく、自然環境を破壊することに何らかの形で加担することである。したがって、資本主義的立場が、自然環境の保全に配慮せず、もっぱら経済開発を目的として天然資源を利用するならば、こうした資本主義的立場と環境パトリオティズムは鋭く対立するものである。いわんや、戦争によって地球の環境に破壊的ダメージを与えることなど論外である。しかも、アメリカにおける伝統的なパトリオティズムが国旗や忠誠の誓いに愛着を抱くのに対し、環境パトリオティズムの立場にはそうした傾向が少ないと指摘されている(Sullivan, Fried, and Dietz 1992, Eckersley 2007: 186)。このように、環境パトリオティズムは、現代パトリオティズム論の中にあって異彩を放つ存在であるといってよいであろう。しかし、「非国民」を排除する論理について、何らかの示唆を環境パトリオティズム論に見出すことは難しい。

5　ナショナル・アイデンティティの聖性という問題

現代にあって愛国的でない存在とは、外国人であり、非国民、売国奴と呼ばれる人たちである。それらの人々を特定する枠組みは、国民国家である。国民国家が自国民とそうでないものを識別する上で、外国人というカテゴリーが重要な意味を持つようになった一方、自国民の中でも、公に義務づけられた特定の信条を共有しないと判定された人々が非国民、売国奴として排撃されることとなった。そうした判定をなす人々は、時の政府に公式に属する政治家や官吏である必要はない。そうした行動に出る民間の人々は、非国民を特定し排撃することで、自分が国家との関係において「正統」であることを暗に主張している。いずれにしても、国民国家が制度として存在し、その制度が自国民と外国人を制度的に区別し、国民に何らかの信条表明を義務づけることが「異端」としての非国民を生み出すのである。

こうした異分子排除の論理は、近代国民国家のそれも、中世キリスト教会のそれも基本的に同型である。中世キリスト教会であれば、キリスト教信仰を持たない者は、異教徒であり、もともとキリスト教信仰を持っていたが、別の信仰に変えた者は背教者として扱われ、教会によって正統信仰を持たないと認定された者は、異端者として排除される。

このように異分子を特定し排除する論理は中世キリスト教会で貫徹していたし、近代国家によって新たな装いのもとに受け継がれた。近代国家の場合、ナショナル・アイデンティティが正統性を定める。ナショナル・アイデンティティを内容的に規定する、いわば「信仰箇条」は、ネイション形成のための公教育やメディアを通じてのマス・コミュニケーションによって醸成される。したがって、たとえば、「反日的である」というような非難の言葉が繰り返し公共の場で発せられ、これを見聞するにつれて、日本人として当然信じるべきであるとされる何らかの信仰箇条があるかのような状況が形成される。そして、「反日」を攻撃する者は、攻撃することで自分の正統性を主張し、あたかもその「信仰箇条」についての権威であるかのように振る舞うのである。

こうした事態は、ネイションであることが義務的拘束力を持つと多くの人が信じるようになることで、ナショナル・アイデンティティが聖性を帯びてはじめて発生するものである。ナショナル・アイデンティティがこのような義務的拘束力を持たない限りにおいては、愛国的でないということは、本来の共和主義的な意味に照らせば、自国の共通善に配慮せず、もっぱら利己的であることを意味するはずである。

そうであればこそ、中世・ルネサンス期のヨーロッパにおいては、第1章で論じたように、愛国は、私利私欲に囚われている魂を消滅させ、私的な事柄ではなく公共的なことを優先し団結する魂を生み出すものとみなされていた。すなわち、愛国的であることの反対は、もっぱら利己的であって共通善に配慮しないことだったのである。しかし、愛国的であることが、「祖国」を尊崇の対象とみなし、聖なるものにしてしまうならば、「共通善」についてもはや議論の余地はなくなってしまう。なぜなら、愛国的であることは、すでに共通了解となっているとされる義務に無条件に従うことであって、その義務について論じたり疑義を呈したりすることは禁忌であるからである。

このように考えてくれば、愛国的でないことを非難することは、「国」を聖なるものとして崇拝する行為の一環にほかならないことが明らかとなる。聖なるものはあらゆる疑義や異論を禁忌する（タブー視する）。現代において愛国的であることは、国民国家への自己同一化、ネイションにアイデンティティを見出すことを前提とし、国民国家が聖性を独占する以上、常に、自国を「聖なるもの」として崇拝することへと転化する可能性を内蔵している。そうした可能性を遮断する論理として、これまでいくつかの、狂熱的ではない愛国の形を紹介してきた。その一つは、ただ単に自分の国だからという理由だけでなく、何らかの規範的基準に照らして自国を評価する愛国的態度であり、もう一つは、「愛のまなざし」によって、対象を明確に理解することを前提とする愛としての愛国的態度であった。さらに、愛国をそれ自体として目的とみなすのではなく、より高次の目的を達成するための手段として位置づける視点についても前述した。そして、憲法パトリオティズムが集団的アイデンティティの流動化に意識的であることも重要な理論的貢献として指摘できる(18)。

要は、これらの愛国的態度は、愛国の対象を何らかの理解と批判の対象とすることにより、疑義や異論を禁忌することによる聖化を拒絶する点で共通している。「自分のもの」への批判とは、自分のアイデンティティの対象を疑義や異論にさらすことを意味する。しかし、ハンス・モルのアイデンティティ論に見られるように、アイデンティティは傷つきやすく不安定なものであり、潜在的危険からの安全と安定性を求める。にもかかわらず、そのアイデンティティをあえて不安定化し、安全なところに落ち着かせないことによってのみ、その「聖化」を防止することが可能となる。しかし、アイデンティティが不安定化すればするほど、安定性の回復を求めて、ピーター・バーガーのいわゆる「聖なる天蓋(sacred canopy)」に恋い焦がれるようになるのである。

国家の聖性がナショナル・アイデンティティと密接な関係にある以上、国家の聖性を相対化する方法としては、ナショナル・アイデンティティに代わる別のアイデンティティが必要である。それは、日本人やフランス人、中国人やアメリカ人である以前に、我々は誰なのかという問題である。あるいは、自国のために死ぬよりも他の対象のために死ぬことの方が望ましいということがありうるならば、その対象とは何なのか、という問題としても提出しうる。

教会から国家への「聖性の移転」は、見方を変えれば、教会から国家への「犠牲」の移転でもあった(Strenski 2002: 9)。まさに自己犠牲こそは、最高度の忠誠の表明であり、その忠誠の対象を神聖視する行為である。マーヴィンとイングルが、血の犠牲を国家が必要とするものとして、アメリカのパトリオティズムを分析したことは第3章で論じた通りである。聖なるものとしての国家は、自国民であろうと他国民であろうと、これを正当に殺傷する権威を有するのである。ならば、自国のために戦い死ぬことはほとんど無意味であって、むしろ別の対象のためにこそ戦い死ぬべきだという認識が広まれば広まるほど、国家の聖性は後退するであろう。しかし、国民国家のためであれば自分が死ぬのは当然であると思ったり、自国の名においてであれば人を殺傷することが必要であり、時には顕彰の対象となると考えたりするのが現代世界の常識である。だが、それは、そうしたことが常識と考えられている国において、自国の聖性が認められていることの裏返しにすぎない。

その意味で、自国のために人を殺傷することが一国の憲法によって禁じられているということが現代国家思想において持つ意義は、計り知れないというべきであろう。それは、まさに国家の聖性にまがりなりにも制限を課すものにほかならないからである。[19] すなわち、国家の根本的法的構成を規定する憲法がその国家自体の聖性を制約することは、教会から国家への「聖性の移転」という歴史的趨勢をさらに超え出てゆく一歩として、画期的な思想的意義があると評価できるのである。

終章

愛国の彼方へ

現代においてパトリオティズムを論じる際、躓きの石となるのはナショナル・アイデンティティである。本書において、現代パトリオティズム論の多くが、自国、または自分が属するネイションにアイデンティティを見出すことを、愛国的であることに必要不可欠の要素とみなし、さらにそれが愛国的であることの道徳的正当化に寄与すると論じた。いうまでもなく、こうした状況は、フランス革命以降、各国で試みられてきた愛国の涵養が、ネイション形成のプロジェクトだったことを歴史的背景とするものである。そのようなプロジェクトが世界各国で試みられた結果は、シモーヌ・ヴェイユが慨嘆するように、国家が「思考を封じ込めるべく領土的な国境を牢獄の壁に変えた」事態であった（ヴェイユ二〇一〇：一七七）。ナショナリズム以前の世界、特に「中世、前ローマ的古代、有史時代の直前期」をヴェイユは、「伝達の物理的手段をほぼ欠いていた」にもかかわらず、「生の豊饒性、多様性、生産性、強靱さにおいて、現代を遥かに凌駕する」と指摘する。そして続けて曰く、「今日、無線電信、航空機、あらゆる種類の移送手段の発達、印刷術、出版物といった手段を有しながらも、近代的現象たる国家は、科学のごとく本来的に不変であるはずの事象までも隔離された小さな区画に押し込めている。境界はもちろんこえられなくはない。しかし、旅行をするにあたって煩雑で面倒な手続きの数々を終えねばならないように、いかなる領域においても異質の思考との接触は境界をこえるための知的努力を要請する」（ヴェイユ二〇一〇：一七七）。そのような特別な努力をしない限り、あらゆる思考は国境という「牢獄の壁」の内側にのみ限定されざるをえない。

こうした客観的・外在的なプロセスは、ネイションとの同一化（identification）という形をとって、慣習化が進めば進むほど、ナショナルなアイデンティティというものが恒常的に不変なものとして存在するかのように思われるようになるという主観的・内在的なプロセスによって、さらに強固になる。

かつてノルベルト・エリアスが述べたように、一八世紀においては、「文化」や「文明」という概念は動的プロセスを意味したが、二〇世紀においては、静的なものになってしまった。これは、エリアスの分析によれば、ナショナリズムの台頭と歩調を合わせた歴史的変化であった。ナショナル・アイデンティティについても右と同様のことがいえると推論しても大過はなかろう。すなわち、かつては、一つのネイションとしてのアイデンティティを形成しようと努力したが、現代では、ナショナル・アイデンティティはあたかもすでに出来上がったものであるかのように観念されるに至った。いうなれば、一八世紀フランスの第三身分の人々はフランス・ネイションたらんとした。二〇世紀においては、フランス人はフランス・ネイションたらざるをえない。こうした、「動的プロセスの静態化」とでも呼ぶべき現象を、エリアスは近代における一つの逆説とみなした（エリアス一九九六：一四五）。「祖国」概念も同様の経緯をたどったといってよい。元来、祖国はすでにそこに存在する実体ではなく、共通善が危殆に瀕すれば雲散霧消してしまうような存在だった。それが、祖国はネイションと結びついて一つの実体と化した。フランス革命以降、愛国的であることについて論じる際、愛国の対象は、多くの場合、実体化・具象化（reification）した「祖国」である。

その結果、論理の逆転が生じる。すなわち、アイデンティティはいったん形成されてしまうと、そのアイデンティティこそが、ある一国において人々がそこから倫理的価値を汲みあげる水源であると観念されるようになる。コミュニタリアニズムやリベラル・ナショナリズムはそうした主張を代表する立場である。しかし、そのようなアイデンティティとは本来、自然的に存在したものではなく、あくまで意図的・人為的に作り出された結果にすぎない。

ナショナル・アイデンティティが諸個人の内面にどれほど深く根をおろすかについても、エリアスが卓抜な洞察を示している。彼によれば、ナショナル・アイデンティティを変えることは、ただ単にパスポートを別の国のパスポートに取り替えるのにとどまらず、人格（パーソナリティ）の変更と同じくらい困難極まりないものである。ナショナル・アイデンティティとは、自分を含む人々の自己イメージに刷り込まれた、ネイションのイメージである。そのようなアイデンティティを変えるということは、「行動と感情の新たな方向づけ」に必ず帰着する。「自分自身の価値観と信条の再検討、および、自分自身と他者に関する知覚の仕方の新しい秩序づけ」を引き起こさざるをえないというのである(エリアス一九九六：四一九)。つまり、第3章で詳説したような、愛国的な感情の持ち方やその実践的表現は、それがネイション形成の一環として歴史的に涵養された結果である以上、個々人がおいそれと変更することができるようなものではない。そのネイションに属する一人ひとりの価値観や信条、感情や行動の仕方の一切が根元から決定づけられた結果なのである。日本でも橋川文三が、そのナショナリズムに関する古典的著作においてB・C・シェーファーを引きつつ「人間存在の究極的な意味までが、ナショナリズムの文脈においてとらえられるにいたった」ことを注記している(橋川二〇一五：一五)。

このようにナショナル・アイデンティティに個人の実存が依存する事態は、すでに一八世紀においてジャン＝ジャック・ルソーが構想していたものである。「魂に国民的な形態を与え」る愛国的教育の重要性を熱烈に説くにあたって、ルソーはこう述べている。

子供は始めて目をひらくときから祖国を見、死ぬときまで祖国以外のものを見るべきではない。本当の共和主義者はすべて母親の乳と一緒に祖国への愛を、すなわち法と自由への愛を飲むのである。この愛が彼の全存在をつくりあげる。彼は祖国の外には何も見ないし、祖国のためだけに生きている。彼が一人ぼっちとなるや否や、彼は何ものでもない。もはや祖国をもたなくなるや否や、もはや彼は存在していない。その上に死んでもいないとしたら、彼は死んでいる以上に悪いのだ(ルソー一九七三：一一三)。

そうであればこそ、沼野充義の正鵠を射た指摘のように、一八世紀末以降の近代においてはじめて、亡命などによる祖国喪失が、そうした事態に直面する個人にとって極めて深刻な危機として認識されるようになったのである。たとえば、デイヴィッド・リーン監督の優れた映画化作品でも知られる長編小説『ドクトル・ジバゴ』は、ソ連の作家ボリス・パステルナークの作品であるが、この小説は、ロシア革命に対して批判的であると体制側によってみなされた。したがって、この作品によりパステルナークへのノーベル文学賞授賞が決定した際、この作家にとって、受賞を承諾することは亡命を余儀なくされることを意味した。こうした事態に苦悩したパステルナークは、フルシチョフにあてた嘆願書で次のように記した。「私は出生と、生活と、仕事によってロシアと結びついているのです。私は自分の運命をロシアと切り離してロシアの外に想像することができません。〔中略〕私はノーベル文学賞を自発的に辞退する旨、スウェーデン・アカデミーに通知しました。自分の祖国の外に出るのは、私にとって死にも等しいことです」（沼野二〇〇二：二〇―二一）。

ナショナリズムの降り注いだ土地においては、人々はナショナルな価値観や感情を持たざるをえない。そのように考え感じることが習慣化しているからである。ナショナルな言語を使って、ナショナルな感情と価値を表現する文学者の場合、その問題はいっそう深刻である。異国の地で外国語を用いて文学活動を行うことは、言語能力の点で可能だったとしても、それがその作家の実存にとってどのような意味を持ちうるのか、定かではないからである。ナショナル・アイデンティティが深く内面に根を下ろした後では、文学者は、あたかも波間に漂うブイ（浮標）のように、一見したところ自由なようでありながら、その実、ある地点に錨を下ろしてしまっているのである。(1)

このような亡命作家にとっての内面的危機こそは、いわゆるアイデンティティの危機である。アイデンティティという概念を二〇世紀中盤以降、急激に普及させたのはエリック・エリクソンであるが、彼がこのような概念を導入した背景には、彼自身が、ヨーロッパからの亡命知識人であり、移民の経験、および自身のアメリカ化という体験があったことは興味深い（Gleason 1983: 929）。

こうしてみれば、ナショナリティをシティズンシップから切断し、後者のみを語るべきであるとする主張は、理論的にはともかく、実践的問題として極めて難しい(2)(Parekh 2008: 64)。クレイグ・キャルフーンはこう述べている。「ナショナリズムを昔の秩序の聖遺物や何らかの非合理的な表現、あるいはある種の道徳的誤りとして取り扱うことは、ナショナリズムが言説を形成する上で現在も引き続き有している力や、ナショナリズム的な連帯が世界にもたらし続けている業績(それはときに積極的なものである)の双方に目をつぶることである」(Calhoun 2002: 150)。

ナショナル・アイデンティティの「世俗的聖性」を超えて

現代パトリオティズム論は、愛国的であることが道徳的に正当化されうるという立場にある限り、ほぼ一様に自国に関してアイデンティティを抱くということを根拠としている。それは端的にいえば、ナショナル・アイデンティティがパトリオティズムの正当化原理として機能しているということである。

しかし、その一方で、現代パトリオティズム論の一部には、そうした集合的アイデンティティを流動化、動態化する傾向性が見られることも指摘した。現代パトリオティズム論が、アイデンティティ形成ないし再構築のプロセスとして捉え直そうとするのは、まさにエリアスのいう静態化したアイデンティティを再び動態的なものとして構想し直そうとする試みであるといえる。リベラリズムの潮流の中から生じている現代ナショナリズムも、決して、ナショナル・アイデンティティを自然的に所与で、かつ、もはや変更不可能な実体として理解しているわけではない。デイヴィッド・ミラーは多元的な価値や文化を包含しうるナショナルな政治文化としてナショナル・アイデンティティを構想している(Miller 1995: 127)。現代ナショナリズムではベネディクト・アンダーソンの有名な言葉「想像の共同体」が頻繁に言及されるが、まさしく、ネイションは「想像された」ものであって、歴史的に偶然的なもの(したがって変更可能なもの)として理解されている点では、現代パトリオティズム論と同様である。

それはモルの宗教社会学的見地からすれば、ナショナル・アイデンティティのような集合的アイデンティティの聖化を防止・抑制する試みとして理解できる。アイデンティティが安定化、固定化を指向するのに対して逆行する動きだからである[3]。逆に、アイデンティティの固着化は見方によっては偶像化にほかならない。かつてウィトゲンシュタインはいった。「哲学にできることは偶像を破壊することだけである」(Halbertal and Margalit 1992: 244)。同様に、およそ哲学的な立場からのパトリオティズム論にできることは、偶像化するアイデンティティを破壊してゆくことであろう。

しかし、こうしたアイデンティティの流動化は、グローバルな規模で人的移動が激しくなるに伴い、好むと好まざるとにかかわらず、現代世界において進行中である。結果、ナショナル・アイデンティティは風化しつつあり、それに危機意識を抱く傾向が増大しつつあると指摘されているのも事実である。たとえば、もともと欧州連合における国民国家の位置づけは内部に緊張を抱えるものであったが、さらに昨今の一連の経済危機や難民問題は、欧州連合加盟国においてアイデンティティの両極分解をもたらしつつあるように思われる。

現代イギリスのジャーナリズムを代表する論客の一人、デイヴィッド・グッドハートは、近著において、欧州連合からのイギリス脱退をめぐる論争を念頭に置きつつ、イギリス国民が二つに両極分解していることを指摘する。その一つは、教育水準が高く収入も多いエリートたちで、欧州連合領域内ならばどこにでも住むことができる「どこでも派(Anywheres)」であり、もう一つは、教育水準が相対的に低く収入も少ない中流以下の人々で、自分の住処をある場所に特定することに固執する「どこか派(Somewheres)」だというのである(Goodhart 2017)。

このわかりやすい図式は、さらに一般化しても妥当性を主張できるのではないだろうか。すなわち、一方では、グローバリゼーションに呼応して、世界中どこでも自分の仕事や生活を営むことに何ら抵抗を感じないコスモポリタンな人々が存在し、他方では、自分の居場所は生まれ育った国(ひいては、その国内のある特定の地域)でなければならないとこだわる人々である。前者は、世界のどこにでも錨を下ろし、必要に応じて、錨を引き上げて別の場所へ移動することを苦に思わない。後者は、これとは対照的に、自分の世界を、生まれ育った地域に限局し、そこに根を深く下ろすために、その土地から引き抜かれてはもはや死ぬも同然であると確信する。

こうした二極分解状況は、根こぎのコスモポリタニズムとどっかと根を下ろしたナショナリズムとの対立の温床をなすと見ることができようが、つまるところ、二つの対立するアイデンティティの相克と見るべきであろう。

それでは、このようなアイデンティティをめぐる二極分解状態を克服するために、新しいアイデンティティを構想するにはどうしたらよいであろうか。「どこでも派」による「どこか派」への歩み寄り(たとえば、アッピアのいう「根を下ろしたコスモポリタニズム」)を推奨するだけでは、ナショナル・アイデンティティを安定化させることにしかならない。かといって、根こぎのコスモポリタニズムのままでは、「どこか派」との接点を欠いている状態を放置することになる。つまり「どこでも派」には、「どこか派」との接点を持ちながら、なおかつナショナル・アイデンティティの安定化に向かわないような新しいアイデンティティが求められているのではなかろうか。

このように考えてくるとき、ウィリアム・キャヴァノーがグローバル化時代における人々の移動の仕方を類型化したモデルは、示唆するところが豊かであるように思われる。キャヴァノーによる移動者モデルの第一は「移民」である。移民ないし移住者は、生まれ育った国を離れ、多くの場合、新しい就職の機会やキャリアのチャンスを求めて国境を越えてゆく。こうした人々は、国境によってそのアイデンティティが定められる。すなわち、出身国にも移民先にも十全な形で所属しないマージナルな存在である。グローバル化に伴うアイデンティティの不安定化を体現するのが移住者たちであるといえる(4)(Cavanaugh 2011 : 72-75)。

これに対し、第二の類型である「旅行者」は、国境の存在をいわば「上から」見下ろすコスモポリタンな視点を有する。旅行者は国境を苦もなく越えて、他国に他者性を求めて移動する。移住者が国境という障壁を肌身で知り、そのアイデンティティを出身国にも移民先にも十分に基礎づけることがないのと異なり、旅行者は、自分の確固としたアイデンティティの中心を自国に持っており、他国には他者としてのアイデンティティを保持していることを要求する。こうして、旅行者は自分の世界の「中心」から「周辺」へ移動し、必ず「中心」へ戻るのである(Cavanaugh 2011: 75-79)。

以上のような二類型に加えて、キャヴァノーは第三として「巡礼者」を挙げる。巡礼者は主に贖罪のために聖地を訪問するが、その場合、巡礼者の世界観は移民や旅行者のそれとは対照的に、世界の「周辺(自分の生活拠点)」から「中心(聖地)」へと向かう。巡礼者は、自分の生まれ育った場所や生活の根拠地を世界の中心とはみなさない。巡礼者にとっての世界の中心は聖地であり、聖地へと旅に出ることは自分のアイデンティティを探し求める行為である。これに対し、旅行者は自分の生活空間から逃れ、自分が異なった世界を体験することを求めるにすぎない。したがって、旅行先における他の旅行者の存在は、自分が異なる世界を体験するための障害物でしかない。一方、巡礼者にとって、他の巡礼者の存在は、自分が聖なるものとみなす目的を共有する人々の存在を意味し、そのことは自分自身の巡礼目的を強化する。巡礼者が多ければ多いほど、その巡礼地はより聖なる存在であることを証しするからである(Cavanaugh 2011: 79-84)。

右の三類型に、私は「宣教師」を加えることを提案したい。宣教師は、自分の生まれ故郷を離れ、他国では一面において移住者として働き生活する。したがって、自分のアイデンティティは出身国にも移住先にも完全には基礎づけられないマージナルな存在たらざるをえない。しかし、宣教師は、単なる移住者と同じではない。なぜなら、そのミッションは移住先の人々を「神の国」へと導くことだからである。したがって、宣教師のアイデンティティは巡礼者にも似ている。つまり、自分のアイデンティティを出身国でも移住先でもない聖なるものに求めるからである。

根こぎのコスモポリタニズムを乗り越えつつ、ナショナル・アイデンティティを相対化する試みにおいて、個人一人ひとりが模範とすべきは、この宣教師モデルであると考える。まず、移住者として自己の脱中心化を図り、ナショナルな中心に錨を下ろすのではなく、複数のナショナルな中心に錨を下ろすのである。こうして複数のナショナルな中心を「内なる祖国」として同時に持つことの緊張に耐えることが要求されよう。複数の中心に錨を下ろすということは、どの特定の中心にも十分には近づきえないということだからである。しかし、そうした緊張に耐えることは、どの特定のナショナルな中心からもある程度の距離を持たざるをえないが、そのことは、宣教師モデルに沿って解釈すれば、むしろ「世界の中心」へ向かうことを意味する。なぜなら、宣教師は、自国からも居留の地からも離れた「神の国」への「巡礼者」だからである。

一二世紀の神学者、サン＝ヴィクトルのフーゴーはこう述べている。

全世界は哲学する者たちにとって流謫の地である。というのは、他方である人が言うように、

「いかなる甘美さで生まれ故郷がなべての人を引きつけるのか、そして自らを忘れ去ることを許さないのかを私は知らない」。

修練を積み重ねた精神が少しずつ、これら可視的なものや過ぎ去るものをまず取り換えることを学ぶこと、次いでそれらを捨て去ることができるようになることは徳性の大いなる始源である。

祖国が甘美であると思う人はいまだ繊弱な人にすぎない。けれども、すべての地が祖国であると思う人はすでに力強い人である。がしかし、全世界が流謫の地であると思う人は完全な人である。第一の人は世界に愛を固定したのであり、第二の人は世界に愛を分散させたのであり、第三の人は世界への愛を消し去ったのである」（サン＝ヴィクトルのフーゴー一九九六：一〇四）。

ここには、ナショナル・アイデンティティの聖化を拒否する思想の一つのモデルが示されている。エドワード・サイードは、この一節を引用して、彼のいうエグザイル（故国喪失）状態という「理想」を語っている。エグザイル状態は、「ひとつの文化、ひとつの環境、ひとつの故郷」の中で「くつろぐ」ことから程遠いものである。「「全世界」を外国として見ること」であり、自分の世界観を「脱中心化」することでもある（サイード二〇〇六a：一九二―一九三）。それは換言すれば、単一のアイデンティティに埋没することではなく、それを「危うくさせる」ことであり、複数のアイデンティティの間を旅することである（サイード二〇〇六b：一二三）。

ただ、サイードは、アイデンティティにおけるエグザイル状態に到達する上で「移民あるいは旅行者」であるべきだと述べている（サイード二〇〇六b：一二三）。ここは、前述のキャヴァノーの主張に照らしていえば、むしろ、「巡礼者」であるべきであり、さらに私のモデル構想からすれば、さらに進んで「宣教師」であるべきだといいたい。どの故郷からも等しく離れた「世界の中心」へ向けて、人々を誘いつつ前進すること。そうしたヴィジョンこそは、アイデンティティの固着化を最もラジカルに拒絶するものであると思われる。

排除の論理としての愛国を超えて

このように根こぎのコスモポリタニズムを超出するアイデンティティを構想するとしても、他方、「どこか派」のナショナル・アイデンティティへの固執をどうすべきであろうか。ナショナル・アイデンティティが自尊心にとどまる場合は道徳的に正当化しうるであろうが、これが尊崇感情に転化するときの危険についてはすでに第3章で論じたとおりである。

そもそも「どこか派」がナショナル・アイデンティティにしがみつこうとするのは、本書の観点からすれば、自尊心や自分の尊厳の感覚を支えるアイデンティティが脅かされた結果であるように思われる(5)。すなわち、「どこか派」

は、経済のグローバル化と並行して世界各国で進行中の経済格差の拡大により、経済的・社会的地位が下落傾向にある人々であり、その結果、彼らの経済的社会的自尊心は傷つけられている。そのような人々にとって残された自尊心の最終的な拠り所とは、自分の名前をはじめとする彼らのアイデンティティを保証する国民国家にほかならない。したがって、ナショナル・アイデンティティが自尊心を供給する源泉として特別に大きな役割を果たすようになっているのではなかろうか。貧富の差や社会的地位の差にもかかわらず、同じネイションの一員であるという点では、「どこでも派」も「どこか派」も平等だからである。平等であることを主張してはじめて自尊心を守ることができる。しかも、経済的にも社会的にも自尊心が脅かされているとき、各種アイデンティティの間のバランスをとり自尊心を回復するためには、経済的でも社会的でもない別のタイプのアイデンティティ(たとえばナショナルな文化に基づくもの)に過度に寄りかからざるをえなくなるであろう。こうして、ナショナル・アイデンティティは静かな自尊心の域を超えて、激しい尊崇感情へと転化することを余儀なくされよう。そうなれば非愛国的であるとみなされる人々に対する攻撃的態度が生まれてくるのは必至である。

前章で論じたように、非愛国的であることが何らかの非難の対象となるのは、愛国が公的な義務となっていることの裏返しである。しかし、第1章で指摘したように、愛国的であることは歴史的にいえば、義務ではなく道徳的正当性の主張にすぎなかった。しかも、第4章における、愛国の道徳哲学的検討の結果にも明らかなように、愛国を道徳的であると主張することすら、様々な条件をつけなくては困難である。さらに、第2章で論じたように、愛国の対象とは、もともと伸縮自在なものであって、国家に限定されてはいなかった。しかし、「愛国的であること」が公的義務として認識されているという事実は、国家が宗教的存在であることの何よりの証左であることを指摘した。デュルケムの宗教社会学に基づきながら、異端の概念を整理した結果は、現在では、国家こそが正統信仰を義務として定め、異端を排除しているということである。

では、なぜそうなったのか。この背景には、かつてジョン・ボッシーが「聖性の移転」と呼んだ現象がある。すなわち、宗教改革以降、教会から国家へと聖性が移転したということである。これは上のデュルケム理論に従えば、かつては教会が正統な義務を独占していたが、次第に国家がそれに代わって正統な義務を独占するようになったということである。聖性とは正統な義務の独占によって生じるものである。かつてはキリスト教正統信仰を教会権威が定めた通りに信じることがキリスト教界に生きる人々の義務であった。それに反することは異端であり、公的に非難の対象となった。現代では、宗教的信仰は個人の内面的自由に任されるだけの存在である。一般的にいって、異端であることは、許されているどころか、推奨される存在ですらある。一方、かつて、愛国的であることは、道徳的正当性の主張にしかすぎなかった。ということは愛国的でありたいと願う人々だけがそうすればよかったということである。しかし、ナショナリズムが猖獗を極める時代にあっては、愛国的であることは公的な義務として認識されることとなった。

以上のような歴史的変化は、さらに、「宗教」という概念が煙幕となって、極めて見極めにくい事態となっている。すなわち、国家は、「宗教」という概念にキリスト教を押し込めることで、国家自体は宗教的ではない存在、すなわち「世俗」であると主張するに至ったということである。にもかかわらず、右の分析から明らかになったのは、国家はまさしく宗教的な団体であるということである。かつて、ジョン・ネヴィル・フィッギスは言った。「中世において、〔中略〕教会こそが国家であった」(Figgis 1931: 4)。その顰《ひそみ》に倣って言えば、近代においては、国家こそが教会なのである。実際、教会による規律化の方法を、生成しつつあった近代国家は見習ったのであり、国家は秩序形成原理において教会と似通っている。ただし教会は、超越的神の権威を独占したのに対し、国家は、正当な暴力行使権を独占した点が異なっている。国家は、王権神授説の主張によって、神の権威をも教会から収奪しようとしたが、結局、神の信仰は、個人の内面に押し込まれてしまった。ブラッド・グレゴリーの言うように、宗教改革以来、国家が教会をコントロールする歴史が続いており、愛国の義務化はその一環である。

したがって、今日の愛国をめぐる問題状況を理解するのに、「宗教」対「世俗」という枠組みは足かせとなることはあっても、国家という枠組み自体を含めて、根本的に問い直す上では全く役に立たないといっても大過はない。「国家は宗教的存在である」という命題のすわりの悪さもこの点に由来する。問題の核心は、国家は、正統な義務を独占する「聖なる」存在である、という点にある。愛国的であることを義務として承認することは、国家という「聖なる」存在の忠実な信徒であることを意味するわけである。

国家の聖性への信仰は、当然、国家を尊崇することを必要とし、国家のための犠牲を要求する。国家のために死ぬことを拒否するのは、国家の聖性を認める限り、極めて難しい。しかし、国家のために死ぬことは、考えようによっては奇妙なことである。アラスデア・マッキンタイアは、問題の所在を的確に、かつユーモラスに次のように記している。

> 近代国民国家は、どのような形態を取るにしても、危険で管理しきれない制度である。それは一方で、財やサービスの官僚的な供給者として現れ、顧客に対して支出に見合った価値を提供しようとはするが実際には決して提供することはない。他方、近代国民国家は、聖なる価値の貯蔵庫としても立ち現れ、時には、国家のために自分の生命を捧げるよう人々を促すのである。〔中略〕それはまるで電話通信会社のために死ねといわれているようなものである(MacIntyre 1994: 303)。

しかし「電話通信会社のために死ぬ」かのような話が、いかに奇妙で馬鹿げているようであっても、その「電話通信会社」のような組織(つまり、近代国民国家)は、同時に「聖なる価値の貯蔵庫」でもある点が決定的に重要なのである。カントーロヴィチの有名な表現を使えば、国家は「神秘体」として立ち現れているということである。さらに、日本の場合、「神国」思想の伝統を持ち、日本が「神国」であるという言葉は、現代の政治家の口からも聞くことができる。その意味で、日本という国に何がしか「聖性」がまとわりついているという観念は現代日本人にとっても決して無縁ではない。

ところが、第1章で論じたパトリオティズムの歴史的展開を念頭に置くならば、現代においてしばしば見受けられるように、愛国の対象を国家と同一視することは、歴史的偶然にすぎない。そして、愛国の対象を「祖国」と呼ぶならば、前近代における「祖国」概念はいかようにでも伸縮自在な存在であった。しかし、だからといって、現代における「祖国」概念を歴史的に相対化するだけでは、抜本的な解決にはならない。現代パトリオティズム論の限界を指摘するとすれば、それは、国家の聖性を否定することはもちろん、これを相対化することすら必ずしも目指していない点である。ナショナル・アイデンティティをどのようにして組み替えるか、という問いは、国家がナショナル・アイデンティティに聖性をもたらす淵源である以上、国家の聖性それ自体にメスを入れなければ、根本的な解決にならない。

つまるところ、現代という歴史的地点において愛国的であるということが道徳的義務であると主張しうるとすれば、それは国家の聖性を認める限りにおいてにすぎない。「国家の聖性を認める限りにおいて」という限定条件は極めて重要である。なぜなら、そこに現代世界において愛国的であることの問題性が集約されるからである。すなわち、愛国的であることが道徳的義務であるのは、国家信仰を続ける限りにおいてであるというのであれば、国家の聖性を否定するなら、愛国的であることの道徳的意義はそのほかの諸団体（たとえば、企業や学校、教会など）への忠誠のそれと大差はないことになろう。

現代において当然視されているが必ずしも自覚されていない国家信仰を掘り崩すには、政府（さらには国家）を批判する市民たちが、非国民や国賊などと罵られても動じないことが必要である。現代日本の文脈では、「反日」などと非難罵倒されても、これに対して、自分たちこそが愛国的なのだと応答すべきではないであろう。なぜなら、そうした自己弁護は、すなわち「お前は反日だ」という非難を支える国家への崇拝感情を裏書きすることになるからである。

この論点は、偶像崇拝という概念を補助線とすると理解が容易になるはずである。すなわち、偶像崇拝をめぐる問題には大別して二つあり、①真の神の代わりに、いかなる偶像を崇拝するのかという点と、②真の神をどのように(誤った方法で)崇拝するのか、という点に関して分類することができる(Halbertal and Margalit 1992)。国家の聖性の忠実な信徒である愛国者は、自国を真の神とみなす。そのような愛国者によって「非国民」であると攻撃された人々が、自分たちこそが愛国的なのだ、と反論するならば、そこでの争点は、「真の神をどのように崇拝すべきか」という(第二の)問題となる。すなわち、自国の聖性を崇拝するにあたり、どのような方法が正しいのか、という問題が争点となる。しかし、このように反論することは、第一の問題、つまり自国が聖性を帯びているということそれ自体(そもそも国家は崇拝すべき真の神なのか)を問わないことを意味する。したがって、「反日」であるという非難に対して、自分こそが愛国的だと反論するなら、日本という国家やネイションの聖性を承認すること、あるいは少なくとも、その当否を問わないことを意味する。しかし、国家による聖性の独占を否定しない限り、国家を対象とする偶像崇拝の論理を根本から断ち切ることはできない。

このように考えてくると、第1章において取り上げたアウグスティヌスによるキケロ的パトリオティズム批判にもう一度立ち返る必要が明らかになる。アウグスティヌスによるキケロ批判の要諦は、キケロが国家を偶像崇拝の対象にしているという点にあった。アウグスティヌスは、キケロ的な共通善への献身を高く評価しつつも、そうした公共的努力を超越的目標へ振り向けることにより、パトリオティズムを純化するよう主張したのである。しかし、中世以降、キリスト教会は、キケロ的パトリオティズムを批判し続けるどころか、それを摂取したローマ法が中世教会法の発展に寄与したこともあってであろう、キケロ的思想を蘇生させることとなった。それ以来、パトリオティズムの根底に横たわる偶像崇拝の論理は、近代国家の成立に伴い、教会ではなく国家によって継承されてきた。ただ、近代国家がキリスト教信仰を個人の私的内面に押し込めることに成功するまでは、共和主義的パトリオティズムは国家を究極の忠誠対象とするものではなく、共通善という理念・理想を対象とするものであり続けた。「宗教」という近代概念が「創造」され、信仰がプライヴェート化した今日、中世末期から近代初期にかけて広く見られた共和主義的パトリオティズムの蘇生を期待するには、国家はあまりにも強大になり、各人の内面に深く根を下ろしてしまっている。

こうした歴史的コンテクストに照らしてみるならば、シモーヌ・ヴェイユの思想は、どの現代パトリオティズム論よりも、はるかに問題の核心に迫った、真にラジカルなものである。究極的な義務を国家に帰属するものとみなす限り、国家への偶像崇拝を終わらせることはできない。かといって、忠誠義務を地上の教会に帰するのは中世ヨーロッパに再生したキケロ的パトリオティズムに立ち返ることにすぎない。究極的な義務を、地上の存在としての教会も国家も超えた何ものかに帰属させなければ、現世の組織制度の偶像崇拝は免れない。国家の聖性を否定しこれを乗り越えるという課題とは、究極的な義務の源泉をどこに求めるべきか、という問題である。その意味で、今後の愛国をめぐる論議は、ヴェイユが人知れず孤独の中で記し続けたパトリオティズム論を出発点にすえるべきであると考える。

かつてヴェイユは、「フランスは愛国心と折り合いが良くない」と書いた。なぜなら「フランスには普遍的召命なるものがあるがゆえに、他国民よりもフランス人にとって、祖国愛と普遍的な諸価値との和解がより容易になるなどと夢想すべきではない。逆こそ真実である」。たしかに、前述したように、フランス革命はコスモポリタンな理想とナショナリズムの排他主義とがともに立ち現れた歴史的事件であった。こうして、ヴェイユは、フランス人にはあたらしい愛国心を創設する義務がある」と主張する。その義務を果たすなら、フランスは「世界が必要とするものについて思考するという役割をまっとうするだろう」。さらに、ヴェイユはいう。「この瞬間、世界はあたらしい愛国心を必要としている。愛国心が血を流させるなにものかである以上、今こそこの創意工夫の努力が求められよう。愛国心がふたたびサロンや学士院やカフェのテラスで話題にのぼるまで悠長に待っていてはならない」(ヴェイユ二〇一〇：二一二)。彼女がこう訴えたのは、すでに遠い昔、一九四二年頃のことである。いまだに「あたらしい愛国心」のヴィジョンは明確になっていない。しかし、「愛国心が血を流させるなにものかである以上」、「あたらしい愛国心」が国家に代わる新たな聖性に基づかなければならないことだけは確かである。

注

序章

(1) ProQuest Historical Newspapers: *The Guardian* and *The Observer*.

(2) ProQuest Historical Newspapers: *The Wall Street Journal*. 一八九二年から二〇〇一年のデータが検索可能である。

(3) 「雑誌記事索引集成データベースざっさくプラス」(皓星社)を使用した。

(4) 欧米における歴史学的業績については第1章を参照。日本語では岡本(二〇〇九)を参照。

(5) そのほかに、心理学者を中心として行った学際研究をまとめた論文集としてはBar-Tal and Staub eds. (1997)を参照。本書脱稿後に入手した最新刊Jones and Vernon (2018)は現代パトリオティズム論に関する簡潔な入門書である。

(6) 便利な資料集としては市川監修・編集(二〇〇八―〇九)を参照。

(7) この他に小熊(二〇〇二)も参照。ただし、この作品は「愛国」をナショナリズムと同義で捉えている。

(8) この観点と同一ではないが類似するものとして、パトリオティズムを「祖国」に対する愛、特別な配慮あるいは忠誠心とみなし、ナショナリズムを「ネイション」についてのそれであるとして区別する見解がある。たとえばPrimoratz (2002a: 188)を参照。

(9) これと同様のことはナショナリズムについてもいえるであろう。ナショナリズムをネイションについての政治言語と捉えるならば、エイドリアン・ヘイスティングスやカスパール・ヒルシらが論じるように、少なくとも中世ヨーロッパにまでナショナリズムの起源を辿ることはできよう。しかし、ネイションについての語り方は中世から近代への歴史的過程において変遷を遂げてきたのは明らかであり、ゲルナーやホブズボームなどがナショナリズムの近代性を強調することも理由のないことではない。ナショナリズムの研究史については数え切れないほどの書籍や論文が発表されてきているが、最新かつ比較的網羅的なものとしてはとりあえずÖzkirimli (2017)を参照。ネイション概念をめぐる問題について明快な入門としては塩川(二〇〇八)や植村(二〇一四)を参照。

第1章

(1) Clark(2000)によれば、nationという語の英語文献における初出は一三〇〇年、nationalの初出は一五九七年である。

(2) 自愛心と自己犠牲の関係についてのアリストテレス的見解はアルベルトゥス・マグヌスらの中世スコラ哲学者によって継承された。Kempshall(1999)を参照。

(3) Cicero(1913: 370-373)、キケロー(一九九九a:三三三―三三四)も参照。

(4) この訳文の中の「崇拝」という語は、原文ではreligioである。religio概念は、単に「宗教」と訳してすませることのできない問題性をはらんでいる。この論点については、第5章で論じるが、さしあたりNongbri(2013)を参照。

(5) この研究史的論点についてはCavanaugh(2009)を参照。

(6) ただし、より最近の研究では、このコートとカントリーの対立図式には疑問が投げかけられている。たとえばSommerville(1999)を参照。

(7) 以下、「正当(性)」と表記するのはlegitimacyの意であり、orthodoxyは「正統(性)」と表記して区別する。

(8) ナショナリズム研究者のなかにはリア・グリーンフェルド(Greenfeld 1992: 160)のように、ナショナリズムと愛国的な政治言説の近接性を強調する者も少なくないが、以上論じてきたところから明らかなように、それはフランス革命以前においては必ずしもあてはまらないというべきであろう。

(9) ナショナリズムの重要な特徴として、一般民衆を動員し同胞意識を醸成することを指摘する歴史家には、ベルのほかにシシリア・エリザベス・オリアリー(O'Leary 1999: 4)がいる。

(10) これに対して、フランスのパトリオティズムのコスモポリタンな傾向性に、ベル(Bell 2001: 48)はカトリック・キリスト教の影響を見て取っている。

(11) ウォルポールを批判するボリングブルックを例にとってこの点を論じた古典的研究としては、Skinner(1974)を参照。

(12) たとえば、市川纂訳(一八八五)には「愛国の情」という訳語が見える。

(13) 福沢諭吉の愛国論についての最近の論考としては、前掲Matsuda(2014)に加え、安西(二〇〇九)を参照。

(14) ただし、福沢が「一視同仁四海兄弟の大義」という表現で想定していたのは普遍宗教的倫理であり、宗教倫理を政治に持ち込むことに福沢は反対している。

(15) 明治時代における「武士道」の「復活」(しかし、それは実のところ、エリック・ホブズボームのいう「伝統の発明」であった)とナショナリズムの関係については Benesch (2014) を参照。

(16) パトリオティズムとナショナリズムを心理的側面に注目して区別する様々な試みについては、Billig (1995: 55–59) を参照。

第2章

(1) ちなみに、「祖国」を意味するラテン語 patria は、ギリシャ語の patris に範をとっているが、古代ローマにおけるパトリア概念は、ギリシャ語の概念から独立して生じたものであるとヨハン・ホイジンガ (Huizinga 1959: 101) は指摘する。

(2) 佐伯(二〇〇八:九七–九八)も、パトリアの原初的意味の中核に「土地」があることを指摘し、民族的血族的同質性や、のちの「国民」に見られるような集団性との関連性を否定している。

(3) ただし、本章後段で引用するように、一三世紀のトマス・アクィナスにも「風光明媚な景観」を楽しむ観点があったようである。トマス・アクィナス(二〇〇九:八二)を参照。

(4) ただし Keene and Kaczenski (2017: 41) によれば、人物を一切描かない「純粋な」風景画が初めて描かれたのは一四七〇年代にまで遡るという。

(5) さらに国境形成の歴史に関するケーススタディとしては Sahlins (1991) を参照。

(6) マッキンタイアのパトリオティズム論は MacIntyre (2002) が最も有名であり、以上の論述も同論文に基づいている。しかし、マッキンタイアの主著の一つ『美徳なき時代』においては、パトリオティズムを、リベラリズムとの対立というコンテクストから引き離し、近代の政治のあり方に照らして論じつつ、そもそも、愛国という徳の実践は、もはやかつてのような形では不可能であると主張している (MacIntyre 1985: 254–255 = 一九九三:三一〇–三一一)。

(7) ハーバーマスの憲法パトリオティズムに関する邦語文献としては、たとえば毛利(一九九四)、井上(二〇〇八)、田畑(二〇一四)を参照。

(8) 景観や環境を源泉として信仰を形成する現象は、野本寛一が提唱する「信仰環境論」が扱う問題であるが、日本人が自然環境及び景観に「聖なるもの」を見出したことについては多くの研究の蓄積がある。たとえば、野本(二〇〇六)、上野(二〇一五)、鈴木(二〇一五)を参照。

(9) ただし、姜尚中の構想する愛国の対象は、この新しい愛郷心に限られるわけではないようである。在日コリアンとしての自身の帰属先が、日本と韓国に分裂しているという個人的事情も考察に加わるなど、議論は二転三転し、平易な文体とは裏腹に、論旨の理解は必ずしも容易ではない。この点については、海老坂(二〇一八：一五七―一五九)の的確な論評を参照。
(10) 現代パトリオティズム論では、アンドリュー・ヴィンセントが愛国の対象は国家と必然的に結びつくと主張している。Vincent(2002: 110-135, 2009: 349-350)を参照。
(11) 祖国概念の伸縮自在な性格が持つ理論的潜在力に注目し、ヨーロッパ全体を「祖国」と捉える愛国のあり方を模索する試みもある。代表的なものとしてLacroix(2002)を参照。
(12) 景観哲学の先駆的業績としては、たとえば樋口(一九九三)、角田(二〇〇一)を参照。

第3章

(1) やや観点は異なるが、ネイションを分析道具概念としてではなく、分析対象概念として理解した上で、ネイションについて語ることは実践的に何を行うことを意味するのかについて論じ、その文脈においてパトリオティズムを検討した論考としては、Brubaker(2004)(翻訳はブルーベイカー(二〇一六)所収)を参照。
(2) その点、佐伯啓思の愛国心理解は、「愛」に焦点を合わせない点が特徴的である。彼のいう愛国心とは次のようなものである。「私にとっての愛国心とは、自分が日本人であるということの反省的な理解であり、その幾分意図的な意識化にほかならない。〔中略〕それは、むしろ、自分自身のナショナル・アイデンティティの動揺の果てに自問自答する中で立ち現れるナショナルな意識というほどのものなのである。日本への帰属感や愛着がむしろ自明のものではなくなってしまっているからこそ、私は改めて自分が帰属する場所を選びとろうとするのであって、愛国心はその作業の中で発掘されるのである」(佐伯二〇〇八：四、八)。
(3) いうまでもなく、愛国を道徳的に全く正当化できないとする見解や、道徳的に無意味であるという見解は存在する。そうした見地からすれば、「美徳」の一種として定義することは不可能である。しかし、愛国の道徳的正当化をめぐる議論は、第4章に譲る。
(4) ここで論じた概念区分を考える上で参考になるものとして、アンドリュー・メイスンの「帰属意識(belonging)」論がある。メイスンは、帰属意識という概念が「ある政体への帰属意識(belonging to a polity)」と「共同の帰属意識(belonging together)」の二つに大別されると論じる。「共同の帰属意識」とは、歴史や宗教、エスニシティ、言語などを共有してきているという信念に基づいて、共同生活を営むべきだと信じる立場である。一方、「ある政体への帰属意識」とは、政治的価値を共有することで運命を共に切り開くものとみなす未来志向的な立場を意味する。Mason（1999, 2000）を参照。

（5） http://japanese.china.org.cn/jp/txt/2014-11/18/content_34118402.htm

（6） ただし、アンドリュー・ヴィンセントは、この立場をやや定式化し直し、「非愛国的パトリオティズム」と呼んで、愛国的立場の一つとみなしている。すなわち、ある特定の内容を持つ忠誠関係やアイデンティティを拒絶しこれに抵抗することが、多様性への忠誠としての愛国を意味するとしている（Vincent 2009: 358）。

（7） そもそも自国に対して客観的な評価が可能かどうかという問題がある。アラスデア・マッキンタイアはその可能性に懐疑的であり、マーシャ・バロンはそれに反論を試みた。この点については第4章を参照。さらにいえば、この問題は不偏不党性（impartiality）がそもそも実現可能なのかという哲学的問題に通じる。

（8） 以下、二段落の論述はNathanson（1993: 117-132）に基づいている。

（9） この論点は、近代国家は神として立ち現れているという清水幾太郎の指摘との関連で興味深い。より詳しくは第5章を参照。

（10） ヴィローリは、ヴェイユの愛国論をパトリオティズムの「驚くべき再生能力」を示すものとして特筆大書する。しかし、彼のヴェイユ解釈は（彼の理解する）共和主義的伝統に引きつける傾向が強いせいであろうか、ヴェイユが繰り返し強調する犠牲について一切言及していない（Viroli 1995: 163-166＝二〇〇七：二八五－二九一）。

（11） しかし、ヌスバウムは、ローティが推奨するような「ナショナリズムの政治は、差異の政治とどれほど異なっている、というのだろうか」と疑義を呈している（Nussbaum 1996a: 5）。

（12） 反逆および laesa majestas については、第5章で再説する。

（13） ちなみに、日本語では、忠誠の対象を「ありがたいもの」と表現することがあるが、その際、その対象を「崇拝」している場合もあれば、「双務的な契約関係」に基づく場合もありうるだろう。対象を崇拝しているから、一方的に対象を「ありがたい」と思うこともあれば、双務的な契約関係にある忠誠の対象が特に自分に特別な配慮をしてくれたことに恩義を感じて「ありがたい」と思う場合もあるからである。

（14） しかし、その一方で、『新論』には、一般民衆に対する不信感、ひいては愚民観も表明されていた。その点では、一つのネイションへの帰属意識や連帯感を見出すことはできない。この論点については、橋川（二〇一五：六五－六七）を参照。

（15） この関連で付言すれば、「国民」とは何かを論じる中で、エルネスト・ルナンは「ともに苦しむこと」の重要性を論じている。「共通の苦悩は歓喜以上に人々を結び付けます（中略）国民とは、したがって、人々が過去においてなし、今後もなおなす用意のある犠牲の感情によって構成された大いなる連帯心なのです」(ルナン一九九七：六二)。
(16) ちなみにマードックは「愛のまなざし」という概念を提唱するに際しシモーヌ・ヴェイユに依拠している。
(17) この点に関連して、以下のルナンの言葉は興味深い。「人は自ら同意した犠牲、耐え忍んだ苦痛に比例して愛するものです」(ルナン一九九七：六二)。

第4章

(1) この自己欺瞞としての愛国論に似通った議論としては、前章で言及した福沢諭吉による「心酔」としての「忠義心」論を参照。
(2) どのように愛すべきかという問題については、前章において「愛のまなざし(loving attention)」(アイリス・マードック)という概念をスーザン・ウルフの解釈に基づいて紹介した。
(3) グローバル化というコンテクストに照らして見るなら、この理論は、現代世界、特に現在、欧州連合諸国において、ナショナリズムが台頭しつつある現状を説明する点でいっそう興味深い。すなわち、一応は国民国家の枠組みを温存しつつ、ヨーロッパ諸国の間で人が自由に経済活動のために行き来できるようになればなるほど、諸国内部では、自国民を自国に繋ぎ止めておくために、自国に対する忠誠心の有用性をより強く認識するようになるはずである。この考え方をさらに推し広げれば、少なくとも世界の先進国の間では、人の移動がますます活発化し、どこでも似通った質の生活を享受できるようになればなるほど、自国への忠誠心が重要視されやすい環境になりつつあるということになろう。
(4) ただしリベラル・ナショナリズムの想定する「文化」概念は、コミュニタリアン・パトリオティズムを代表するマッキンタイアが前提にする、極めて包括的な文化概念よりも狭く定義されている。この点に関してミラーの「公共的文化(public culture)」論を参照(Miller 1995：172-173)。
(5) ただし、「忠誠パトリオティズム」を正当化するのは、「それが自分の国だから」という理由以外ではありえないのではなく、そのほかの理由を同時に含むことも可能であるとオルデンキストは注記している。
(6) ナショナリズムの文脈から離れて、より一般的に、アイデンティティ概念の多義性や曖昧さを批判した文献としてはBrubaker and Cooper(2000)を参照。また、ナショナル・アイデンティティ概念について有用な邦語文献としては中谷(二〇〇〇)も参照。

(7) 異なる文脈においてであるが、ネイサンスンもパトリオティズムを親であること(parenthood)にたとえている。Nathanson(2002b: 117)を参照。

(8) リチャード・ローティも以下のように述べている。「国民としての誇りが国に対する関係は、自尊心が個人に対するのと同様である。それは自己改善のために必要な条件である。国民としての誇りが過大になると、戦闘的かつ帝国主義的になりうるが、それは過剰な自尊心が傲慢さを生むのと同様である」(Rorty 1998: 3)。

第5章

(1) ブルーベイカーは「外国人」というカテゴリーが相対的に重要でなかったことを強調するが、ピーター・サーリンズはアンシャン・レジームにおいて「外国人」というカテゴリーが有した、重要な法的社会的意味に詳細な検討を加えた(Sahlins 2004)。

(2) 言語の多様性が、ナショナリズムというプロジェクトの一つである「標準語」の発明によって駆逐されていったことについては、たとえば、ギアリ(二〇〇八:四六―五一)を参照。

(3) 移動する使者や兵士らのアイデンティティを証する文書がパスポート(フランス語で文字通りには「門扉を通り抜ける」の意)と呼ばれ、広くヨーロッパ諸国で用いられるようになったのは一四世紀末以降のことである(Groebner 2007: Ch. 7)。

(4) 江戸時代の日本における往来手形についても同様のことがいえる。この論点についてはたとえば、柴田(二〇一六)を参照。

(5) この点に関連して、かつて西川長夫は次のように指摘している。「国民国家とはまさにアイデンティティの原理が支配し猛威を振う領域であった」(西川二〇〇一:四二四)。

(6) 納税者の名前を登録する試みなら、一五世紀にまで遡ることができる(Groebner 2007: Ch. 3)。

(7) 引用に際し一部に傍点を追加した。アイデンティティの他称性については、セン(二〇一一:二二―二五)、上野(二〇〇五:三四)も参照。

(8) 念のために付言すれば、以下の分析は「非国民」や「売国奴」「国賊」などを排除するメカニズムの一断面に光を照射する試みにすぎない。「非国民」「売国奴」「国賊」「乱臣賊子」など、様々なレッテルにはニュアンスの差異があり、またそうした言葉を用いるコンテクストによっても発話者の意図は微妙に異なりうる。こうした諸側面を考える上で、たとえば、尾崎(一九七〇)、福田(一九七二)、新川(一九七二)、村田(一九七二)は参考になる。

(9) 「頑迷固陋」という概念が異端概念にとって重要となったのは中世盛期以降であって、それ以前ではない。中世盛期から末期におけるヨーロッパの異端理論についてはShogimen (2007)、将基面(二〇一三)を参照。

(10) ただし、「他の選択肢が存在することを望まないときに」というより「他の選択肢が存在することを禁じているときに」の方がより正確であると思われる。

(11) 明示的信仰と暗黙の信仰という二つの概念について、より詳しくはShogimen (2007: Ch. 2-3)を参照。

(12) この好例は、一四世紀イギリスの神学者ウィリアム・オッカムである。将基面(二〇一三：第六章)を参照。

(13) この点について、丸山眞男は、キリスト教陣営が「キリスト教こそ忠君愛国と一致する、というように、いわば相手の土俵で角力を取る格好に追い込まれて行く」と表現している(丸山一九九六：二一六―二一七)。

(14) ただし、「宗教」概念の起源は近年論争の的となっている。ウィルフレッド・キャントウェル・スミスやタラル・アサドは(そして磯前順一も)「宗教」概念が啓蒙主義時代以後の産物であり、特にプロテスタンティズムの中から生じたカテゴリーであると主張する。他方、モーリス・サショやセス・シュウォーツは「宗教」概念がキリスト教と共に誕生したと論じている(Boyarin 2004: 11)。

(15) 中世にレリギオという用語が複数形で用いられたのは、多様な修道会を意味したのであって、近現代における「諸宗教」という意味ではなかったとピーター・ハリソンは注記する(Harrison 2015: 97)。

(16) しかし、こうした潮流に抗って、カール・バルトやディートリッヒ・ボンヘッファーのように、キリスト教を「一つの宗教」として理解することを拒否した場合もある(Harrison 2015: 115-116)。

(17) 国家神道が宗教のカテゴリーに分類されなかった理由として、磯前順一は明治政府が国家神道を私的な信念・信仰ではなく公的な道徳として位置づけたからだとする(磯前二〇〇三)。一方、ジェイソン・ジョセフソンは、国家神道が信仰ではなく一つの知識体系であるとみなされたからだという解釈をとる(Josephson 2012)。

(18) これに加えて、ブライアン・S・ターナーのいう「コスモポリタンなアイロニー」もそうした態度として評価できる(Turner 2002)。

(19) いうまでもなく、ここで念頭に置いているのは日本における戦争の放棄、交戦権の否認であるが、その一方で死刑制度が存続しているという問題は残る。

（1）ただし、ジグムント・バウマン（二〇〇七：一一）によれば、アイデンティティのメタファーとしての「根」と「錨」の二つが喚起するイメージは対照的である。ヴェイユも用いた「根」のメタファーに付随するイメージは、そこから成長するものがあらかじめ決定されており、引き抜かれてしまうと枯れてしまうというものである。一方、「錨」は、引き上げても再び投げ入れることが可能であり、しかも投錨する寄港地も選ばない点で「根」と対照的である。その意味では、ここで用いるべきメタファーは「錨」よりも「根」の方がふさわしいのかもしれない。

（2）シティズンシップをネイション概念から引き離す試みが、ネイションへの愛着感情の重要性を説く立場からの強力な挑戦を受け続けたことの歴史的ケーススタディとしてはStapleton（2005）を参照。

（3）さらにいえば、ウィリアム・コノリーは、アイデンティティと差異に関する有名な著作の中で、「アイデンティティを聖化するために差異を周辺化し邪悪なものとみなす性癖」を「悪についての第二の問題」と呼び、「倫理的であることは、アイデンティティをある程度危険にさらすことである」と論じている（Connolly 1991：xv, xix）。

（4）移住者であることの道徳的意義に関する興味深い試論としてはBaier（1992）を参照。

（5）この段落における考察と視点は異なるが、なぜ貧困層がより愛国的になる傾向にあるのかという問題について、アメリカの特殊事情を分析した最新の研究としてはDuina（2018）を参照。

参考文献

外国語文献

Alter, Peter (1994), *Nationalism*, second edition, Edward Arnold.

Anderson, Benedict (1991), *Imagined Communities: Reflections on the Origin and Spread of Nationalism*, revised edition, Verso(『想像の共同体——ナショナリズムの起源と流行 増補版』白石さや・白石隆訳、NTT出版、一九九七年).

Appiah, Kwame Anthony (2005), *The Ethics of Identity*, Princeton University Press.

Armitage, David (1997), 'A Patriot for Whom? The Afterlives of Bolingbroke's Patriot King', *Journal of British Studies*, 36. 4: 397–418.

Audi, Robert (2009), 'Nationalism, Patriotism, and Cosmopolitanism in an Age of Globalization', *Journal of Ethics*, 13. 4: 365–381.

Aulard, Alphonse (1904), *Le Patriotisme selon la Révolution Française*, Édouard Cornély & Companie.

Bader, Veit (2005), 'Reasonable Impartiality and Priority for Compatriots: A Criticism of Liberal Nationalism's Main Flaws', *Ethical Theory and Moral Practice*, 8. 1/2: 83–103.

Baier, Annette C. (1992), 'Some Virtues of Resident Alienage', *Virtue* (*Nomos* XXXIV), eds. John W. Chapman and William A. Galston, New York University Press, 291–308.

Barber, Benjamin R. (1996), 'Constitutional Faith', *For Love of Country?*, ed. Joshua Cohen, Beacon Press, 30–37(『国を愛するということ——愛国主義《パトリオティズム》の限界をめぐる論争』辰巳伸知・能川元一訳、人文書院、二〇〇〇年、所収).

Baron, Marcia (2002), 'Patriotism and "Liberal" Morality', *Patriotism*, ed. Igor Primoratz, Humanity Books, 59–86 (originally published in *Mind, Value, and Culture: Essays in Honor of E. M. Adams*, ed. D. Weissbord (Ridgeview Publishing, 1989), 269–300).

Bar-Tal, Daniel, and Ervin Staub, eds. (1997), *Patriotism: In the Lives of Individuals and Nations*, Nelson-Hall.

Beaune, Colette (1991), *The Birth of Ideology: Myths and Symbols of Nation in Late-Medieval France*, trans. Susan Ross Huston, ed. Frederic L. Cheyette, University of California Press.

Bell, David (2001), *The Cult of the Nation in France: Inventing Nationalism, 1680–1800*, Harvard University Press.

Bellamy, J. G. (1970), *The Law of Treason in England in the Later Middle Ages*, Cambridge University Press.

Benesch, Oleg (2014), *Inventing the Way of Samurai: Nationalism, Internationalism, and Bushidō in Modern Japan*, Oxford University Press.

Berezin, Mabel (2001), 'Emotions and Political Identity: Mobilizing Affection for the Polity', *Passionate Politics: Emotions and Social Movements*, eds. Jeff Goodwin, James M. Jasper, and Francesca Polletta, University of Chicago Press, 83–98.

—— (2002), 'Secure States: Towards a Political Sociology of Emotion', *Sociological Review*, 50. S2: 33–52.

Berger, Peter L. (1979), *The Heretical Imperative: Contemporary Possibilities of Religious Affirmation*, Anchor Press/Doubleday(『異端の時代――現代における宗教の可能性』薗田稔・金井新二訳、新曜社、一九八七年).

Billig, Michael (1995), *Banal Nationalism*, Sage.

Bodin, Jean (1583), *Les Six Livres de la République*, Jacques du Puis.

Bonne, Louis Charles (1867), *Cours élémentaire et pratique de morale pour les écoles primaires et les classes d'adultes*, Ch. Delagrave(『泰西勧善訓蒙』箕作麟祥訳、中外堂、一八七一年).

Bossy, John (1985), *Christianity in the West, 1400–1700*, Oxford University Press.

Bourne, Randolph (1964), *War and Intellectuals: Collected Essays, 1915–1919*, Harper & Row.

Boxill, Bernard R. (2009), 'Frederick Douglass's Patriotism', *Journal of Ethics*, 13. 4: 301–317.

Boyarin, Daniel (2004), *Border Lines: The Partition of Judaeo-Christianity*, University of Pennsylvania Press.

Brubaker, Rogers (2004), 'In the Name of the Nation: Reflections on Nationalism and Patriotism', *Citizenship Studies*, 8. 2: 115–127(ブルーベイカー(二〇一六)所収).

—— (2012), 'Religion and Nationalism: Four Approaches', *Nations and Nationalism*, 18. 1: 2–20.

Brubaker, Rogers and Frederick Cooper (2000), 'Beyond "Identity"', *Theory and Society*, 29. 1: 1–47.

Burke, Edmund (1866), *Appeal from the New to the Old Whigs*, in *Works of Edmund Burke*, Little Brown, vol. 4.

Burke, Peter J. and Jan E. Stets (2009), *Identity Theory*, Oxford University Press.

Calhoun, Craig (2002), 'Imagining Solidarity: Cosmopolitanism, Constitutional Patriotism, and the Public Sphere', *Public Culture*, 14. 1: 147–171.

Callan, Eamonn (2006), 'Love, Idolatry, and Patriotism', *Social Theory and Practice*, 32. 4: 525–546.

——(2010), 'The Better Angels of Our Nature: Patriotism and Dirty Hands', *Journal of Political Philosophy*, 18. 3: 249–270.

Campbell, Peter R. (2007), 'The Language of Patriotism in France, 1750–1770', *Journal of French Studies*, *e-France*, 1. 1: 1–43 (https://www.reading.ac.uk/web/files/e-france/Campbell_-_Language_of_Patriotism.pdf).

Canovan, Margaret (2000), *Nationhood and Political Theory*, Edward Elgar.

——(2002), 'Patriotism Is Not Enough', *Patriotism*, ed. Igor Primoratz, Humanity Books, 273–294 (originally published in *British Journal of Political Science* 30 (2000): 413–432).

Caplan, Jane (2001), '"This or That Particular Person": Protocols of Identification in Nineteenth-Century Europe', *Documenting Individual Identity: The Development of State Practices in the Modern World*, eds. Jane Caplan and John Torpey, Princeton University Press, 49–66.

Carlyle, R. W. and A. J. Carlyle (1970), *A History of Mediaeval Political Theory in the West*, vol. 6: Political Theory from 1300 to 1600, William Blackwood and Sons.

Cavanaugh, William T. (2009), *The Myth of Religious Violence: Secular Ideology and the Roots of Modern Conflict*, Oxford University Press.

——(2011), *Migrations of the Holy: God, State, and the Political Meaning of the Church*, William E. Eerdmans.

Cicero (1913), *De Officiis*, trans. Walter Miller, Harvard University Press.

——(1928a), *De Legibus*, trans. Clinton W. Keyes, Harvard University Press.

——(1928b), *De Re Publica*, trans. Clinton W. Keyes, Harvard University Press.

Clark, J. C. D. (2000), 'Protestantism, Nationalism, and National Identity, 1660–1832', *The Historical Journal*, 43. 1: 249–276.

Clift, Ben and Cornelia Woll (2013), 'Economic Patriotism: Reinventing Control over Open Markets', *Economic Patriotism in Open Economies*, ed. B. Clift and C. Woll, Routledge, 1-17.

Cohen, Joshua, ed. (1996), *For Love of Country?*, Beacon Press(『国を愛するということ——愛国主義《パトリオティズム》の限界をめぐる論争』辰巳伸知・能川元一訳、人文書院、二〇〇〇年).

Colley, Linda (1992), *Britons: Forging the Nation, 1707-1837*, Yale University Press(『イギリス国民の誕生』川北稔監訳、名古屋大学出版会、二〇〇〇年).

Connolly, William E. (1991), *Identity\Difference*, expanded edition, University of Minnesota Press(『アイデンティティ／差異——他者性の政治』杉田敦・齋藤純一・権左武志訳、岩波書店、一九九八年).

Coser, Lewis (1964), *The Functions of Social Conflict*, Free Press(『社会闘争の機能』新睦人訳、新曜社、一九七八年).

Cunningham, Hugh (1989), 'The Language of Patriotism', *Patriotism: The Making and Unmaking of British National Identity*, vol. 1 History and Politics, ed. Raphael Samuel, Routledge, 57-89.

Cuttler, S. H. (1981), *The Law of Treason and Treason Trials in Later Medieval France*, Cambridge University Press.

d' Aguesseau, Henri-François (1759), 'De l' amour de la patrie' (1715), in *Oeuvres*, 13 vols, Paris.

de Girolami, Remigio (1977), 'Tractatus de bono communi', *La teologia politica comunale di Remigio de' Girolamo*, ed. M. C. De Matteis, Bologna, 3-51.

de Lagarde, Georges (1958), *La Naissance de l'esprit laïque au déclin du Moyen Age* 2: Secteur social de la scolastique, Editions E. Nauwelaerts.

Dietz, Mary G. (1988), *Between the Human and the Divine: The Political Thought of Simone Weil*, Rowman and Littlefield.

—— (1989), 'Patriotism', *Political Innovation and Conceptual Change*, eds. Terrence Ball, J. Farr, and R. L. Hanson, Cambridge University Press.

Doyle, William (2002), *The Oxford History of the French Revolution*, second edition, Oxford University Press.

Du Plessis, Paul J., Clifford Ando, and Kaius Tuori eds. (2016), *The Oxford Handbook of Roman Law and Society*, Oxford University Press.

Duina, Francesco (2018), *Broke and Patriotic: Why Poor Americans Love Their Country*, Stanford University Press.

Dupont–Ferrier, Gustave (1940), 'Le Sens des mots «Patria» et «Patrie» en France au Moyen Age et jusqu' au début du XVIIe siècle', *Revue historique*, 188/189: 89–104.

Durkheim, Emile (1975), 'Concerning the Definition of Religious Phenomena', *Durkheim on Religion: A Selection of Readings with Bibliographies*, ed. W. S. F. Pickering, Routledge & Kegan Paul, 74–99.

Dworkin, Ronald (1986), *Law's Empire*, Harvard University Press(『法の帝国』小林公訳、未來社、一九九五年).

Eagleton, Terry (1991), *Ideology: An Introduction*, Verso(『イデオロギーとは何か』大橋洋一訳、平凡社、一九九九年).

Eckersley, Robyn (2007), 'Environmentalism and Patriotism: An Unholy Alliance?', *Patriotism: Philosophical and Political Perspectives*, eds. Igor Primoratz and Aleksandar Pavković, Ashgate, 183–200.

Elden, Stuart (2013), *The Birth of Territory*, University of Chicago Press.

Elias, Norbert (2000), *The Civilizing Process: Sociogenetic and Psychogenetic Investigations*, revised edition, Blackwell.

Erasmus, Desiderius (1961), 'Colloqvia familiaria', *Desiderii Erasmi Roterodami Opera Omnia*, Hildesheim, 1: 625–890.

——(2004), *The Complaint of Peace*, Cosimo.

Ertman, Thomas (1997), *Birth of Leviathan: Building States and Regimes in Medieval and Early Modern Europe*, Cambridge University Press.

Fernández-Armesto, Felipe and Derek Wilson (1996), *Reformation: Christianity and the World 1500–2000*, Bantam Press.

Figgis, John Neville (1931), *Studies of Political Thought from Gerson to Grotius 1414–1625*, Cambridge University Press.

Filmer, Robert (1991), 'Patriarcha', *Filmer: Patriarcha and Other Writings*, ed. Johann P. Sommerville, Cambridge University Press.

Fletcher, George P. (1993), *Loyalty: An Essay on the Morality of Relationships*, Oxford University Press.

Gellner, Ernest (1983), *Nations and Nationalism*, Cornell University Press(『民族とナショナリズム』加藤節監訳、岩波書店、二〇〇〇年).

Gilbert, Margaret (2009), '*Pro Patria*: An Essay on Patriotism', *Journal of Ethics*, 13. 4: 319–346.

Gleason, Philip (1983), 'Identifying Identity: A Semantic History', *Journal of American History*, 69. 4: 910–929.

Goodhart, David (2017), *The Road to Somewhere: The New Tribes Shaping British Politics*, Penguin.

Goodin, Robert E. (2002), 'What Is So Special about Our Fellow Countrymen?', *Patriotism*, ed. Igor Primoratz, Humanity Books, 141-165 (originally published in *Ethics*, 98. 4 (1988): 663-686).

Gorski, Philip S. (2003), *The Disciplinary Revolution: Calvinism and the Rise of the State in Early Modern Europe*, University of Chicago Press.

Grainger, J. H. (1986), *Patriotisms: Britain 1900-1939*, Routledge & Kegan Paul.

Greenfeld, Liah (1992), *Nationalism: Five Roads to Modernity*, Harvard University Press.

— (1996), 'The Modern Religion?', *Critical Review*, 10. 2: 169-191.

Gregory, Brad S. (2012), *The Unintended Reformation: How a Religious Revolution Secularized Society*, The Belknap Press.

Griffis, William Elliot (1876), *The Mikado's Empire*, Harper.

Groebner, Valentin (2007), *Who Are You? Identification, Deception, and Surveillance in Early Modern Europe*, trans. Mark Kyburz and John Peck, Zone Books.

Guenée, Bernard (1985), *States and Rulers in Later Medieval Europe*, trans. Juliet Vale, Blackwell.

Habermas, Jürgen (1996), 'Citizenship and National Identity', in Habermas, *Between Facts and Norms: Contributions to a Discourse Theory of Law and Democracy*, trans. William Rehg, MIT Press, 491-515.

Halbertal, Moshe (2012), *On Sacrifice*, Princeton University Press.

— and Avishai Margalit (1992), *Idolatry*, trans. Naomi Goldblum, Harvard University Press(『偶像崇拝――その禁止のメカニズム』大平章訳，法政大学出版局，二〇〇七年).

Hamilton, Bernard (2003), *Religion in the Medieval West*, second edition, Arnold.

Harrison, Peter (2015), *The Territories of Science and Religion*, University of Chicago Press.

Hayes, Carlton (1926), *Essays on Nationalism*, New York: Macmillan.

Hedetoft, Ulf (2009), 'Nationalism as Civil Religion and Rituals of Belonging Before and After the Global Turn', *Holy Nations and Global Identities: Civil Religion, Nationalism, and Globalisation*, eds. Annika Hvithamar, Margit Warburg and Brian Arly Jacobsen, Brill, 253-269.

Hepburn, J. C. (1867), *A Japanese and English Dictionary with an English and Japanese Index*, American Presbyterian Mission Press(『和英語林集成 初版・再版・三版対照総索引』飛田良文・李漢燮編集，港の人，二〇〇〇—〇一年).

Heywood, Colin (2001), *A History of Childhood: Children and Childhood in the West from Medieval to Modern Times*, Polity.

Hinsley, F. H. (1986), *Sovereignty*, second edition, Cambridge University Press.

Hirschi, Caspar (2012), *The Origins of Nationalism: An Alternative History from Ancient Rome to Early Modern Germany*, Cambridge University Press.

Hirschman, Albert O. (1970), *Exit, Voice, and Loyalty: Responses to Decline in Firms, Organizations, and States*, Harvard University Press(『離脱・発言・忠誠——企業・組織・国家における衰退への反応』矢野修一訳，ミネルヴァ書房，二〇〇五年).

Hobsbawm, E. J. (1992), *Nations and Nationalism Since 1780*, second edition, Cambridge University Press(『ナショナリズムの歴史と現在』浜林正夫・嶋田耕也・庄司信訳，大月書店，二〇〇一年).

Horton, John (1992), *Political Obligations*, Humanities.

Housley, Norman (2000), 'Pro deo et patria mori: Sanctified Patriotism in Europe, 1400-1600', *War and Competition between States*, ed. Philippe Contamine, Clarendon Press, 221-248.

Huizinga, Johan (1959), 'Patriotism and Nationalism in European History', in Huizinga, *Men and Ideas: History, the Middle Ages, the Renaissance*, Princeton University Press, 97-156.

Ingram, Attracta (2002), 'Constitutional Patriotism', *Patriotism*, ed. Igor Primoratz, Humanity Books, 217-232, at 218 (originally published in *Philosophy & Social Criticism*, 22. 6 (1996): 1-18).

Jones, Charles and Richard Vernon (2018), *Patriotism*, Polity.

Josephson, Jason Ānanda (2012), *The Invention of Religion in Japan*, The University of Chicago Press.

Josephson-Storm, Jason Ānanda (2018), 'The Superstition, Secularism, and Religious Trinary: Or Re-Theorizing Secularism', *Method and Theory in the Study of Religion*, 30. 1: 1-20, at 5.

Kateb, George (2006), 'Is Patriotism a Mistake?' in Kateb, *Patriotism and Other Mistakes*, Yale University Press, 3-20.

Keene, Bryan C. and Alexandra Kaczenski (2017), *Sacred Landscapes: Nature in Renaissance Manuscripts*, The J. Paul Getty Museum, Los Angeles.

Keller, Simon (2007), *The Limits of Loyalty*, Cambridge University Press.

——(2015), 'The Case against Patriotism', in John Kleinig, Simon Keller, and Igor Primoratz, *The Ethics of Patriotism: A Debate*, Wiley Blackwell, 48–72.

Kelly, Duncan (2003), 'From Moralism to Modernism: Robert Michels on the History, Theory and Sociology of Patriotism', *History of European Ideas*, 29: 339–363.

Kelly, Torbias and Shahara Thiranagama (2010), 'Introduction: Specters of Treason', *Traitors: Suspicion, Intimacy, and the Ethics of State-Building*, eds., Sharika Thiranagama and Tobias Kelly, University of Pennsylvania Press, 1–23.

Kempshall, M. S. (1999), *The Common Good in Late Medieval Political Thought*, Clarendon Press.

Kleinig, John (2007), 'Patriotic Loyalty', *Patriotism: Philosophical and Political Perspectives*, eds. Igor Primoratz and Aleksandar Pavković, Ashgate, 37–53.

——(2015a), 'The Virtue in Patriotism', in John Kleinig, Simon Keller, and Igor Primoratz, *The Ethics of Patriotism: A Debate*, Wiley Blackwell, 19–47.

——(2015b), 'Making Good on Patriotism: Response to Keller and Primoratz', in John Kleinig, Simon Keller, and Igor Primoratz, *The Ethics of Patriotism: A Debate*, Wiley Blackwell, 107–122.

Kleinig, John, Simon Keller and Igor Primoratz (2015) 'Introduction', in Kleinig, Keller and Primoratz, *The Ethics of Patriotism: A Debate*, Wiley Blackwell, 1–15.

Knowles, Ronald (2001), 'The "All-Attoning Name": The Word "Patriot" in Seventeenth-Century England', *The Modern Language Review*, 96. 3: 624–643.

Kostakopoulou, Dora (2006), 'Thick, Thin and Thinner Patriotisms: Is This All There Is?', *Oxford Journal of Legal Studies*, 26. 1: 73–106.

Laborde, Cécile (2002), 'From Constitutional to Civic Patriotism', *The British Journal of Political Science*, 32. 4: 591–612.

Lacroix, Justine (2002), 'For a European Constitutional Patriotism', *Political Studies*, 50: 944–958.

Lakoff, George (2002), *Moral Politics: How Liberals and Conservatives Think*, University of Chicago Press.

Lear, Floyd Seyward (1965), *Treason in Roman and Germanic Law: Collected Papers*, University of Texas Press.

Lilla, Mark (2018), *The Once and Future Liberal: After Identity Politics*, Hurst & Co(『リベラル再生宣言』夏目大訳、早川書房、二〇一八年).

Lopoz, Barry (2002), Richard Nelson, and Terry Tempest Williams, *Patriotism and the American Land*, Orion Society.

Lynch, Gordon (2012), *The Sacred in the Modern World: A Cultural Sociological Approach*, Oxford University Press.

MacIntyre, Alasdair (1985), *After Virtue*, second edition, Duckworth(『美徳なき時代』篠﨑榮訳、みすず書房、一九九三年).

——(1994), 'A Partial Response to My Critics', *After MacIntyre: Critical Perspectives on the Work of Alasdair MacIntyre*, eds. John Horton and Susan Mendus, University of Notre Dame Press, 283-304.

——(2002), 'Is Patriotism a Virtue?', *Patriotism*, ed. Igor Primoratz, Humanity Books, 43-58 (originally published as an E. H. Lindley Lecture, University of Kansas, 1984).

Maisonneuve, Henri (1965), 'Le droit romain et la doctrine inquisitoriale', *Etudes d'histoire du droit canonique dédiées à Gabriel Le Bras*, ed. G. Vedel, Sirey, vol. 2, 931-942.

Margalit, Avishai (2017), *On Betrayal*, Harvard University Press.

Martines, Lauro (1968), *Lawyers and Statecraft in Renaissance Florence*, Princeton University Press.

Marvin, Carolyn and David W. Ingle (1996), 'Blood Sacrifice and the Nation: Revisiting Civil Religion', *Journal of the American Academy of Religion*, 64. 4: 767-780.

——(1999), *Blood Sacrifice and the Nation: Totem Rituals and the American Flag*, Cambridge University Press.

Mason, Andrew (1997), 'Special Obligations to Compatriots', *Ethics*, 107. 3: 427-447.

——(1999), 'Political Community, Liberal Nationalism, and the Ethics of Assimilation', *Ethics*, 109: 261-286.

——(2000), *Community, Solidarity, and Belonging: Levels of Community and Their Normative Significance*, Cambridge University Press.

Matsuda, Koichiro (2014), 'Patriotism and Nationality in Nineteenth-Century Japanese Political Thought', *Patriotism in East Asia*, eds. Jun-Hyeok Kwak and Koichiro Matsuda, Routledge, 65-82.

Maxey, Trent E. (2014), *The "Greatest Problem": Religion and State Formation in Meiji Japan*, Harvard University Press.
McGrath, Alister (2009), *Heresy*, SPCK.
McKenna, George, (2007), *The Puritan Origins of American Patriotism*, Yale University Press.
Miller, Angela (1993), *The Empire of the Eye: Landscape Representation and American Cultural Politics, 1825-1875*, Cornell University Press.
Miller, David (1995), *On Nationality*, Clarendon Press(『ナショナリティについて』富沢克ほか訳、風行社、二〇〇七年).
——(2005), 'Reasonable Partiality towards Compatriots', *Ethical Theory and Moral Practice*, 8. 1/2: 63-81.
Mol, Hans (1976), *Identity and the Sacred: A Sketch for a New Social-Scientific Theory of Religion*, Blackwell.
Moland, Lydia L. (2011), *Hegel on Political Identity: Patriotism, Nationality, Cosmopolitanism*, Northwestern University Press.
Monod, Paul K. (1999), *The Power of Kings: Monarchy and Religion in Europe, 1589-1715*, Yale University Press.
Monroe, Kristen Renwick (2004), *The Hand of Compassion: Portraits of Moral Choice during the Holocaust*, Princeton University Press.
Moore, Margaret (2015), *The Political Theory of Territory*, Oxford University Press.
Müller, Jan-Werner (2007a), *Constitutional Patriotism*, Princeton University Press(『憲法パトリオティズム』斎藤一久・田畑真一・小池洋平監訳、法政大学出版局、二〇一七年).
——(2007b), 'On the Origins of Constitutional Patriotism', *Patriotism: Philosophical and Political Perspectives*, eds. Igor Primoratz and Aleksandar Pavković, Ashgate, 95-111.
Murdoch, Iris (1970), *The Sovereignty of Good*, Routledge & K. Paul(『善の至高性——プラトニズムの視点から』菅豊彦・小林信行訳、九州大学出版会、一九九二年).
Nathanson, Stephen (1993), *Patriotism, Morality, and Peace*, Rowman & Littlefield.
——(2002a), 'In Defense of "Moderate Patriotism"', in *Patriotism*, ed. Igor Primoratz, Humanity Books, 87-104 (originally published in *Ethics*, 99 (1989): 535-552).
——(2002b), 'Is Patriotism like Racism?', *Patriotism*, ed. Igor Primoratz, Humanity Books, 113-119, at 117 (originally pub-

lished in *APA Newsletter on Philosophy and the Black Experience*, 91. 2 (1992): 9-12).

——(2007), 'Is Cosmopolitan Anti-Patriotism a Virtue?', *Patriotism: Philosophical and Political Perspectives*, eds. Igor Primoratz and Aleksandar Pavković, Ashgate, 75-91.

——(2009), 'Patriotism, War, and the Limits of Permissible Partiality', *Journal of Ethics*, 13. 4: 401-422.

Nongbri, Brent (2013), *Before Religion: A History of a Modern Concept*, Yale University Press.

Nussbaum, Martha C. (1996a), 'Patriotism and Cosmopolitanism', *For Love of Country?*, ed. Joshua Cohen, Beacon Press, 3-17(『国を愛するということ——愛国主義《パトリオティズム》の限界をめぐる論争』辰巳伸知・能川元一訳、人文書院、二〇〇〇年、所収).

——(1996b), 'Reply', *For Love of Country?*, ed. Joshua Cohen, Beacon Press, 131-144(『国を愛するということ——愛国主義《パトリオティズム》の限界をめぐる論争』辰巳伸知・能川元一訳、人文書院、二〇〇〇年、所収).

——(2013), *The Political Emotions: Why Love Matters for Justice*, The Belknap Press.

Oldenquist, Andrew (2002), 'Loyalties', *Patriotism*, ed. Igor Primoratz, Humanity Books, 25-42 (originally published in *Journal of Philosophy*, 79. 4 (1982): 173-193).

O'Leary, Cecilia Elizabeth (1999), *To Die for: The Paradox of American Patriotism*, Princeton University Press.

Olwig, Kenneth Robert (2002), *Landscape, Nature and the Body Politic: From Britain's Renaissance to America's New World*, University of Wisconsin Press.

Orwell, George (1953), 'Notes on Nationalism', in *Collected Essays, Journalism and Letters*, vol. 3, ed. Sonia Orwell and Ian Angus, Secker & Warburg, 361-380.

Özkirimli, Umut (2017), *Theories of Nationalism: A Critical Introduction*, third edition, Palgrave.

Ozouf, Mona (1988), *Festivals and the French Revolution*, trans. Alan Sheridan, Harvard University Press.

Parekh, Bhiku (2008), *A New Politics of Identity: Political Principles for an Interdependent World*, Palgrave Macmillan.

Philp, Mark (1998), 'English Republicanism in the 1780s', *Journal of Political Philosophy*, 6. 3: 235-262.

Pocock, J. G. A. (1975), *The Machiavellian Moment*, Princeton University Press(『マキァヴェリアン・モーメント——フィレンツェの政治思想と大西洋圏の共和主義の伝統』田中秀夫・奥田敬・森岡邦泰訳、名古屋大学出版会、二〇〇八年).

Poole, Ross (2007), 'Patriotism and Nationalism', *Patriotism: Philosophical and Political Perspectives*, eds. Igor Primoratz and Aleksandar Pavković, Ashgate, 129–145.

Post, Gaines (1964), *Studies in Medieval Legal Thought: Public Law and the State, 1100–1322*, Princeton University Press.

Powell, Adam, J. (2017), *Hans Moll and the Sociology of Religion*, Routledge.

Primoratz, Igor (2002a), 'Patriotism: Morally Allowed, Required, or Valuable?', *Patriotism*, Primoratz ed. (2002: 187–199) (originally published in *Nationalism and Ethnic Conflict: Philosophical Perspectives*, ed. N. Miscevic (Open Court Publishing, 2000), 101–113.

——(2002b), 'Introduction', *Patriotism*, Primoratz ed. (2002: 9–23).

——(2009), 'Introduction', *Journal of Ethics*, 13: 293–299.

——(2015), 'Patriotism: A Two-Tier Account', in John Kleinig, Simon Keller, and Igor Primoratz, *The Ethics of Patriotism: A Debate*, Wiley Blackwell, 73–103.

Primoratz, Igor, ed. (2002), *Patriotism*, Humanity Books.

Primoratz, Igor and Aleksandar Pavković, eds. (2007), *Patriotism: Philosophical and Political Perspectives*, Ashgate.

Rainey, Sue (1994), *Creating Picturesque America: Monument to the Natural and Cultural Landscape*, Vanderbilt University Press.

Roberts, Veronica (2016), 'Augustine's Ciceronian Response to the Ciceronian Patriot', *Perspectives on Political Science*, 45. 2: 113–124.

Rorty, Richard (1998), *Achieving Our Country: Leftist Thought in Twentieth-Century America*, Harvard University Press (『アメリカ未完のプロジェクト――二〇世紀アメリカにおける左翼思想』小澤照彦訳、晃洋書房、二〇〇〇年).

Rosenwein, Barbara (2006), *Emotional Communities in the Early Middle Ages*, Cornell University Press.

——(2016), *Generations of Feeling: A History of Emotions, 600–1700*, Cambridge University Press.

Royce, Josiah (1908), *The Philosophy of Loyalty*, Macmillan.

Ryan, Terre (2011), *This Ecstatic Nation: The American Landscape and the Aesthetics of Patriotism*, University of Massachusetts Press.

Sahlins, Peter (1991), *Boundaries: The Making of France and Spain in the Pyrenees*, University of California Press.

——(2004), *Unnaturally French: Foreign Citizens in the Old Regime and After*, Cornell University Press.

Salmon, J. H. M. (1959), *The French Religious Wars in English Political Thought*, Clarendon Press.

Schaar, John H. (1957), *Loyalty in America*, University of California Press.

——(2002), 'The Case for Covenanted Patriotism', *Patriotism*, ed. Igor Primoratz, Humanity Books, 233–257 (originally published in Schaar, *Legitimacy in the Modern State* (Transaction Books, 1981), 285–311).

Scheff, Thomas J. (1994), 'Emotions and Identity: A Theory of Ethnic Nationalism', *Social Theory and the Politics of Identity*, ed. Craig Calhoun, Blackwell, 277–303.

Scheffler, Samuel (2001), *Boundaries and Allegiances: Problems of Justice and Impartiality in Liberal Thought*, Oxford University Press.

Schmidt, Alexander (2010), 'Irenic Patriotism in Sixteenth- and Seventeenth-Century German Political Discourse', *The Historical Journal*, 53. 2: 243–269.

Schnapper, Dominique (1998), *Community of Citizens: On the Modern Idea of Nationality*, trans. Séverine Rosée, Transactions Publishers.

Shaffer, Marguerite S. (2001), *See America First: Tourism and National Identity, 1880–1940*, Smithsonian Institute Press.

Shogimen, Takashi (2007), *Ockham and Political Discourse in the Late Middle Ages*, Cambridge University Press.

Shovlin, John (2006), *The Political Economy of Virtue: Luxury, Patriotism, and the Origins of the French Revolution*, Cornell University Press.

Simmons, A. John (1979), *Moral Principles and Political Obligations*, Princeton University Press.

——(1996), 'Associative Political Obligations', *Ethics*, 106. 2: 247–273.

Skinner, Quentin (1974), 'The Principles and Practice of Opposition: The Case of Bolingbroke versus Walpole', *Historical Perspectives: Studies in English Thought and Society in Honour of J. H. Plumb*, ed. Neil McKendrick, Europa Publications, 93–128.

Skornicki, Arnault (2009), 'England, England: La référence britannique dans le patriotism français au XVIIIe siècle', *Revue français de science politique*, 59. 4: 681–700.

Smith, Anthony D. (1991), *National Identity*, Penguin(『ナショナリズムの生命力』高柳先男訳、晶文社、一九九八年).
——(2003), *Chosen Peoples: Sacred Sources of National Identity*, Oxford University Press(『選ばれた民——ナショナル・アイデンティティ、宗教、歴史』一條都子訳、青木書店、二〇〇七年).
Sommerville, J.P. (1999), *Royalists and Patriots: Politics and Ideology in England 1603-1640*, second edition, Longman.
Stapleton, Julia (2005), 'Citizenship versus Patriotism in Twentieth-Century England', *The Historical Journal*, 48. 1: 151-178.
Stilz, Anna (2009), *Liberal Loyalty: Freedom, Obligation, and the State*, Princeton University Press.
Strenski, Ivan (2002), *Contesting Sacrifice: Religion, Nationalism, and Social Thought in France*, University of Chicago Press.
Sullivan, John L., Amy Fried, and Mary Dietz (1992), 'Patriotism, Politics, and the American Presidential Election of 1988', *American Journal of Political Science*, 36. 1: 200-234.
Szreter, Simon (2012), 'Registration of Identities in Early Modern English Parishes and amongst the English Overseas', *Registration and Recognition: Documenting the Person in World History*, eds. Keith Breckenridge and Simon Szreter, Oxford University Press, 67-92.
Tamir, Yael (1993), *Liberal Nationalism*, Princeton University Press(『リベラルなナショナリズムとは』押村高ほか訳、夏目書房、二〇〇六年).
——(1997), 'Pro Patria Mori! Death and the State', *The Morality of Nationalism*, eds. Robert McKim and Jeff McMahan, Oxford University Press, 227-241.
Tan, Kok-Chor (2004), *Justice without Borders: Cosmopolitanism, Nationalism and Patriotism*, Cambridge University Press.
Taylor, Charles (1995), 'Cross-Purposes: The Liberal-Communitarian Debate', in Taylor, *Philosophical Arguments*, Harvard University Press, 181-203.
——(1999), 'Nationalism and Modernity', *Theorizing Nationalism*, ed. Ronald Beiner, State University of New York Press, 219-245 (originally published in *The Morality of Nationalism*, ed. Robert McKim and Jeff McMahn (Oxford University

Press, 1997), 31-55).

——(2007), *A Secular Age*, The Belknap Press.

Thomas Aquinas (1972), *Summa theologiae*, ed. and trans. T. C. O'Brien (vol. 41 Virtues of Justice in the Human Community), Blackfriars.

Tilly, Charles, ed. (1975), *The Formation of National States in Western Europe*, Princeton University Press.

Todd, Anne Marie (2013), *Communicating Environmental Patriotism: A Rhetorical History of the American Environmental Movement*, Routledge.

——(2014), 'A Call for Environmental Patriotism', *Taproot*, 23. 2: 4-11.

Tolstoy, Leo (1968a), 'On Patriotism', *Tolstoy's Writings on Civil Obedience and Non-Violence*, Peter Owen, 51-123.

——(1968b), 'Patriotism, Or Peace?', *Tolstoy's Writings on Civil Obedience and Non-Violence*, Peter Owen, 137-147.

Torpey, John (2000), *The Invention of the Passport: Surveillance, Citizenship and the State*, Cambridge University Press (『パスポートの発明——監視・シティズンシップ・国家』藤川隆男監訳、上中繭香ほか訳、法政大学出版局、二〇〇八年).

Townley, Cynthia (2007), 'Patriotism: Problems at Home', *Patriotism: Philosophical and Political Perspectives*, eds. Igor Primoratz and Aleksandar Pavković, Ashgate, 163-181.

Tracy, James D., ed. (1986), *Luther and the Modern State in Germany*, Sixteenth Century Journal Publishers.

Turner, Bryan S. (2002), 'Cosmopolitan Virtue, Globalization and Patriotism', *Theory, Culture & Society*, 19. 1: 45-63.

Ullmann, Walter (1965), 'The Significance of Innocent III's Decretal "Vergentis"', *Etudes d'histoire du droit canonique dédiées à Gabriel Le Bras*, ed. G. Vedel, Sirey, vol. 1, 729-742.

Van Kley, Dale K. (2008), 'Religion and the Age of "Patriot" Reform', *Journal of Modern History*, 80: 252-295.

Varouxakis, Georgios (2006), '"Patriotism", "Cosmopolitanism", and "Humanity" in Victorian Political Thought', *European Journal of Political Theory*, 5: 100-118.

Vincent, Andrew (2002), *Nationalism and Particularity*, Cambridge University Press.

——(2009), 'Patriotism and Human Rights: An Argument for Unpatriotic Patriotism', *Journal of Ethics*, 13. 4: 347-364.

Viroli, Maurizio (1995), *For Love of Country: An Essay on Patriotism and Nationalism*, Oxford University Press(『パトリオ

ティズムとナショナリズム――自由を守る祖国愛』佐藤瑠威・佐藤真喜子訳、日本経済評論社、二〇〇七年）.

Wahrman, Dror (2004), *The Making of the Modern Self: Identity and Culture in Eighteenth-Century England*, Yale University Press.

Waldron, Jeremy (1993), 'Special Ties and Natural Duties', *Philosophy & Public Affairs*, 22.1: 3-30.

Walzer, Michael (1970), *Obligations: Essays on Disobedience, War, and Citizenship*, Harvard University Press（『義務に関する一一の試論――不服従、戦争、市民性』山口晃訳、而立書房、一九九三年）.

Weber, Max (1978), *Economy and Society*, vol. 2, eds. Guenther Roth and Claus Wittich, University of California Press.

Wolf, Susan (2014), 'Loving Attention', in *Understanding Love: Philosophy, Film, and Fiction*, eds. Susan Wolf and Christopher Grau, Oxford University Press, 369-386.

Wolin, Sheldon S. (1960), *Politics and Vision: Continuity and Innovation in Western Political Thought*, Little, Brown and Company（『西欧政治思想史』尾形典男ほか訳、福村出版、一九九四年）.

Zagorin, Perez (1969), *The Court and the Country: The Beginning of the English Revolution*, Routledge & Kegan Paul.

日本語文献

〈日本語訳文献〉

アウグスティヌス（一九八〇）「神の国」『アウグスティヌス著作集』第一一巻、教文館、所収。

――（一九八二）「神の国」『アウグスティヌス著作集』第一二巻、教文館、所収。

――（一九八三）「神の国」『アウグスティヌス著作集』第一五巻、教文館、所収。

アリストテレス（一九六九）「政治学」山本光雄訳『アリストテレス全集』第一五巻、岩波書店、所収。

――（一九七三）「ニコマコス倫理学」加藤信朗訳『アリストテレス全集』第一三巻、岩波書店、所収。

イ・ヨンスク（二〇一二）『「国語」という思想――近代日本の言語認識』岩波現代文庫。

ヴィノック、ミシェル（一九九五）『ナショナリズム・反ユダヤ主義・ファシズム』川上勉・中谷猛監訳、岡村茂・加藤克夫・松尾博文訳、藤原書店。

――（二〇一四）『フランスの肖像――歴史・政治・思想』大嶋厚訳、吉田書店。

ヴェイユ、シモーヌ(二〇一〇)『根をもつこと』冨原眞弓訳、岩波文庫、上巻(全二巻)。

ウォルツァー、マイケル(二〇〇六)『アメリカ人であるとはどういうことか――歴史的自己省察の試み』古茂田宏訳、ミネルヴァ書房。

エラスムス(一九八〇)「対話集」二宮敬訳『エラスムス トマス・モア』渡辺一夫編、中央公論社、所収。

エリアス、ノルベルト(一九九六)『ドイツ人論――文明化と暴力』青木隆嘉訳、法政大学出版局。

オズーフ、モナ(一九八八)『革命祭典――フランス革命における祭りと祭典行列』立川孝一訳、岩波書店。

オットー、ルドルフ(二〇一〇)『聖なるもの』久松英二訳、岩波文庫。

カントーロヴィチ、エルンスト・H(一九九二)『王の二つの身体――中世政治神学研究』小林公訳、平凡社。

カントロヴィッチ、エルンスト(二〇〇六)『祖国のために死ぬこと』甚野尚志訳、みすず書房。

ギアリ、パトリック・J(二〇〇八)『ネイションという神話――ヨーロッパ諸国家の中世的起源』鈴木道也・小川知幸・長谷川宜之訳、白水社。

キケロ(一九八〇)「スキピオの夢」水野有庸訳『キケロ エピクテトス マルクス・アウレリウス』鹿野治助編、中央公論社、所収。

キケロー(一九九九a)「義務について」高橋宏幸訳『キケロー選集9 哲学Ⅱ』岩波書店、所収。

――(一九九九b)「法律について」岡道男訳『キケロー選集8 哲学Ⅰ』岩波書店、所収。

――(一九九九c)「国家について」岡道男訳『キケロー選集8 哲学Ⅰ』岩波書店、所収。

コースガード、クリスティーン(二〇〇五)『義務とアイデンティティの倫理学――規範性の源泉』寺田俊郎・三谷尚澄・後藤正英・竹山重光訳、岩波書店。

サイード、エドワード・W(二〇〇六a)『故国喪失についての省察』大橋洋一ほか訳、みすず書房、第一巻。

――(二〇〇六b)『故国喪失についての省察』大橋洋一ほか訳、みすず書房、第二巻。

サン=ヴィクトルのフーゴー(一九九六)「ディダスカリコン(学習論)」『中世思想原典集成 第九巻 サン=ヴィクトル学系』上智大学中世思想研究所編訳・監修、平凡社、所収。

シューメーカー、ミリャード(二〇〇一)『愛と正義の構造――倫理の人間学的基盤』加藤尚武・松川俊夫訳、晃洋書房。

スミス、アダム(二〇一三)『道徳感情論』高哲男訳、講談社学術文庫。

セン、アマルティア(二〇一一)『アイデンティティと暴力──運命は幻想である』大門毅監訳、東郷えりか訳、勁草書房。

テイラー、チャールズ(二〇一〇)『自我の源泉──近代的アイデンティティの形成』下川潔・桜井徹・田中智彦訳、名古屋大学出版会。

デュピュイ、ジャン=ピエール(二〇〇三)『犠牲と羨望──自由主義社会における正義の問題』米山親能・泉谷安規訳、法政大学出版局。

デュルケム(一九七五)『宗教生活の原初形態』古野清人訳、岩波文庫、上巻(全二巻)。

トゥアン、イーフー(一九九二)『トポフィリア　人間と環境』小野有五・阿部一訳、せりか書房。

──(一九九三)『空間の経験──身体から都市へ』山本浩訳、ちくま学芸文庫。

トマス・アクィナス(二〇〇九)『君主の統治について』柴田平三郎訳、岩波文庫。

バウマン、ジグムント(二〇〇七)『アイデンティティ』伊藤茂訳、日本経済評論社。

バーク(一九八〇)「フランス革命についての省察」『バーク　マルサス』水田洋編、中央公論社、所収。

バートン、ブルース(二〇〇〇)『日本の「境界」──前近代の国家・民族・文化』青木書店。

ハント、リン(一九九九)『フランス革命と家族ロマンス』西川長夫・平野千果子・天野知恵子訳、平凡社。

ビアス(一九八三)『新編　悪魔の辞典』西川正身編訳、岩波書店。

フェーヴル、リュシアン(二〇〇八)『〝ヨーロッパ〟とは何か?──第二次大戦直後の連続講義から』長谷川輝夫訳、刀水書房。

プラトン(一九七五)「クリトン」『プラトン全集』第一巻、岩波書店、所収。

ブルーベイカー、ロジャース(二〇〇五)『フランスとドイツの国籍とネーション──国籍形成の比較歴史社会学』佐藤成基・佐々木てる監訳、明石書店。

──(二〇一六)『グローバル化する世界と「帰属の政治」──移民・シティズンシップ・国民国家』佐藤成基ほか編訳、明石書店。

ベルク、オギュスタン(一九九〇)『日本の風景・西欧の景観──そして造景の時代』篠田勝英訳、講談社現代新書。

マイネッケ、フリードリッヒ(一九六八、七二)『世界市民主義と国民国家──ドイツ国民国家発生の研究』矢田俊隆訳、岩波書店、全二巻。

マチエ、アルベール(二〇一二)『革命宗教の起源』杉本隆司訳、白水社。

マッツィーニ(二〇一〇)『人間の義務について』齋藤ゆかり訳、岩波文庫。

ミル（一八七五―七八）『代議政体』全四巻、永峰秀樹訳、奎章閣。

モッセ、ジョージ・L（二〇〇二）『英霊――創られた世界大戦の記憶』宮武実知子訳、柏書房。

ラ・ブリュイエール（一九五二、五三）『カラクテール――当世風俗誌』関根秀雄訳、岩波文庫、中（全三巻）。

リギョール（一八九八）『日本主義と世界主義』文海堂。

ルソー（一九七三）「ポーランド統治論（1）」佐々木允臣訳『同志社法学』二四（五）：一〇二―一二二頁。

――（一九七八）「社会契約論」『ルソー』平岡昇編、中央公論社、所収。

ルナン、エルネスト（一九九七）「国民とは何か」『国民とは何か』鵜飼哲ほか訳、インスクリプト、所収。


〈日本語オリジナル文献〉


赤江達也（二〇一三）『「紙上の教会」と日本近代――無教会キリスト教の歴史社会学』岩波書店。

浅見和彦・川村晃生（二〇一五）『失われた日本の景観――「まほろばの国」の終焉』緑風出版。

網野善彦（二〇〇八）『「日本」とは何か』講談社学術文庫。

新川明（一九七二）「「亡国」のすすめ――〈反復帰〉の視点」『思想の科学』一二六（一）：三八―四六頁。

安西敏三（二〇〇九）「福沢諭吉――ナショナリティの原則」『ナショナリズムの時代精神――幕末から冷戦後まで』米原謙・長妻三佐雄編、萌書房、所収。

生駒恭人（一八八九）「愛国的教練ノ必要」『教育週報』二〇、所収。

石田一良（一九七六）「明治の精神と国民精神の形成」『日本思想史講座　第六巻　近代の思想Ⅰ』雄山閣出版、所収。

石田雄（一九五四）『明治政治思想史研究』未來社。

磯前順一（二〇〇三）『近代日本の宗教言説とその系譜――宗教・国家・神道』岩波書店。

――（二〇一二）『宗教概念あるいは宗教学の死』東京大学出版会。

伊藤整（一九九五）『日本文壇史４　硯友社と一葉の時代』講談社文芸文庫。

市川昭午（二〇一一）『愛国心――国家・国民・教育をめぐって』学術出版会。

――監修・編集（二〇〇八―〇九）『資料で読む　戦後日本と愛国心』全三巻、日本図書センター。

市川義夫纂訳（一八八五）『英和和英字彙大全』嶋田三郎校訂、市川義夫。

井上哲次郎(一九四二)『釈明教育勅語衍義』広文堂。

井上典之(二〇〇八)「立憲主義と憲法パトリオティズム――多元主義とコンセンサスの調和をめざして」『公法研究』七〇：八三―九五頁。

植木枝盛(一九九〇)「何ヲカ国賊ト云フ乎」『植木枝盛集』第三巻、家永三郎ほか編、岩波書店、所収。

上野千鶴子(二〇〇五)「脱アイデンティティの理論」『脱アイデンティティ』上野編、勁草書房、所収。

上野誠(二〇一五)『日本人にとって聖なるものとは何か――神と自然の古代学』中公新書。

植村和秀(二〇一四)『ナショナリズム入門』講談社現代新書。

植村正久(一九六六)「三種の愛国心」『植村正久著作集』第一巻、新教出版社、所収。

宇根豊(二〇一五)『愛国心と愛郷心――新しい農本主義の可能性』農山漁村文化協会。

海老坂武(二〇一八)『戦争文化と愛国心――非戦を考える』みすず書房。

遠藤正敬(二〇一七)『戸籍と無戸籍――「日本人」の輪郭』人文書院。

大内裕和・高橋哲哉(二〇〇六)『教育基本法「改正」を問う――愛国心・格差社会・憲法』白澤社。

大室幹雄(二〇〇三)『志賀重昂『日本風景論』精読』岩波現代文庫。

岡本仁宏(二〇〇九)「パトリオティズム(愛国心)」『政治概念の歴史的展開』第三巻、古賀敬太編著、晃洋書房、所収。

奥中康人(二〇〇八)『国家と音楽――伊澤修二がめざした日本近代』春秋社。

小熊英二(二〇〇二)『〈民主〉と〈愛国〉――戦後日本のナショナリズムと公共性』新曜社。

長志珠絵(一九九八)『近代日本と国語ナショナリズム』吉川弘文館。

尾崎秀樹(一九七〇)「実感的「売国奴」観」『思想の科学』一〇七：三六―四三頁。

小沼堅司(二〇〇二)「故郷観念あるいはパトリオティズムについて」『専修法学論集』八四：一―六〇頁。

角田幸彦(二〇〇一)『景観哲学への歩み――景観・環境・聖なるものの思索』文化書房博文社。

加藤弘之(一九八四a)「真政大意」『西周　加藤弘之』植手通有編、中央公論社、所収。

――(一九八四b)「国体新論」『西周　加藤弘之』植手通有編、中央公論社、所収。

金子堅太郎(二〇〇〇)「政治論略」『金子堅太郎『政治論略』研究』高瀬暢彦編著、日本大学精神文化研究所、所収。

姜尚中(二〇〇六)『愛国の作法』朝日新書。

木下尚江(一九九七a)「現今の倫理問題」『木下尚江全集』第一六巻、教文館、所収。

――(一九九七b)「国家最上権を排す」『木下尚江全集』第一六巻、教文館、所収。

陸羯南(一九六九a)「外国人論(二)」『陸羯南全集』第二巻、みすず書房、所収。

――(一九六九b)「世界的理想と国民的理念」『陸羯南全集』第二巻、みすず書房、所収。

――(一九七〇)「愛国心の説」『陸羯南全集』第四巻、みすず書房、所収。

幸徳秋水(一九八四)「二十世紀の怪物 帝国主義」『幸徳秋水』伊藤整編、中央公論社、所収。

子安宣邦(二〇〇七)『日本ナショナリズムの解読』白澤社。

佐伯啓思(二〇〇八)『日本の愛国心――序説的考察』NTT出版。

佐波優子(二〇一三)『女子と愛国』祥伝社。

塩川伸明(二〇〇八)『民族とネイション――ナショナリズムという難問』岩波新書。

志賀重昂(二〇一四)『日本風景論』新装版、講談社学術文庫。

柴田純(二〇一六)『江戸のパスポート――旅の不安はどう解消されたか』吉川弘文館。

清水幾太郎(二〇一三)『愛国心』ちくま学芸文庫。

清水靖久(二〇〇二)『野生の信徒 木下尚江』九州大学出版会。

将基面貴巳(二〇一三)『ヨーロッパ政治思想の誕生』名古屋大学出版会。

――(二〇一四)『言論抑圧――矢内原事件の構図』中公新書。

白川静(二〇〇七)『新訂 字訓』平凡社。

鈴木順子(二〇一二)『シモーヌ・ヴェイユ「犠牲」の思想』藤原書店。

鈴木正崇(二〇一五)『山岳信仰――日本文化の根底を探る』中公新書。

関皐作編(一九八八a)『井上博士と基督教徒 正・続』みすず書房。

――(一九八八b)『井上博士と基督教徒 収結編』みすず書房。

高橋哲哉(二〇〇四)『教育と国家』講談社現代新書。

――(二〇〇五)『国家と犠牲』NHKブックス。

竹越与三郎(一八九一)『新日本史』上、民友社。

田中英夫ほか編(一九九一)『英米法辞典』東京大学出版会。

田畑真一(二〇一四)「普遍性に根ざした政治文化の生成――J・ハーバーマスにおける憲法パトリオティズム論の展開」『社会思想史研究』三八:二〇四―二二三頁。

千葉麗子(二〇一七)『ママは愛国』KKベストセラーズ。

長井伸仁(二〇一二)「自由・国民・秩序――共和政フランスと警察」林田敏子・大日方純夫編著『近代ヨーロッパの探究 第一三巻 警察』ミネルヴァ書房、所収。

中島勝義編(一九六七)「俗夢驚談」『明治文化全集 第二巻自由民権篇』日本評論社、所収。

中谷猛(二〇〇〇)「「ナショナル・アイデンティティ」の概念に関する問題整理 国民国家論研究のためのノート」『立命館法學』二七一・二七二(http://www.ritsumei.ac.jp/acd/cg/law/lex/00-34/nakatani.htm)。

西川長夫(二〇〇一)『増補 国境の越え方 国民国家論序説』平凡社ライブラリー。

西原博史(二〇〇三)『学校が「愛国心」を教えるとき――基本的人権からみた国旗・国歌と教育基本法改正』日本評論社。

西村茂樹(二〇一〇)「尊王愛国論」『西村茂樹全集 第一〇巻論説I』日本弘道会、所収。

西山美久(二〇一八)『ロシアの愛国主義――プーチンが進める国民統合』法政大学出版局。

沼野充義(二〇〇二)『亡命文学論』作品社。

野本寛一(二〇〇六)『神と自然の景観論――信仰環境を読む』講談社学術文庫。

橋川文三(二〇一五)『ナショナリズム――その神話と論理』ちくま学芸文庫。

半藤一利・戸高一成(二〇一四)『日本人と愛国心――昭和史が語るもの』PHP文庫。

樋口忠彦(一九九三)『日本の景観――ふるさとの原型』ちくま学芸文庫。

平田俊春(一九六四a)「明治初期における愛国心の形成(1)」『歴史教育』一二(二):九四―一〇〇頁。

――(一九六四b)「明治初期における愛国心の形成(3)」『歴史教育』一二(四):九九―一〇七頁。

――(一九六四c)「明治初期における愛国心の形成(5)」『歴史教育』一二(六):九七―一〇六頁。

広田照幸(二〇〇五)『《愛国心》のゆくえ――教育基本法改正という問題』世織書房。

福沢諭吉(一九五九a)「学問のすゝめ」『福沢諭吉全集』第三巻、岩波書店、所収。

――(一九五九b)「通俗国権論」『福沢諭吉全集』第四巻、岩波書店、所収。

――(一九五九c)「文明論之概略」『福沢諭吉全集』第四巻、岩波書店、所収。

――(一九五九d)「福翁百余話」『福沢諭吉全集』第六巻、岩波書店、所収。

――(一九六〇)「極端の愛国者」『福沢諭吉全集』第一三巻、岩波書店、所収。

――(一九六三)「或云随筆」『福沢諭吉全集』第二〇巻、岩波書店、所収。

福田定良(一九七二)「非国民の論理――おもしろみの自覚をめぐって」『思想の科学』一二六(一):二一―一〇頁。

松田隆美(二〇〇六)「イギリス文学の風景 眼差しのむこうのイタリア――近代初期のイギリスと風景の誕生」『風景の研究』柴田陽弘編著、慶應義塾大学出版会、所収。

丸山眞男(一九九五)「愛国心」『丸山眞男集』第六巻、岩波書店、所収。

――(一九九六)「忠誠と反逆」『丸山眞男集』第八巻、岩波書店、所収。

陸奥鵬舟(一八八一)「愛国心ノ薄キヲ我人民ニ責ムルハ非ナリ」『東京輿論新誌』二〇、所収。

村田正夫(一九七二)「「非国民」という言葉」『思想の科学』一二六(一):六四―六九頁。

毛利透(一九九四)「憲法パトリオティズムと憲法学――国家の基礎づけをめぐって」『筑波法政』一七:一五七―二〇五頁。

元田永孚(一八八一)『幼学綱要』出版者不明。

安田敏朗(二〇〇六)『「国語」の近代史――帝国日本と国語学者たち』中公新書。

山内育男(一九八六)「「愛国」という語」『参考書誌研究』三一:一―一一頁。

山口謡司(二〇一六)『日本語を作った男――上田万年とその時代』集英社インターナショナル。

山本教彦・上田誉志美(一九九七)『風景の成立　志賀重昂と『日本風景論』』海風社。

米原謙(一九九二)『植木枝盛――民権青年の自我表現』中公新書。

渡辺和行(二〇〇七)『エトランジェのフランス史――国民・移民・外国人』山川出版社。

渡辺裕(二〇一〇)『歌う国民――唱歌、校歌、うたごえ』中公新書。

あとがき

日本語の著作として五冊目となる本書は、前著『言論抑圧――矢内原事件の構図』（中公新書、二〇一四年）の問題意識を継承するものである。

もともと、私は政治思想史という研究領域と取り組むにあたり、二つの主要問題を常に念頭に置いている。その一つは、政治思想的な伝統に文化的特性ないしアイデンティティと呼べるものがあるとすれば、それはヨーロッパと日本においては何なのか、という問題であり、もう一つは、不正な政治と対決するとはどういうことなのか、という問題である。

前著『言論抑圧』を執筆することで明らかになったのは、「愛国」という思想的問題が、時の権力を追認する立場と権力に抵抗する立場とがぶつかり合う「場」を構成していたということであった。愛国の思想史を叙述するには、そうした思想的対決の「場」の数々を描くべきであると考えており、そうしたアプローチは、私にとっての第二の主要課題、すなわち、不正な政治への抵抗をダイナミックに捉える上で有効な方法であると思っている。そのような方法的立場から近代日本を対象とする一冊の書物を英語で執筆する予定であるが、そのためには様々な愛国の態様について理論的な見通しをつけておきたいと思った。このように、日本における愛国の思想史を研究するためにパトリオティズムに関する理論的・歴史的分析枠組みが必要になったことが本書執筆のきっかけである。

パトリオティズムに関する既存の政治・道徳哲学的研究や歴史的研究を収集してみたところ、体系的あるいは包括的にパトリオティズムを論じた著作はほとんどないが、ある特定の角度からこのテーマを論じた論文であれば極めて多くのものが存在するのに驚かされた。しかも、パトリオティズムは、政治思想や歴史学に限らず、心理学や教育学、社会学など多彩な学問分野において論じられてきている。本書で取り上げた諸研究は千重の一重にすぎない。政治・道徳哲学と歴史学の分野において主要と思われるものは網羅するよう心がけたつもりであるが、私が重要だと判断した視点や主張をただ羅列するのではなく、できる限り有機的に関連づけ、体系化するように努力した。

無論、本書で取り上げた問題はどれをとっても多年にわたる専門的研究が必要であり、とうてい非力な一介の研究者に論じ尽くせるものではない。にもかかわらず、こうした企てをあえて試みたのは、愛国という問題が今日ますます徹底的な思考を要する課題として急浮上していると考えるからである。拙い作品ではあるが、読者にとって、愛国について考えるためのよすがとなれば幸いである。

ちなみに、本書の議論を組み上げてゆく過程で、前述した私にとっての第一の主要問題の立て方それ自体が、どれほど近代ナショナリズムの呪縛の下にあるか、改めて自覚させられた。

また、本書執筆のための準備期間は、私がオタゴ大学で「中間管理職」に就いていた時期と重なる。二〇一三年から一五年まで二年間、人文学部副学部長研究担当の職にあり、続いて二〇一八年までのおよそ三年間、人文学部歴史学科長を務めた。本書の議論にもそうした体験が少しは反映しているかもしれない。

一冊の書物を執筆することは孤独な作業であるが、そのための研究調査の段階では多くの方々からご支援を賜った。とくに、二〇一八年まで京都の国際日本文化研究センター（日文研）に在職され、現在も日本語文学・キリスト教史の分野で旺盛な執筆活動を続けられる郭南燕先生には大変お世話になった。私が「愛国」という問題に足を踏み入れたきっかけは、郭先生が、かつて在職されていたオタゴ大学人文学部言語文化学科でアジア研究セミナーを主催しておられ、日本政治思想について研究報告をするよう誘ってくださったことである。慶應義塾大学法学部在学中から、折を見て読んできた矢内原忠雄が「愛国」の問題を繰り返し論じていることに興味を持ち、そのテーマで口頭発表したのは二〇〇八年六月だった。以来、「愛国」について細々とではあるがあれこれ思考をめぐらせてきた。その間、様々な形でサポートしていただいたことに深く感謝申し上げる。

ここ数年の間、年に一度、渡り鳥のように訪れている日文研では、小松和彦所長や専任教員の方々、特に瀧井一博先生、坪井秀人先生、稲賀繁美先生、井上章一先生、パトリシア・フィスター先生、安井眞奈美先生、そして現在はイギリスで在外研究中の北浦寛之先生から、色々とご指導賜っており、衷心より御礼申し上げたい。

そして、以下の先生方からも、学会・各種セミナーの機会や電子メールでご教示いただいたことに感謝の意を表する。江文瑜教授(国立台湾大学)、千葉眞教授(国際基督教大学)、潘紅教授(福州大学)、故デイヴィッド・ヘルド教授(ダラム大学)、苅部直教授(東京大学)、川西重忠教授(桜美林大学)、松田宏一郎教授(立教大学)、アンドレアス・ムソルフ教授(イースト・アングリア大学)、大久保健晴准教授(慶應義塾大学)、フィリップ・ペティット教授(プリンストン大学・オーストラリア国立大学)、マティアス・リードル教授(中央ヨーロッパ大学)、堤林剣教授(慶應義塾大学)、余錦波博士(香港理工大学)、ピーター・ザロウ教授(コネチカット大学)。

また、コンスタンティン・ファゾールト先生(シカゴ大学)と小林良彰先生(慶應義塾大学)には、長年にわたり様々な形でご指導いただいている。オタゴ大学人文学部歴史学科の同僚であるジョン・ステンハウス先生とブライアン・モロフニー先生、そしてシェフィールド大学大学院時代以来の友人であるスティーヴン・コンウェイ氏との会話から学ぶところが多大であった。また、アラン・ギブスン氏やギャリティ恵子氏、そしてドナ・ヘンドリー氏には、いろいろとお世話になっている。

本書のもとになる研究調査は、オタゴ大学図書館と日文研図書館で行った。両図書館のスタッフの方々にはご面倒をおかけした。また、本書の出版に際しては、オタゴ大学より出版助成を受けた。記して御礼申し上げたい。

本書の企画成立から編集・製作過程を通じて岩波書店の藤田紀子氏には様々にご尽力いただいた。同氏に深く感謝申し上げる次第である。また、企画段階でお世話になった岩波書店の押田連氏とスタジオ・フォンテの赤羽高樹氏に改めて厚く御礼申し上げる。

そして、いつも私を応援してくれている母・将基面宏子に心から感謝の意を記しておきたい。

最近、来し方にふと思いめぐらせる自分に気づくようになった。人文社会科学の道を目指すようになった、そもそものきっかけは、駒場東邦中学校三年生だった頃、父から「ちょっとむずかしいかもしれないけど読んでごらん」と一冊の書物を手渡されたことだった。その本は小室直樹『危機の構造——日本社会崩壊のモデル 増補版』(ダイヤモンド社、一九八二年)であった。デュルケムのアノミー概念を駆使して、戦後日本の社会構造に潜む危機を鮮やかに切開して見せたこの書物に、人文社会科学の醍醐味を初めて味わったのである。以来、小室氏の一連の著作に啓発されて、丸山眞男や福田歓一、川島武宜など戦後日本における人文社会科学の指導者たちの著作に親しむようになり、高校三年生の時には、当時刊行中だった『大塚久雄著作集』(岩波書店)を全巻予約購入してもらった。受験勉強はそこそこにして、大塚史学の代表作にかじりついた日々が思い出される。

本書を今は亡き父、将基面直に捧げる。

将基面 貴巳

二〇一九年六月　マカンドルー・ベイの自宅にて

将基面 貴巳

1967年生．オタゴ大学人文学部歴史学教授．慶應義塾大学法学部政治学科卒業，シェフィールド大学大学院歴史学博士課程修了（Ph. D.）．ケンブリッジ大学クレア・ホール・リサーチフェロー，オタゴ大学人文学部歴史学准教授などを経て現職．専攻は政治思想史．

［**著書**］

『反「暴君」の思想史』（平凡社新書，2002年）

『政治診断学への招待』（講談社，2006年）

Ockham and Political Discourse in the Late Middle Ages（Cambridge University Press, 2007）

Western Political Thought in Dialogue with Asia（共編著．Lexington Books, 2008）

『ヨーロッパ政治思想の誕生』（名古屋大学出版会，2013年．第35回サントリー学芸賞受賞）

『言論抑圧――矢内原事件の構図』（中公新書，2014年）

Visions of Peace: Asia and the West（共編著．Ashgate, 2014）

愛国の構造

2019年 7月25日　第1刷発行
2019年12月25日　第2刷発行

著　者　将基面《しょうぎめん》 貴巳《たかし》

発行者　岡本 厚

発行所　株式会社 岩波書店
〒101-8002 東京都千代田区一ツ橋2-5-5
電話案内 03-5210-4000
https://www.iwanami.co.jp/

印刷・法令印刷　カバー・半七印刷　製本・牧製本

ISBN 978-4-00-061354-5　　Printed in Japan

人名索引

さ 行

た 行

な 行

は 行

ま 行

や・ら 行

事項索引

た 行

な 行

は 行

ま・ら 行